KB199761

The Nordic Model: Scandinavia since 1945

by Mary Hilson

Copyright © 2008 by Mary Hilson. All right reserved.

Originally published 2008 by Reaction Books Ltd., London, UK.

Korean translation edition published 2010 by Samcheolli Publishing Co., Seoul,

by arrangement with the Reaction Books, through Duran Kim Agency.

노르딕 모델
북유럽 복지국가의 꿈과 현실

지은이	메리 힐슨
옮긴이	주은선 · 김영미
펴낸이	송병섭
디자인	이수정
펴낸곳	삼천리
등록	제312-2008-121호
주소	121-820 서울시 마포구 망원동 376-12
전화	02) 711-1197
전송	02) 6008-0436
전자우편	bssong45@hanmail.net

1판 1쇄 2010년 4월 9일
1판 2쇄 2012년 4월 9일

값 16,000원
ISBN 978-89-961250-6-8 93330
한국어판 © 주은선 · 김영미 2010

북유럽 복지국가의 꿈과 현실

메리 힐슨 지음 | 주은선·김영미 옮김

삼천리

꽤 오래전 스웨덴에 잠시 머무를 때였다. 연구를 위한 인터뷰 자리에 정치인들은 하나같이 검은색 고급승용차가 아닌 지하철을 타고 나타났다. 평등을 모토로 내건 좌파 정당이나 사민당 의원은 그렇다 쳐도, 보수당이나 자유당과 같은 이른바 우파 정당들의 전직 장관과 의원들이 지하철을 타고 약속 장소에 나타나던 모습은 신선했다. 그들은 커피를 스스로 타서 마시고 손수 신문기사를 복사해 건네주었다. 사회보장청(RFV)에 있던 내 동료들은 심지어 당시 총리였던 예란 페르손과도 인터뷰를 추진해 보라고 진지하게 권유했다. 짧은 경험이었지만 복지제도 형성의 환경과 과정, 그리고 제도가 작동하는 일상의 풍경에 한국과 스웨덴 두 사회는 극단적인 차이가 있다는 점을 알아차릴 수 있었다. 그렇다면 과연 이런 차이를 어떻게 설명해야 할까?

사회복지 정책 전공자로서 애초 나의 관심은 제도들 간의 차이에 쏠려 있었다. 그러나 곧 본능적으로 두 사회의 차이는 제도의 차이로 환원될 수 없는 것, 역사와 그 속에 사는 사람들 모두와 관련된 것이라는 점을 감지할 수 있었다. 특히 이것은 정치인과 시민들 사이의 거리, 국가와 시민사회의 관계, 국가의 의미, 그리고 일상 속에 구현되는 평등의 에토스에 관한 문제라고 생각했다.

이런 이유에서 첫째, 나는 북유럽 사회를 이해하기 위해서는 현재의 제도 내용뿐만 아니라 정치, 경제, 교육, 문화 등을 총체적으로 파악할 필요가 있다고 생각한다. 노르딕 모델에 관한 설명이 단순히 복지 '국가'의 범주 속에서 이루어질 때 많은 아쉬움이 남을 수밖에 없다. 표면화되어 있는 제도 형태도 중요하지만 이보다 더 중요한 것은 제도가 작동하는 맥락과 그 제도가 담고 있는 정신이다.

이를 보여주는 사례는 적지 않다. 1998년 스웨덴에서 보편적인 기초 연금을 최저보장연금으로 바꾸어 대상 범위를 축소한 것은 기본적으로 재정 지출액을 줄이기 위한 것이었지만, 동시에 최저연금 보장 수준을 대폭 인상시키고 아동 크레디트를 강화하여 연금수급권 부여 범위는 확대시키는 조치를 수반했다. 게다가 남녀 모두 경제활동 참가율이 80퍼센트를 넘고 노인 대부분이 상당한 소득비례연금을 받게 되어 기초보장 필요성이 상당히 약화된 것도 이런 개혁을 가능하게 한 배경이었다. 또한 연금 급여는 감소했지만 여전히 노인에 대한 주거, 의료, 요양 서비스의 상당 부분이 공적으로 보장되며, 요양 서비스 이용료가 소득 수준과 연금 수준을 고려하여 책정되고 있다. 즉, 스웨덴에서 공적연금의 축소는 노인들의 삶의 질에 대한 영향을 최소화하기 위한 여러 조치와 함께 이루어졌다.

다른 예를 들어보자. 바우처(voucher) 제도는 그것이 작동하는 맥락 속에서 그 기능과 효과가 달라진다. 돌봄 서비스(care service) 대부분이 공공 사회서비스 체계를 통해 제공되는 스웨덴에서 바우처의 확산은 돌봄 서비스 선택의 자유를 확대시키는 효과가 더 강했다면, 공적 돌봄 서비스 체계가 거의 존재하지 않는 한국에서 최근 바우처 제도의 도입은 돌봄 서비스의 상품화, 서비스 시장에서의 과다 경쟁, 저임금의 불안정한 서비스 노동자 양산이라는 결과를 낳고 있다. 이는 돌봄 서비스의 질을 사회적으로 규제하고 관리하는 것이 불가능해지면서 선택의 자유는 유명무실한 것이 될 가능성이 높다.

둘째, 노르딕 모델에 대한 총체적 이해는 시간적·역사적 차원을 포함한다. 북유럽 사회는 한국 사회에서 다양한 의미를 갖는다. 노르딕 모델은 한국 자본주의의 특성을 뚜렷이 부각시켜 주는 대립자로 비치기도 하며, 때로는 지금 실현 가능한 대안이 존재한다는 것을 역설하는 근거가 되기도 한다. 그런가 하면 정반대로 북유럽 사회의 현재는 신자유주의가 가진 전 세계적인 영향력과 이에 대한 적응이 불가피한 것임을 입증하는 근거로 인용되기도 한다.

북유럽 복지모델을 '인간'의 얼굴을 한 최선의 자본주의 모델로 바라보건, 비효율적인 자본주의의 전형으로 바라보건 간에, 기본적인 작업은 성급한 평가에 앞서 한 사회를 역사적으로 파악하는 일이다. 노르딕 모델의 현재는 과거로부터의 연속선상에서 바라볼 때 비로소 그 의미가 뚜렷해진다. 이상화된 '모형'의 뼈대만 보여 주는 것이 아니라 이를 만들고자 하는 노력과 그 반작용을 이해할 때, 노르딕 모델을 역사적 실체로, 갈등과 모순을 포함한 풍부한 현실로 조명할 수 있다. 최근 북유럽 국가들의 새로운 뇌관으로 떠오르고 있는 민족문제와 인종문제는 단순히 지구화 이후의 문제, 오늘만의 문제가 아니다. 나는 역사적 이해를 통해서야 비로소 한국 사회가 노르딕 모델에 대한 '동경과 폄하' 사이에서 적절한 태도를 취할 수 있다고 생각한다.

그러나 한때 사회과학 분야에서 북유럽 연구 붐이 일었던 것에 비해 북유럽 사회에 대한 역사적인 시각을 가진, 여러 분야를 아우르는 적절한 안내서를 찾기는 쉽지 않다. 2000년대 후반 이후 북유럽 국가들의 최근 모습을 담아 내고 있는 글이 많지 않은 데다, 대부분 스웨덴 사례에 치우쳐 있어 북유럽 모델 연구자로서 아쉬움도 크던 차였다. 길지 않은 텍스트 안에서 노르딕 국가 전체를 포괄하여 근대 복지국가 형성기부터 최근의 경제위기까지라는 시간의 날줄에 복지 · 정치 · 경제 · 문화의 씨줄을 솜씨 좋게 엮어 놓은 지은이 메리 힐슨의 솜씨는 감탄할 만하다. 이런 이유에서 이 책이 북유럽 복지모델뿐만 아니라 북유럽 사회 전반에 대해 폭넓게 파악하고자 하는 사람들에게 좋은 교양서 역할을 해 줄 것으로 믿는다.

물론 이 책을 읽는다 해도 노르딕 모델에 대해 풀리지 않는 의문들은 여전히 많을 수밖에 없다. 한국 사회만큼 북유럽 사회에도 다양한 모순들이 존재한다. 개인들 사이의 평등과 자율성이 강조되지만 사적인 삶에 대한 관료적 개입이 어느 곳보다 강하며, 인종 및 민족문제에 개방적이지만 인종에 따른 노동시장 분리는 생각보다 강력하다. 제도화된 결혼과 동거 사이의 자유로운 선택은 존재하지만 출산에 대한 사회적 강박이 존재한다는 것 역시 인정하지 않을 수 없다. 북유럽 사회가 유지하고 있는 전통과 근대성, 그리고 탈근대성 사이의 균형, 강력한 국가와 평등한 시민사회 사이의 균형은 그 자체로 특수한 면이 있다.

그럼에도 나는 이 책이 인류 역사에서 여전히 의미 있는 어떤 실험이 거쳐 온 역사와 현재를 총체적으로 파악하는 데 유용한 참고서가 되길 기대한다. 특히 노르딕 모델은 완결된 모델이 아니라 현재 진행 중이라는 점에서, 이 책이 그 역동성과 변화를 역사적 차원에서 인식하도록 하는 데 도움이 되기를 기대해 본다. 나아가 옮긴이로서 한국 사회를 '평등한 시민들 사이의 연대'를 지향하는 곳으로 변화시켜 내기 위한 고민들을 독자 여러분과 나누고자 한다.

　이 책의 1, 3, 5장과 맺음말은 김영미가, 2, 4, 6장은 주은선이 번역했다. 문맥상 좀 더 설명이 필요하다고 생각되는 부분은 옮긴이 주를 달아 각주로 표시했고 간단한 사항은 괄호 안에 넣었다. 주로 위키피디아(http://www.wikipedia.org)를 참고했다. 번역 작업의 공 절반 이상은 번역 제안을 선선히 받아들여 때로는 파트너로 때로는 감수자로 최선을 다한 김영미 교수의 몫이다. 이 책이 나오기까지 여러모로 정성을 아끼지 않은 삼천리의 송병섭 대표께 감사를 표한다.

2010년 3월
주은선

나는 스웨덴 웁살라대학 경제사학과에 교환학생으로 가게 된 1992년 9월, 노르딕 모델이라는 개념을 처음 마주했다. 그때는 스웨덴의 경제와 정치 상황에 위기가 한껏 고조된 시점이었고 스웨덴 모델의 여러 가지 요소가 의문시되고 심지어 거부되고 있었다. 이런 사실에도 불구하고, 나는 여느 좌파 성향을 가진 영국인들과 마찬가지로 스웨덴에 높이 평가할 만한 무언가가 여전히 많다는 것을 알고 있었다. 지금도 그런 생각에는 변함이 없지만 지난 15년간보다 비판적인 관점을 발전시켰으면 하는 바람 또한 가지고 있다. 물론 스웨덴과 이웃 노르딕 국가들이 마냥 매력이기만 한 것은 아니다. 이런 점들 때문에 1998년 박사 후 연구원으로 스웨덴으로 간 후에, 신원확인번호(national personal identity number)를 받는 것을 두고 앵글로색슨 특유의 반감을 극복하는 데 오랜 시간이 걸렸다.

이 책은 무엇보다도 1945년부터 1991년까지 전개된 전성기 노르딕 모델의 의미를 비판적으로 사고하려는 시도이다. 물론 책 내용이 전적으로 이 시기에만 국한된 것은 아니다. 2장은 노르딕 국가들의 정치적 발전에 관한 오랜 역사적 조사연구 내용을 포함하고 있고, 5장과 6장에서는

1990년대의 외교정책과 이민을 둘러싼 논쟁들을 검토한다.

이 책은 2000년부터 런던 유니버시티칼리지(UCL)의 스칸디나비아학과 학부 과정에서 진행해 온 노르딕 모델에 대한 강의를 바탕으로 집필했다. 이 책은 강의를 수강하면서 이 주제를 두고 함께 토론한 모든 학생들 덕분이다. 그런가 하면 제도적 맥락에서 지속적으로 던져 온 다음과 같은 몇 가지 질문들을 가지고 논쟁해 온 결과이기도 하다. 스칸디나비아 연구란 정확하게 무엇을 말하는가? 이 스칸디나비아 국가들을 하나로 연결하는 고리는 무엇인가? 스칸디나비아와 노르덴(Norden)이라는 개념은 어디까지 확장될 수 있는가?

스웨덴은 이 나라들 가운데 내가 가장 많은 시간을 보냈고, 스웨덴어 또한 내가 가장 잘 아는 언어이다. 이러한 사실은 책에서 활용한 참고 자료에 어느 정도 반영되었을 것이다. 하지만 지나치게 스웨덴 쪽으로 치우치지 않으려고 노력했다. 대부분 노르딕 또는 스칸디나비아를 전체적으로 다룬 매우 광범위한 국제 문헌들을 참고했고 필요한 경우 나라별 연구물들로 보완했다. 안타깝게도 핀란드와 아이슬란드의 경우에는 언어의 한계로 영어 문헌에 전적으로 의존할 수밖에 없었다. 특히 아이슬란드는 다소 간과된 느낌이 있다. 이 점에 대해서는 사과드린다. 따로 언급하지 않는 한 스웨덴어, 덴마크어, 노르웨이어 번역의 모든 부분은 내 책임임을 밝혀 둔다.

| 차례 |

왜 내가 더 북쪽으로 가고자 했는지 아마도 당신은 내게 물을 겁니다. 왜냐고요? 그 나라는 여기저기에 숲과 호수가 많고 공기가 맑아 그렇게 낭만적일 수가 없답니다. 그뿐 아니에요. 그곳에는 너무나 소박하여 교활함이라고는 찾아볼 수 없는 넉넉한 농부들과 지성인들이 살고 있다는 얘기를 많이 들었습니다. (……) 그런 이야기에서 받은 인상은 황금시대의 동화를 떠올리게 했어요. 독립성과 정직함, 타락하지 않은 부유함, 세련되고 교양이 풍부한 심성, 늘 웃음 짓는 자유, 산속의 정령(精靈).

— 메리 울스턴크래프트, 《스웨덴, 노르웨이, 덴마크에 짧게 머무는 동안 쓴 편지들》(런던, 1796)

무릇 북유럽의 역사를 통합해서 다루는 근거는 그 나라들과 사람들 사이에 존재하는 자연스러운 결속과 구술된 역사의 바로 그 속성에서 발견할 수 있다. 통합된 역사의 효과와 그것이 개인에게 미치는 영향은 이른바 스칸디나비아라는 공감대를 바탕으로 할 것이다. 그런 바탕이 없다고 할지라도 역사적 관심만으로도 충분하다. 다행스럽게 실제로도 그러하다. 우리 시대의 쓰라린 경험이 지난 후, 지난 시절 불협화음이라는 나쁜 기운과 마찬가지로 오늘날의 냉담한 이기주의와 협소하고 근시안적이며 극악한 이해타산주의가 '스칸디나비아 이념'에 대한 저주로 판명될 것이며, 그 스칸디나비아 이념이 나타나려고 하면 무력으로 억누르려 할 것이기 때문이다.

— 카를 페르디난 알렌, 《1497~1536년 북유럽 세 나라의 역사》(코펜하겐, 1864)

인종 갈등이라고는 전혀 없는 동질적인 사람들, 스웨덴과 노르웨이 사람들은 모두 고대 문화에 깊이 뿌리를 두고 있다. 이런 분위기에서 사회경제적 형태는 별다른 충돌 없이 발전해 왔다. 지구상 어떤 나라도 경험하지 못한 역사다. 이것이 바로 '스웨덴 이야기'의 본질이다. 발전은 타협과 조정 과정을 통해 이루어져 왔다. 여기에서 기질, 역사, 전통 또한 그것이 가능했던 이유를 설명하는 데 유용할 것이다. (……)

스웨덴은 유토피아가 아니었다. 그것이 지향한 바는 지적 개념상으로 결코 완벽하지 않았다. 그러기에는 스웨덴은 너무나 현실적일 뿐 아니라 실용적이다.

— 마키스 차일즈, 《스웨덴: 중도 노선》(뉴욕, 1936)

© Astrid Lindgrens Värld

스칸디나비아의 역사와 문화

———————

　유럽의 끄트머리에 있는 작고 인구밀도가 낮은 지역, 스칸디나비아는 그 규모에 견줘 굉장한 관심을 받고 있는 것 같다. 앞서 짧은 인용문 세 구절에 나타난 바와 같이, 이 지역은 다양한 방식으로 그려져 왔다. 북쪽 나라의 풍경, 나무와 호수들이 가진 순수함에 대한 칭송, 바이킹 시대까지 거슬러 올라가는 그곳 국민들 사이의 깊은 역사적 유대감, 20세기 사회정책 실험의 성공……. 이렇듯 '스칸디나비아' 라는 용어의 정확한 의미를 한마디로 표현하기는 쉽지 않다.

　스칸디나비아라는 말은 플리니우스(Plinius)의 《박물지》(Naturalis Historia)에 처음 등장했는데, 원래는 오늘날 스웨덴의 스코네(Skåne)라는 작은 지역을 가리키는 말이었다.[1] 그 뒤로 18세기까지 스칸디나비아의 의미는 훨씬 광범위해졌다. 디드로(Denis Diderot)가 1765년 출간한 《백과전서》(L'Encyclopédie)에는 '스칸디나비아' 가 이렇게 설명되어 있다. "거대한 유럽의 반도로서 고대인들은 섬이라고 믿었다. 지금은 덴마크, 스웨덴, 노르웨이, 라플란드, 핀란드로 구성되어 있다."[2] 예부터 스칸디나비아는 러시아의 슬라브 지역과 폴란드를 포함하는 '북쪽' 의 다른 지역과는 구분되었던 것이다.

1809년 스웨덴 왕국이 러시아와 치른 전쟁에서 패배한 뒤 핀란드는 러시아 왕국의 대공국(大公國)이 되었고, 한때 스칸디나비아 영역에서 벗어났다. '스칸디나비아'는 언어학에서 파생된 다소 새로운 의미를 갖게 되었는데, 그 기원은 함께 사용하던 고대 스칸디나비아 언어와 바이킹의 문헌들까지 거슬러 올라간다. 말하자면, 스칸디나비아는 19세기 중반에 덴마크, 스웨덴, 노르웨이 세 나라를 하나로 통합하고자 하는 정치적 야망과도 관련이 있다.

제1차 세계대전이 끝날 무렵 스칸디나비아 통합(pan-Scandinavia)의 꿈은 국가 간 국제 협력이라는 다소 소극적인 목표로 바뀌었다. 일부는 실패한 야망과의 관련성 때문에, 일부는 언어가 다른 핀란드를 스칸디나비아 영역으로 통합해야 하는 필요성 때문에, '스칸디나비아'라는 용어는 전쟁 기간에 '노르덴'(Norden, 북쪽을 뜻하는 말)이라는 용어로 대체되었다. 북유럽 사람을 가리키는 '노르디스크'(nordisk, 영어로 Nordic)라는 용어는 1939년 코펜하겐에서 열린 회담에서 관련 5개국 정치 지도자들이 사용했다. 이 회담은 제2차 세계대전 발발 당시 이들 국가의 결속을 확인하기 위해 열렸다.[3] 제2차 세계대전이 끝난 뒤에는 노르딕이사회(Nordic Council)가 창설됨으로써 노르딕이라는 말이 이 지역을 가리키는 용어로 자리를 잡게 되었다. 노르딕 지역은 5개 독립 국가(덴마크, 핀란드, 아이슬란드, 노르웨이, 스웨덴)와 그린란드, 페로 섬, 올란드 제도(핀란드령) 같은 자치 영토까지 아우른다.

그럼에도 오늘날에는 스칸디나비아라는 용어가 널리 사용되고 있다. 때로는 노르웨이와 스웨덴이 있는 거대한 반도를 부르는 지형상의 용어이기도 하다. 대체로 여기에 덴마크가 추가되는데, 이들 세 나라의 문화 · 언어 · 역사가 비슷하기 때문이다. 덴마크어, 노르웨이어, 스웨덴어는 적어도 문자로는 서로 의사소통이 가능하다.[4] 스칸디나비아어를 가르치는 유럽과 미국 대학교의 학과에서처럼, 특히 언어학을 비롯한 몇 가지 근거에 따라 아이슬란드를 포함하기도 한다. 비록 그것이 핀란드어를 피노우그리아어(Finno-Ugric, 우랄 어족 가운데 하나) 학과로 분리하는 것을 의미한다고 하더라도 그렇다.[5] 북유럽 국가 안에서는 널리 사용되지 않지만 스칸디나비아라는 용어는 다른 지역, 특히 영어권에서 5개국 모두를 지칭하는 노르덴과 같은 말로 사용된다. 이 책에서는 두 용어를 호환 가능한 것으로 사용한다.

어쨌든 스칸디나비아는 수많은 영구적 신화와 대항 신화(counter-myths)를 만들어 내면서 단지 부분의 합이라는 의미를 뛰어넘게 되었다. 즉, 사회주의 유토피아 또는 과도한 규제의 악몽, 성적 자유주의자들의 천국 또는 집단적 순응으로 질식된 곳, 세계에서 생활수준이 가장 높은 사회 또는 자살률이 가장 높은 사회……. 적어도 영국에서 볼 때, 20세기 말 스칸디나비아는 실용적이고 탁월한 고급 소비재로 상징되는 '세련됨'의 전형이다. 반면에 춥고 멀고 물가가 비싼 곳이라는 이미지도 여전히 갖고 있다.

나는 이 책을 통해 '스칸디나비아'가 갖고 있는 의미를 탐구하고 스칸디나비아 또는 노르딕 '모델'이라는 맥락에서, 특히 1945년 이후에 펼쳐진 정치와 정책을 살펴보고자 한다. 노르딕 모델의 가장 큰 특징은 무엇이고 반세기 동안 어떻게 변화해 왔을까? 노르웨이, 덴마크, 스웨덴, 아이슬란드, 핀란드의 현대사에서 스칸디나비아(또는 노르딕)는 무엇이었고, 이들 나라의 역사를 이런 방식으로 서술하는 것이 타당할까?

또한 스칸디나비아라는 '역사적 지역'(Geschichtsregion)에 주목하고자 한다. 서로 다른 나라를 동일한 틀 안에서 검토하게 되면 그 나라들 사이의 유사성과 차이의 패턴이 좀 더 분명하게 밝혀질 것이다. 먼저 역사적 지역이라는 개념에 대해 간단히 짚어 보고, 이어서 각 장에서 다룰 모델의 서로 다른 측면을 좀 더 상세하게 살펴보기로 하자.

역사적 지역, 스칸디나비아

스칸디나비아 또는 노르딕이라는 관점에서 북동부 유럽의 역사를 서술하려는 시도는 과거에도 있었다. 다른 지역의 학자들이었음에도 그들은 이 나라들의 공통된 연결 고리를 매우 활발하게 탐구해 왔다. 문화지리학자 케네스 올위그(Kenneth Olwig)는 이렇게 적고 있다. "미국에서 노르덴을 전체적으로 경험하고 연구할 수 있다. 이런 연구는 오히려 노르덴 지역에서는 하기 어려운 방식이다."[6] 이 말은 무엇보다 20세기의 현실을 반영하고 있다. 20세기에 들어와 사회과학 분야에서는 스칸디나비아 또는 노르딕 정치와 사회정책 '모델'에 관해 상당히 많은 문헌들이 나왔다. 반대로, 스칸디나비아 나라들 내부의 역사 서술에서는 민족주의적 관점이 압도적했다. 저명한 노르딕 역사학자 하랄 구스타프손(Harald Gustafsson)에 따르면 "당연히 역사는 덴마크, 스웨덴, 아이슬란드 등 개별 국가의 역사로 나눠 파악할 때 가장 잘 이해할 수 있다."[7] 19세기 역사학자들은 국민국가라는 개념에 짓눌려 개별 국가들의 특수성을 주장했다.[8] 심지어 덴마크, 스웨덴, 노르웨이 국왕들 사이에 이루어진 중세의 칼마르동맹(Kalmar Union)*을 역사적 이탈로 여길 정도로 민족주의 관점은 매우 큰 힘을 발휘했다. (그럼에도 19세기의 스칸디나비아 통합 운동은 분명히 새로운 관심을 불러일으켰다.) 근대의 역사 연구에서조차 스칸디나비아 또는 노르딕 역사의 서술은 때때로 '문헌 비교'(anthology comparisons)를 통해 이루어지는데, 대개 연구 자료는 개별 나라의 학자들이 자신들의 독특한 민족주의 관점에서 기술한 것이었다.[9]

적어도 20세기 이전까지도 이웃 나라의 역사를 고려하지 않고서는 개별 국가의 역사를 검토하기 어려웠다는 점을 감안할 때, 이렇게 민족주의를 강조하는 경향은 놀라운 것이다. 중세 칼마르동맹 체제는 16세기 초에 들어와 덴마크와 스웨덴 두 왕국으로 분리되지만, 덴마크 왕국은 1658년까지 스웨덴 남부에 있는 오늘날의 스코네와 블레킹에 지역뿐 아니라 노르웨이와 아이슬란드까지 자국 영역으로 포함하고 있었다. 핀란드, 스웨덴과 달리 아이슬란드와 노르웨이는 거대한 덴마크 왕국 안에서 독특한 실체로 존속했고 1809년까지 정치적으로 독립성을 유지했다. 물론 이 기준에 따르면, 스칸디나비아의 초기 근대사는 남부 발트 해 연안의 스웨덴, 덴마크 영역과 독일 북부 지역도 포함해야 한다. 1814년 이후에야 노르덴의 지도는 오늘날에 가까운 모양을 갖추기 시작했는데, 이는 민족주의 시대와 일치한다.

개별 국가에 대한 강조에도, 기존의 역사 문헌은 이러한 지정학적 틀 안에서 공유해 온 역사적 경험을 중시했다. 이런 모습이 전 지역에 공통적으로 나타났기에 '스칸디나비아적인 것'(Scandinavian)이라고 말할 수 있었다. 역사적 경험은 바이킹 시대와 중세의 칼마르동맹을 비롯하여 근대 초기 덴마크와 스웨덴 제국의 경쟁, 19세기와 20세기에 이루어진 스칸디나비아 통합(범스칸디나비아주의)이라는 정치적 프로젝트, 노르딕

---

* 1397년 스웨덴의 칼마르에서 결성된 스칸디나비아 3국의 통합 동맹. 이 동맹으로 세 왕국은 1523년까지 단일 군주 아래 결속되었다.

국가 사이의 협력을 아울렀다.[10] 덴마크-노르웨이, 스웨덴-핀란드 두 국가는 근대국가 초기에 구조적으로, 특히 개혁의 완성이나 중앙집권적 특성에서 비슷한 점이 많았다. 이런 모습은 역사적으로 이 지역에서 영향력을 가진 루터교회 때문이다. 경제·사회·정치적으로 근대사회로 전환하는 과정은 대체로 동시에 이루어졌는데, 특히 유럽의 다른 지역보다 대변동의 수준이 낮았고 격렬하지도 않았다.[11] 19세기 스칸디나비아는 대부분 농업 지역이었고 가난과 낮은 인구밀도 때문에 수천 명의 농민들이 미국으로 이민을 갈 수밖에 없었다.

이런 유사성으로 보아 스칸디나비아는 '역사적 지역'의 고전적 사례라고 할 만하다. 역사적 지역이라는 개념은 제1·2차 세계대전 사이와 그 뒤에 독일의 역사학자들이 동부와 중부 유럽에 관해 연구한 저서에서 나온 말이다. 역사적 지역은 확연히 구별되는 지리적 경계로 정의할 수 없는 '추상적이고 변동하는 공간'이다.[12] 따라서 역사적 지역은 그 자체로 연구의 대상이 되기보다는 비교 분석을 돕는 개념이고, 시간과 공간 속에서 시시각각 변하는 담론의 구성물이라고 할 수 있다. 이 책의 뒷부분에서 더 상세히 논의하게 될 '북동 유럽'(Nordosteuropa)과 '발트 해'라는 두 개념과 관련이 있으나 동일하지는 않다. 따라서 북부 유럽에 위치한 스칸디나비아 지역의 역사를 보는 방법은 다양할 수밖에 없다.

하지만 슈테판 트뢰스트(Stefan Troebst)가 지적한 것처럼, 역사적 지역은 그저 분석 범주로 사용할 때조차도 좀처럼 중립적이지 않은 경우가 많다. 또 다른 영역에서 사용된 것과 겹치는 경우가 많고 지역에 대한 다양한 정치적 개념들을 포함하고 있다. 이를테면 지정학적 목적과 야심의 표적이 되는 지역, 대중매체와 공론에 나타나는 지역의 이미지, 그 안팎에 살고 있는 모든 사람들의 '심리 지도'* 안에서 그려지는 지역 같은 것이 여기에 해당한다.[13] 스칸디나비아 또는 노르덴도 예외가 아니어서 그들에게 역사적 지역은 범민족적 야망의 핵심, 지정학적 블록, 문화·이데올로기·정치적 프로젝트의 원천으로 다양하게 이해된다. 이 모든 점에서 스칸디나비아가 의미하는 바를 탐구하고자 하는 것이 이 책의 목적 가운데 하나이다.

1990년에 일부 학자들은, 북유럽 역사의 본질이 18세기 또는 그 이전까지 거슬러 올라가는 북유럽만의 '독자 노선'(Sonderweg)**이라고 할 만큼 매우 독특하다고 주장했다. 그들이 말한 대로 북유럽 예외주의는 서로 반대되는 계몽주의 전통인 평등과 자유가 성공적으로 조화를 이룬 특징에 바탕을 두고 있다.[14] 민족적 낭만주의가 그렇게 큰 영향을 끼치지 못했고, 북유럽 국가들은 집산주의(collectivism)와 공동체라는 농업 사회의 전통과 나란히 개인의 자유를 존중했다. 이렇듯 독특한 혼합은 북유럽 사회가 근대로 전환하는 과정에서 비교적 충돌 없이 평화적으로 이루어질 수 있었던 이유를 말해 준다. 계몽적 합리주의가 스칸디나비아에서 영향력을 유지할 수 있었던 것은 강력한 루터교회의 존재 때문이라고 할 수 있다.[15] 의사소통을 할 수 있는 언어가 있었기 때문에 스칸디나비아 나라들은 문화적으로 동질성을 넓혀 갈 수 있었고, 계몽주의 운동의 경험이 20세기 노르딕 모델의 발전과 연결되었다. 무엇보다도 스칸디나

---

* 심리지리학 방법론에 따라 제작되는 도시 지리에 대한 정신적 기록을 가리킨다.
** 독자 노선은 독일 역사학의 논쟁적인 이론 가운데 하나로서 독일이 다른 서유럽 국가들과는 다른 경로를 따라 전제정치에서 민주주의로 이행했다는 주장이다. 이는 또한 제1차 세계대전 이전에 독일이 서유럽 민주주의나 동유럽 전제정치와 구분되는 독자적인 대외정책이나 이데올로기 노선을 추구했음을 가리킨다. 이 글에서는 독일 역사학에서 사용되는 독자 노선의 의미를 그대로 사용하기보다는 스칸디나비아 국가들이 추구한 여타 국가들과 다른 발전 경로의 고유성을 강조하는 용어로 사용하고 있다.

그림 1 **노르딕 5개국**

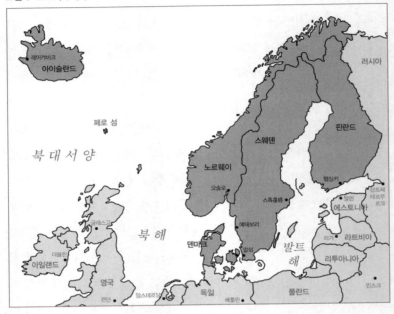

비아 또는 노르덴은 나머지 유럽 나라들과는 다른 그 무엇으로 정의되었다. 가톨릭 국가도, 식민지 국가도, 제국주의 국가도 아니었던 까닭에 스칸디나비아 국가들은 18세기부터 유럽의 주요 분쟁에 휩쓸리지 않으려고 적극적으로 노력해 왔다.[16]

'장기 역사적 관점'에서 노르딕 모델의 뿌리를 추적하려고 하는 접근 방법은 다소간 목적론적이어서 크게 도움이 되지 않는다고 생각한다. 18세기 절대왕정부터 20세기 사회민주주의 정부까지 단절 없이 이어지는 사건의 연결 고리는 없었다. 다른 곳과 마찬가지로 스칸디나비아에서 일어난 역사적 변화는 우발적이고 예측할 수 없는 것이었다. 장기 역사적 관점은 스칸디나비아 국가들 사이의 중요한 차이점을 덮어 버리기도 한다. 예컨대 19세기에 대중적으로 일어난 민주주의 운동의 경우, 스웨덴에 비해 국가 독립에 대한 요구가 높았던 노르웨이에서 훨씬 더 저항이 컸다. 핀란드의 경우 자유주의 사상의 영향은 다른 스칸디나비아 국가들보다 못했지만, 혁명 사상(특히 20세기 초)의 영향력은 훨씬 컸다.[17]

이러한 한계를 안고 있지만, 장기 역사적 관점은 일국적인 분석틀에서는 금방 드러나지 않는 연결 고리들을 조망할 수 있게 해 준다. 스칸디나비아라는 '프로젝트'의 뿌리는 실제로 20세기 이전으로 거슬러 올라간다. 가장 중요한 것은 그 프로젝트가 19세기에 하나의 왕국으로 스칸디나비아를 통합하고자 했던 야심과 관련되었다는 점이다. 19세기 민족주의 운동이 대부분 그렇듯이, 범스칸디나비아주의는 딱 꼬집어 한 가지 요인으로 설명할 수 없는 복잡한 현상이었다. 정치적 전망으로서 범스칸디나비아주의는 19세기 초 학생 사회에서 강력한 지지를 얻었지만 그 이상을 넘어서지는 않았다. 한동안 1814년에 제정된 노르웨이 헌법을 스칸디나비아 전체를 위한 모델로 생각했던 급진주의자들과 독일 '관세동맹'(Zollverein)의 성공에 고무된 경제적 근대화론자들에게 범스칸디나비아주의는 자유주의 개혁의 가장 큰 희망이었다. 하지만 범스칸디나비아주의는 민족적 낭만주의의 영향뿐 아니라, 특히 옛 아이슬란드 언어와 바이킹 문헌들 속에서 스칸디나비아 사람들의 공통된 문화적 뿌리를 발견하고자 했던 사람들의 열망에 영향을 받기도 했다.

그럼에도 목표가 너무나 다양했기 때문인지 범스칸디나비아주의라는 염원은 끝내 실현되지 않았다. 어떤 면에서 스칸디나비아에는 피에몬테나 프로이센이 없었고, 통일 계획을 위한 정치적 의지와 군사력을 갖춘 카보우르(Cavour, 19세기 이탈리아 통일의 지도자 — 옮긴이)나 비스마르크가 없었기 때문이라고도 할 수 있다. 그런 역량을 갖춘 스웨덴이 있기는 했지만 자유주의적 민족주의자들의 목표와 스웨덴 왕국의 외교정책 야망 사이에는 간극이 너무나 컸다. 1848년 스웨덴 자유주의자들이 핀란드로 한때 관심을 돌리고 이어서 1853년 크림 전쟁이 발발한 뒤 잠시 그 가능성이 제기되기도 했다. 즉, 프로이센을 물리치기 위해 프랑스·영국과 동맹하고 거대한 북유럽의 힘을 부활시키기 위해 핀란드를 정복하여 되찾고자 했던 것이다. 결국 1856년에 체결된 파리 평화조약 이후 잠잠해졌지만, 범스칸디나비아라는 열망은 러시아 차르 전제주의에 대한 비판과 스웨덴 왕국의 친러시아 외교정책이라는 두 가지 생각을 대변했다.[18]

슬라브 동쪽과 나뉘는 경계는 스칸디나비아를 정의하는 데 매우 중요했다. 하지만 스칸디나비아 통합이라는 열망이 끝내 소멸했음을 드러낸 쪽은 슬라브 동쪽 경계가 아니라 독일 쪽 경계였다. 프로이센의 공격에 맞서 남쪽 국경 지역을 지킬 수 있도록 덴마크에 2만 명의 군대를 파병하겠다던 스웨덴 국왕 카를 15세의 약속은 수포로 돌아갔고, 비스마르크에게 적수가 되지 않았다. 비스마르크가 덴마크를 굴복시킴으로써 이후 평화협정에서 덴마크에 충분한 외교적 지원을 하겠다던 스웨덴의 약속은 지켜지지 않았다.

노르딕 개념의 등장

1864년 이후 스칸디나비아 통합의 꿈은 스칸디나비아 국가들 사이의 협력이라는 소극적인 계획으로 수정되었다. 하지만 이러한 협력은 문화와 언어의 통일성에 계속 영향을 받았고, 스칸디나비아를 아우르는 제도를 수립하려는 시도도 여러 차례 나타났다. 스칸디나비아라는 관념은 오늘날 발트 해 지역을 지배하는 강대국들(동쪽으로는 러시아, 남쪽으로는 새로 통일된 독일)에 맞서는 연대감을 가져다주었다. 게다가 스칸디나비아의 정체성은 부분적으로 러시아와 문화·정치적으로 다르다는 측면을 강조하기도 했다. 게르만족의 문화와 언어는 슬라브족과 완전히 달랐다. 러시아의 농노와 대조되는 자유 소작농이 있었고 정치 체제도 차르 체제와 대조적인 입헌군주제였다. 독일은 스칸디나비아가 문화적으로 러시아 쪽으로 치우치지 않도록 하는 균형추 역할을 굳이 하지 않았다. 많은 독일의 민족주의자들이 스칸디나비아를 게르만 문화의 가장 순수한 형태를 나타내는 것으로, 19세기 후반부터는 가장 순수한 형태의 인종으로 주시하게 되면서 그러했다. 여기에서 예외가 덴마크였다. 덴마크는 1864년 프로이센과 치른 전쟁에서 패배하여 영토를 빼앗겼다.

어느 정도 이런 이유 때문에 제1차 세계대전 이후 독일이 이데올로기와 군사적으로 심각한 위협을 가하고 있을 때, 스칸디나비아 지역에서 선호하는 용어로 '노르덴'이라는 개념이 등장했다. 노르덴은 '옛' 스칸디나비아 나라들(스웨덴, 덴마크)에 더해 새로 독립한 노르웨이와 1917년 러시아에서 독립한 핀란드를 북유럽의 한 식구로 받아들인다는 의미였다. 더욱이 스칸디나비아주의와 달리 '노르딕주의'는 초국가적 야망을 암시하지도 않았고 '민족주의들의 결합'을 뛰어넘지도 않았다.[19] 주권국가들의 평화적 협력에 대한 열망은 새로운 국가 동맹 논의로 구체화되었고, 1907년 노르딕의원연맹 창설처럼 국가의 정치적 협력과 시민사회의 협력을 위한 제도 수립을 통해 이루어졌다. 1919년 창립된 노르딕통일연합(Association for Nordic Unity)을 비롯한 여러 조직은 1930년대 소비에트사회주의공화국연방(USSR)과 히틀러 제3제국의 위협에 맞닥뜨리면서 대중적인 인기를 얻었다.

하지만 노르딕이라는 정체성의 다른 차원, 즉 노르딕 모델이라는 개념 은 제1·2차 세계대전 사이, 특히 1930년대에 국제적으로 부각되기 시 작했다. 가장 먼저 큰 관심을 받은 나라는 덴마크였다. 특히, 덴마크의 성인교육을 위한 국민고등학교운동(folk high school movement)과 만성 적인 농업 문제를 해결하는 데 실용적 본보기가 되는 농업협동조합이 주 목을 받았다.[20] 유럽의 다른 지역처럼 의회민주주의를 포기하는 일 없이 1930년대부터 대공황 상태를 비교적 재빨리 회복한 스칸디나비아 경제 는, 세계의 깊은 관심을 '북쪽'으로 돌려놓게 된다.

미국의 저널리스트 마키스 차일즈(Marquis Childs)의 《스웨덴: 중도 노선》(Sweden: The Middle Way, 1936)이라는 책이 출간된 뒤에 이러한 관심은 전체 노르딕 국가들보다는 스웨덴에 특히 집중되었다.[21] 노르딕 국가들의 성공은 무엇보다 정책 결정자들이 자본주의와 공산주의의 타 협을 이뤄 내고 노동계급과 농민들이 정치적으로 조정함으로써 만들어 진 정책 덕분이었다. 카지미에시 무살(Kazimierz Musał)의 지적대로, 스 칸디나비아식 중도 노선이라는 '외부로부터의 고정관념'(xeno stereo- type)은 마찬가지의 중요성을 갖는 스칸디나비아 '내부의 자기 고정관 념'(auto stereotype)과 맞아떨어졌다. 1937년 노르딕 정부들의 지원을 받아 출간된 영문 책자인 《세계경제 속의 노르딕 국가들》(Northern Countries in the World Economy)은 핀란드와 아이슬란드까지 포함한 노르딕 블록이라는 개념을 활성화하는 데 크게 기여했다.[22] 20세기 초 스웨덴에서, 구스타브 순드베리(Gustav Sundbärg)를 비롯하여 근대화를 주창한 민족주의자들은 근대성과 진보를 구현하는 국가 재창출을 통해 스웨덴에 '위대한 권력'의 새 시대를 이끌어 내야 한다고 역설했다.[23] 전후에도 노르딕 모델 개념은 유지되어, 유럽 북쪽의 작은 나라들이 영향력 없는 약소국이라는 이미지에서 벗어날 수 있는 구실이 되었다.[24)]

제2차 세계대전 직전까지 노르덴은 유럽의 많은 사람들 마음속에 자리 잡게 되었고, 사회경제 정책에 관한 급진적이고 새로운 사고의 원천이라는 의미를 넘어서게 되었다. 전쟁 이후 일어난 사건들은 이 지역에 대한 이러한 이미지들을 하나로 묶었다. '중도 노선' 또는 사회주의와 자본주의의 타협이라는 개념은 이 지역을 양대 초강대국 사이에서 중립적이지만 친근한 집단으로 쉽게 인지할 수 있게 했고 유엔(UN)의 국제주의 정신에도 기여했다. 그 밖에 스웨덴이 공식적인 중립성을 유지하는 유일한 노르딕 국가였다는 점을 감안할 때, 이것이 근본적인 측면에서 어느 정도로 스웨덴 모델이었는지 고려해 볼 만한 가치도 있다. 하지만 노르덴 또는 스칸디나비아는 단일 지역이라는 강력한 이미지를 바깥 세계에 내보였다. 또 일반적으로 생활수준이 매우 높은 사회라는 긍정적 이미지도 갖고 있었다. 물론 이런 이미지는 1970년대를 거치며 너무 심한 규제가 전체주의와 비슷하고, 자살률과 음주율이 높다는 부정적 이미지로 바뀌었다.[25)] 스칸디나비아는 복지국가로 널리 알려지게 되었지만, 정치와 정책 결정 시스템, 경제정책, 노사 관계, 타협 문화, 국제주의 외교정책 역시 주목을 끌었다.

독자적인 문화

이런 분야에서 노르딕의 독특한 성격은 여러 가지 강력한 문화적 고정관념 때문에 더욱 두드러졌다. 19세기 후반 '근대적 도약'을 이룩한 뒤로 노르딕 국가들은 국제적으로 저명한 문화 인물들을 배출했는데, 가장 널리 알려진 이들만 꼽아 보면 다음과 같다. 극작가 헨리크 입센(Henrik Ibsen)과 아우구스트 스트린드베리(August Strindberg: 1849~1912, 스웨덴의 극작가이자 소설가 ― 옮긴이), 에드바르 그리그(Edvard Grieg: 1843~1907, 노르웨이의 작곡가이자 피아니스트 ― 옮긴이)와 잔 시벨리우스(Jean Sibelius: 1865~1957, 핀란드의 스웨덴계 작곡가 ― 옮긴이), 에드바르 뭉크(Edvard Munch: 1863~1944, 노르웨이의 화가 ― 옮긴이), 크누트 함순(Knut Hamsun: 1859~1952, 노르웨이의 소설가, 극작가, 시인으로 노벨문학상 수상 ― 옮긴이)과 할도르 락스네스(Halldór Laxness: 1902~1998, 아이슬란드의 소설가로 노벨문학상 수상 ― 옮긴이)와 카렌 블릭센(Karen Blixen: 1885~1962, 덴마크의 소설가 ― 옮긴이), 아스트리드 린드그렌(Astrid Lindgren: 1907~2002, 《말괄량이 삐삐》로 유명한 스웨덴의 동화작가 ― 옮긴이)과 토베 얀손(Tove Jansson: 1914~2001, 핀란드의 스웨덴계 아동문학가이자 화가―옮긴이).

　이런 문화 인물들은 민족적 낭만주의에 영향을 받았지만, 그들의 작품 속에서 전형적인 스칸디나비아 요소를 규명하려고 하기보다는 그들이 스칸디나비아 사람으로 받아들여진 방식에 주목하는 것이 아마 더 정확할 것이다. 더욱이 노르딕 언어는 다른 언어들보다 습득하기 어려웠기 때문에 작가들이 바깥의 더 넓은 세상 독자들과 만나려면 번역에 의존할 수밖에 없었다. 이런 까닭에 국내에서 가장 유명한 몇몇 인사들이 해외에서는 영향력이 다소 떨어지는 경우가 많았다. 그런 예로 스웨덴의 셀마 라겔뢰프(Selma Lagerlöf: 1909년 역사상 여성으로는 처음 노벨문학상을 수상한 작가 ― 옮긴이), 핀란드의 베이뇌 린나(Väinö Linna: 1920~1992, 핀란드의 대표적인 소설가 ― 옮긴이)와 19세기 덴마크의 그룬트비(N. F. S.

Grundtvig: 1783~1872, 덴마크 국민고등학교운동을 이끌고 체계화한 성직자
―옮긴이)를 들 수 있다.[26]

이렇게 볼 때 20세기 후반 스칸디나비아의 국제적 이미지를 형성하는
데 가장 크게 기여한 것은 아마도 문자가 필요 없는 예술 영역일 것이다.
스칸디나비아의 대중음악은 문화적으로 상업적으로 두각을 나타냈는데,
비에르크(Björk, 아이슬란드를 대표하는 팝 가수이자 배우―옮긴이), 아하(A-
ha, 노르웨이의 남성 팝 그룹―옮긴이), 시규어 로스(Sigur Rós, 아이슬란드
출신의 아방가르드 록 그룹―옮긴이), 유럽(Europe, 스웨덴 출신 록 그룹―옮
긴이), 록시트(Roxette, 스웨덴 출신의 팝 밴드―옮긴이)와 같은 예술가들
모두 아바(ABBA)만큼은 아니지만 해외에서 상업적으로 큰 성공을 거두
었다. 하지만 대부분이 미국 팝 문화의 영향을 받았고 작품이 대개 영어
로 제작되었기 때문에 이들한테서 특정한 스칸디나비아의 요소를 구별
해 내기는 쉽지 않다. 아이슬란드의 풍경 이미지를 사용한 비에르크만
해도 절충적이면서 독창적인 스타일을 가졌지만 '전형적인' 아이슬란드
것이라고는 할 수 없다(실제로 의미하는 바가 무엇이든 간에).[27]

이런 측면에서 볼 때 가장 중요한 분야는 영화라고 할 수 있다. 스웨덴
과 덴마크의 영화감독들은 무성영화 시대에 국제적 찬사를 받았지만, 전
후 시기에 스칸디나비아 문화는 (적어도 국제적 관점에서는) 잉마르 베리
만(Ingmar Bergman: 1918~2007)이라는 스웨덴 출신의 거장에게 압도
당했다. 전후 시기 수많은 열성 영화 팬들에게 유럽 예술영화의 본보기
가 되었지만, 베리만의 작품은 다른 스칸디나비아 예술가들처럼 끊임없
이 스칸디나비아 문화의 전형을 만들어 갔다. 세속주의가 판치는 시대에
베리만은 신의 침묵 속에서 개인이 가진 죽음에 대한 두려움, 우울과 고
독, 성에 대한 자유를 작품의 주제로 삼았다.

1990년대부터 노르딕 영화는 덴마크의 라르스 본 트리에르(Lars von Trier: 1956~ ,《어둠 속의 댄서》,《도그빌》같은 대표작이 한국에서도 개봉됨―옮긴이) 감독이 주도한 '도그마 95'(Dogme 95)*의 작업을 통해 새로운 관심을 받았다. 베리만과 '도그마 95' 사이에 어떠한 연속성이 존재한다면 그것은 예술, 특히 소수민족 언어로 작업하는 젊은 무명 예술가들이 예술적 위험을 감수하고 스스로를 국제적으로 알려 낼 수 있도록 국가가 지원하는 강력한 전통 때문일 것이다.[28]

한편, 20세기 스칸디나비아 문화가 독자의 미학적 가치관을 갖고 있다면, 그것은 무엇보다도 건축과 디자인에서 기능주의 운동으로 표현되었다. 1930년에 열린 스톡홀름 박람회를 통해 온 세계에 드러낸 '노르딕 기능주의' 는 프랑스의 르코르뷔지에(Le Corbusier: 1887~1965년)나 독일의 바우하우스(Bauhouse school, 1919~1933년)가 추구한 기능과 형식의 조화, 파이프식 강철(tubular steel)이나 강화 콘크리트와 같은 새로운 소재에 대한 관심을 공유했지만, 그보다 훨씬 폭넓은 의미를 갖게 되었다. 특히 노르딕 기능주의는 건축물의 아름다움과 실용적 사회정책을 결합했다. 새로운 '인민의 집' **은 비유적으로뿐만 아니라 문자 그대로의 의미로도 구성되었고, 스웨덴 사회민주주의 가족 정책의 창시자인 알바 뮈르달(Alva Myrdal: 1902~1986, 스웨덴의 외교관이자 행정 관료로서 노벨상을 수상함―옮긴이)은 새로운 형태의 공공주택을 설계하기 위해 건축가 스벤 마르켈리우스(Sven Markelius: 1889~1972, 스웨덴 새 건축운동 지

---

 * 기술적인 요소에 지나치게 의존하는 기존 영화 시스템에 반기를 들고 1995년 덴마크 감독들이 주도한 새로운 영화 선언.
** 1928년 사회민주당 당수였던 페르 알빈 한손이 제창한 개념으로 스웨덴 사회민주주의가 지향하는 복지국가 모델을 함축적으로 표현하고 있다.

도자 — 옮긴이)와 공동 연구를 했다.[29] 제2차 세계대전 이후, 기능주의 관점은 도시계획과 가구, 일상 생활물품 디자인에도 채택되었다. 그것은 스타일에서 무엇보다 깔끔하고 단순한 선으로 나타났다. 이데올로기적으로 근대성을 포용하면서 과거에 대한 거부를 상징했던바, 대개 부르주아들의 파괴된 과거 도심에 대한 반감과 자연 친화성을 높이고자 새로운 '숲이 울창한 교외'의 건설로 나타났다.[30]

이런 모습은 어느 정도 노르딕 사회에서 공통적으로 나타나는 현상이다. 스톡홀름의 최초 위성도시인 비에르크하겐(Björkhagen)은 1948년 기능주의 원칙에 따라 설계되고 완성되었다. 1951년에는 오슬로에도 이런 분위기가 반영되어 위성도시 람베르트세테르(Lambertseter)가 탄생했다. 하지만 노르웨이의 수도 재개발은 스웨덴만큼 폭넓지 않았다.[31] 핀란드의 건축가들은 제1·2차 세계대전 사이에 이미, 생동하는 국가를 기념하는 건축물 건설자로 상당한 명성을 얻었다. 엘리엘 사리넨(Eliel Saarinen)의 헬싱키 역(1914~1919), 이리에 린데그렌(Yrjö Lindegren)과 토이보 얀티(Toivo Jäntti)가 설계한 올림픽 경기장(1940년에 올림픽이 열릴 예정이었으나 1952년으로 연기되었음)이 대표적 예이다.[32] 핀란드에서 가장 영향력이 큰 건축가 알바르 알토(Alvar Aalto, 1898~1976)는 기능주의 원칙에 바탕을 두고 설계한 건축물뿐만 아니라 가구와 가정용품 디자인으로도 유명해졌다.

한편 '덴마크 모던 스타일'로 알려진 디자인은, 1950년에 잡지《인테리어》(Interiors)가 세계에서 가장 아름다운 의자로 꼽은 한스 베그너(Hans J. Wegner)의 '라운드 의자'로 전 세계인의 관심을 끌었고, 1945년 이후 해외에 널리 수출되었다.[33] 레고(Lego)로 잘 알려진 덴마크의 어린이 블록 장난감은 기능주의 원칙을 가장 잘 구현해 낸 것이라고 할 수 있다. 알바 뮈르달은 또한 합리적 시민으로 성장하는 데 아동의 놀이가 중요하다고 강조했고, 레고라는 이름도 덴마크어로 '잘 논다'(Leg godt)는 말에서 가져왔다.[34]

21세기 초에도 기능과 미학적 가치, 대중성을 결합한 소비재 생산에서 노르딕의 명성은 계속 이어졌다. 특히 노키아(Nokia)의 휴대전화기와 스웨덴의 가구 제조업체 이케아(IKEA)*가 대표적이다. 여러 나라가 포함되어 있는 기업이지만 마케팅에서 스칸디나비아라는 하나의 이미지를 분명하게 사용할 수 있게 해 주었던 것이다.

노르딕 모델에 대한 대중적 표현과 언론의 묘사 사이에는 누가 봐도 강하게 겹치는 부분이 많다. 여기에서 스칸디나비아 국가들은 지역 바깥의 정책 결정자들을 위한 모델(또는 신호)로 사용되었고, 노르딕 모델이라는 개념은 사회과학에서 발전해 온 대로 사용되었다. 노르딕 지역을 연구해 온 여러 학자들은 세계의 다른 지역과 아주 다른 이 사회를 지지하고 감탄하는 투로 그렇게 서술해 왔다. 정치학자 카를 도이치(Karl W. Deutsch)는 노르딕 '안보 공동체' 개념으로, 아렌트 립하르트(Arendt Lijphart)는 '합의제 민주주의'로, 크리스틴 잉게브릿센(Christine Ingebritsen)은 노르딕 국가들을 국제 관계에서 '규범을 창안하는 자'(norm entrepreneurs)로 형상화했고 발테르 코르피(Walter Korpi)와 요스타 에스핑 안데르센(Gøsta Esping-Andersen)을 비롯한 스칸디나비아 출신 학자들은 '사회민주주의 복지국가'라는 개념으로 이론화했다. 이 모든 개념은 다른 사회에서 노르딕 모델에 경쟁심을 품을 만한 것으로 여

---

* 1943년 잉바르 캄프라드가 만든 기업으로 세련된 디자인과 싼 가격, 손수 조립할 수 있는 가구로 인기를 얻고 있다.

기게 했다. 한편 이 모델에 대해 비판적이고 적대적이기까지 한 주장도 있었는데, 1970년대와 80년대 복지 자본주의에 대한 신자유주의의 공격이 등장한 시점에 특히 심했다. 하지만 스칸디나비아 유토피아에 대한 갈망은 학자, 언론, 정책 결정자들을 통해 21세기까지 그대로 지속되었고, 복지, 생활수준, 행복감 등에 대한 국제 조사에서 스칸디나비아 나라들이 상위권을 차지하는 성공적인 면모를 보이면서 더욱 지지를 받았다.[35]

　이제 스칸디나비아 또는 노르딕 모델의 서로 다른 요소들을 차례로 검토해 보기로 하자. 2장에서는 합의와 타협이라는 노르딕 정치 모델의 역사적 근원을 근대 초까지 거슬러 올라가 농민 민주주의 제도에서 찾을 수 있다는 최근의 주장을 면밀히 분석한다. 오랜 역사에 걸친 노르딕 지역의 정치 발전 패턴을 검토해 보면 실제로 상당 부분 유사성이 있음을 발견할 수 있다. 아울러 거기에서, 20세기 정치가 어떤 형태를 가져온 것인지에 대해서는 필연적인 것이 전혀 없었다는 사실 또한 발견하게 된다. 스웨덴, 덴마크, 노르웨이 사회민주당의 탁월한 성공뿐 아니라, 끊임없이 제기되어 온 정치적 차이의 원인도 검토한다. 3장은 경제 발전을 다루게 될 텐데, 노르딕 나라들의 소규모 개방경제 사이에서 나타나는 구조적 유사성과 다른 한편으로는 정책적 유사성의 근거들을 분석한다. 4장에서는 스칸디나비아의 상징이라 여겨지는 복지국가로 초점을 돌린다. 2000년대 복지국가 연구를 통해 제시된 '역사적 전환'은 20세기 노르딕 복지국가의 발전과 원인에서 (유사성 대신) 중요한 차이점을 밝힘으로써 노르딕 모델 개념을 약화시킨 것으로 보인다.

　5장은 스칸디나비아가 지정학적으로도 큰 의미가 있다는 점을 감안하면서 국제 관계를 검토하는데, 스칸디나비아 나라들 사이의 내부 관계뿐

만 아니라 바깥 세계에 드러내려고 애썼던 집단적 측면을 다룬다. 국제
문제에서 이상주의와 인도주의를 표방해 온 스칸디나비아의 명성은,
1990년대 이래 내부에서 민족 관계의 긴장과 배타성이 확대되는 근거들
이 나타나면서 훼손되었다. 이런 문제는 6장에서 다룰 텐데, 대규모 이민
에 대해 덴마크와 스웨덴의 확연하게 다른 대응을 상세하게 비교 분석한
다. 마지막으로, 하나의 지역으로서 스칸디나비아의 장래에 놓여 있는
몇 가지 사항을 검토한다. 스칸디나비아 모델은 여전히 유효할까?

맺음말은 지역으로서 스칸디나비아가 유지한 통일성의 측면을 검토한
다. 그리고 발트 해와 북대서양을 포함한 북부 유럽 속에서 스칸디나비
아를 바라보는 새로운 방식을 제시하고, 이 방식이 갖는 도전과 가능성
을 검토한다.

2장

© Daniel Holking

노르딕 정치 모델

노르딕 정치 모델이라는 개념의 기원은 1930년대로 거슬러 올라간다. 유럽 여러 나라에서 민주주의가 위협받고 있을 때, 스칸디나비아 국가들의 사례는 심각한 경제 불황의 시대에도 의회민주주의가 계속 효과적으로 작동할 수 있다는 낙관주의의 증거로 널리 인용되었다. 스칸디나비아 민주주의는 특히 영국에서 본보기가 되었다. 스칸디나비아 국가들과 공유하는 문화적 유사성 때문이었다.[1]

　　1938년 《스펙테이터》에서 앤서니 블런트(Anthony Blunt)는 이렇게 말했다. "스칸디나비아 사람들은 탁월하다. 그들은 어떤 결점도 없이 진보주의의 장점을 모두 갖춘 것 같다. 그들은 모든 역사 단계마다 명백한 진짜 민주주의를 달성했다."[2] 사이먼 경(Sir E. D. Simon)은 1939년 '좌파 독서클럽'(Left Book Club)을 위해 쓴 책에서 스칸디나비아 국가들을 '암흑 시기'에 독재의 '지독한 도전'에 대항해 민주주의를 지켜 낸 모범으로 제시했다. 그는 이렇게 썼다.

　　이러한 작은 민주주의는 오늘날 세계에서 가장 용기 있는 것들이다.
　　(……) 다른 나라에서는 새로운 민주주의가 파괴되고 오래된 민주주의가

공격받고 있는데, 스칸디나비아 국가들은 전후 유럽에서 유일하게 점진적으로 확실하게 더욱 민주주의적이고 더욱 부유하며 더욱 만족스러운 사회가 되어 가고 있다.[3]

노르딕 정치 모델이라는 개념은 1945년 이래로 변함없이 스칸디나비아 나라들의 정체성을 이루어 왔다. '평등주의와 사회민주주의, 특수한 운명 공동체'라는 이미지는, 자본주의적이고 가톨릭적인 유럽 대륙과 대조를 이룬다. 이런 이미지의 차이는 오늘날에도 이어져 왜 노르딕 국가들이 유럽 통합에 반대하는지 짐작게 한다.[4] 더욱이 노르딕 국가들은 국제정치학 책에서 흔히 하나의 단일 블록으로 취급되고 학자들은 이를 '노르딕 정치 모델'이라고 일컫는다. 노르딕 지역을 다른 곳과 구별 짓는 것은 집산주의, (체제) 순응주의로 특징지어지는 정치 문화와 제도이다. 이런 특징은 혁명적인 격변 없이 평화롭게 진화했고 주로 독립 자영농의 영향력 속에서 형성되었다.[5]

정치 논쟁이 좀 더 대립적이고 갈등이 공개적으로 드러나는 미국이나 영국 같은 나라들과는 대조적으로, 노르딕 국가들은 다음과 같은 의미에서 '합의 민주주의'로 묘사된다. 노르딕 국가의 정치 체계는 높은 수준의 정당성과 지지를 확보하고 있었으며, 사회적 분할은 심각하지 않은 편이었고, 정치는 충돌을 완화시켜 타협을 이루는 것을 목적으로 했다.[6] 노르딕 정치 모델의 또 다른 중요한 특징은 다당제 안에서 사회민주주의 정당들이 선거에서 우세했고, 신조합주의적(neo-corporatist, 신담합주의적)인 의사결정 방식을 선호했으며, 시민사회의 조직화와 정치 참여 수준이 높았다는 점이다. 농민 정당이 1930년대까지는 노르딕 정치를 형성하는 데 대단히 중요한 역할을 했지만, 20세기 후반이 되면 하나의 계층으로서 농민의 정치적 영향력은 약화되었다.

　이러한 노르딕 국가들 사이의 유사성 뒤에는 몇 가지 중요한 차이점이 숨어 있다. 전쟁이 끝나고 노르웨이와 스웨덴에서는 사회민주당이 주도권을 잡았지만, 덴마크에서 절대다수를 차지하지는 못했고 핀란드와 아이슬란드에서도 지배력이 덜했다. 가장 중요한 것은 다섯 나라가 국가를 건설하는 역사적 과정에서 나타난 뚜렷한 차이점이다. 덴마크와 스웨덴이라는 오랜 왕국과, 20세기 전반에 가슴 벅찬 독립을 이룬 신생 국가들은 대조를 이룬다. 노르웨이는 1905년, 핀란드는 1917년, 아이슬란드는 1944년에 독립했다. 근대사회로 가는 길이 평화로운 정치적 과정이었다는 특징이 1918년에 격렬한 내전을 겪은 핀란드에는 적용되지 않는다. 이러한 차이 때문에 노르딕 국가의 헌법 제도는 나라마다 달랐다. 예를 들어, 핀란드의 대통령중심제는 의회가 더 큰 역할을 하는 다른 나라들의 모습과 대조된다. 몇몇 학자들은 의회주의를 특징으로 하는 노르딕 모델이 실제로 존재하는지 의문을 제기했다.[7] 특히 1990년대부터 이러한 차이가 더 뚜렷해졌기 때문에 노르딕 모델이라는 것이 여전히 존재하는지는 지금도 논쟁거리이다.

정치 체계들 간의 역사적 차이

　스칸디나비아에서 국가 건설의 역사적인 과정에는 몇 가지 중요한 차이가 있었다. 중세에 체결된 칼마르동맹이 해체되고 16세기에 종교개혁이 일어남으로써 발트 해 지역에는 두 라이벌 제국인 덴마크와 스웨덴이 건국되었다. 두 나라는 나중에 노르웨이, 아이슬란드, 핀란드가 되는 영토를 국경 안으로 끌어들였다. 이들 나라는 중앙집권적 왕국이었다. 스웨덴과 핀란드에서는 토지 소유와 지방행정 형태가 넓은 의미에서는 크게 다르지 않았지만, 덴마크 지역 안에서는 좀 더 차이가 컸다. 노르웨이와 아이슬란드에서는 소규모 자영농(freeholders)의 힘이 우세했고 지방 단위의 귀족정치는 존재하지 않았다.[8] 더욱이 스웨덴과 덴마크는 무역 네트워크에 중요한 차이가 있었다. 이런 차이는 다시 이들 국가가 20세기 초 새로운 독립국가로 발전하는 데 영향을 끼쳤다. 이 가운데 노르웨이와 아이슬란드는 '바다 쪽 주변부' 국가였다. 반면에 독립(1917년) 이전의 핀란드는 러시아 제국의 서쪽 가장자리이면서 '대륙 쪽' 완충지라는 지리적 영향을 받으며 발전했다.[9]

이런 과정은 스칸디나비아 내부의 국가 형성을 비교하는 데 여러 가지 방법들이 있음을 보여 준다. '서쪽 북유럽'(덴마크, 노르웨이, 아이슬란드) 대 '동쪽 북유럽'(스웨덴, 핀란드), 오래된 국가(덴마크, 스웨덴) 대 새로운 국가(노르웨이, 핀란드, 아이슬란드), 또는 스칸디나비아의 '노른자위' 군주국(덴마크, 노르웨이, 스웨덴) 대 두 주변부 공화국(핀란드, 아이슬란드) 같은 식으로 대비해 볼 수 있다. 그렇다 하더라도 발전의 연대기적 패턴은 대체로 전 지역에 걸쳐 크게 다르지 않다. 스칸디나비아가 정치제도의 평화로운 발전으로 유명하다고 하지만 그 정치적 권리는 대부분 국제적 위기 때 크게 확대되었다.[10] 나폴레옹 전쟁이 영토 대변동을 불러와 스웨덴과 덴마크는 작고 중립적인 세력으로 지위가 낮아졌다. 스웨덴은 러시아에 핀란드 영토를 양도하고 1809년에 오늘날의 국경선을 얻었다. 덴마크는 슐레스비히와 홀슈타인 공작령과 북대서양 섬(아이슬란드, 페로 섬, 그린란드) 소유권을 유지했지만 노르웨이를 잃었고, 1814년에 노르웨이는 스웨덴과 군주제 연합을 이뤘다.

이런 영토 변화는 정치적 대변동과 함께 일어났지만, 스칸디나비아 국가들에게 진정한 의미에서 혁명적인 대변동은 아니었다. 1809년에 제정된 새 스웨덴 헌법이 전제주의를 종식시켰지만, 이것이 결코 의회 정부 단계로 나아가는 것을 의미하지는 않았다. 스웨덴은 권력이 왕족, 고위 관료, 군 장교를 비롯한 보수 엘리트의 손에 상당히 집중되어 있어 여전히 비민주적인 상태였다. 19세기 중반에 나타난 수십 년 동안의 자유주의적 변동 이후, 신분제 의회(four-estate diet)*는 1866년에 양원제 의회로 대체되었다. 그러나 의회는 아주 제한적인 선거권에 의거해 선출되었으며 보수 헤게모니는 간접적으로 선출된 상원의 형태로 유지되었다. 상원에서는 지주, 관료, 대기업, 그리고 개인적 야망을 되찾은 군주가 지배력을 행사하고 있었다.

이렇듯 20세기 초 스웨덴에는 어느 정도 권위주의가 남아 있었는데, 어떤 역사가는 "스웨덴 의회(Riksdag)는 유럽의 의회 가운데 가장 보수적이어서 이를 능가할 만한 것은 프로이센 주 의회(Landtag)뿐이다"라고 기술했을 정도였다.[11] 그러나 개혁을 향한 압력은 커지고 있었고 이런 압력은 세 가지 대중운동인 자유교회운동, 절주운동, 노동운동에서 나오고 있었다. 이런 운동은 1890년대 이후 자유주의 정치가들과 의기투합해 보통선거 캠페인을 위한 공동의 목적을 만들어 냈다. 하지만 결국 1907년에 보통선거권 개혁안을 통과시킨 쪽은 보수 정부였다. 하원 투표에서 남성 보통선거권이 부여되었는데, 이는 한편으로는 비례대표제에 바탕

---

* 신분제 의회는 1866년에 해소되기까지 군주 다음으로 높은 지위를 가졌는데, 과거부터 스웨덴에서 중요하게 구분되는 네 가지 신분 대표자들인 귀족, 성직자, 자치도시 시민, 농민으로 구성되어 있었다. 1866년에 신분제 의회는 평화적이고 점진적으로 의회로 이행했고, 당시 의회의 농민 대표들이 확대되어 지금의 중앙당인 농민당이 되었다.

을 둔 새 선거 시스템에 대한 보수파의 요구에 순응한 것이기도 했다.

1905년에 수립된 자유주의 정부는 의회 과반수를 바탕으로 비로소 집권할 수 있었다. 하지만 의회 정부라는 원칙은 1917년 해군 방위 문제에 왕이 개입하여 정부를 끌어내리려고 했을 때 도전에 직면했다. 1917년 겨울부터 이른 봄까지 벌어진 식량난으로 대중의 저항과 반대 시위가 일어남에 따라 이 문제는 다시 전면에 떠올랐다. 이어지는 여름 내내 정치적 동요로 급박한 나날이 계속되었지만 가을에 열린 의회 선거에서 진보 정당이 다수표를 획득함으로써 마침내 자유당-사회민주당 내각이 꾸려지게 되었다. 이 사건은 일반적으로 스웨덴에서 의회 정부 수립의 상징적인 사건으로 받아들여진다. 곧 보통선거권의 도입과 상원에 대한 개혁이 뒤따랐다. 스웨덴에서 의회 민주주의는 기존 체제를 뒤집지 않고 평화롭게 확립되었지만 사실은 알려진 것보다 더 많은 분쟁이 뒤따랐다.[12]

혁명기의 대변동 속에서도 덴마크에는 전제주의가 그대로 존속했고 이런 정치 형태는 1848년 유럽혁명의 새 물결이 밀려오기 전까지 지속되었다. 군주제의 존속은 부분적으로는 개혁을 해 내고자 하는 의지 때문이었는데, 그중에서도 가장 주목할 만한 것은 1780년대에 시작된 '토지 대개혁'(great agrarian reforms, 농노제 폐지를 통한 독립 자영농 육성을 주요 내용으로 함 — 옮긴이)이다. 더욱이 여론의 정세는 점차 정치권력에 중요한 영향력을 발휘하고 있었다.[13] 1830년대부터는 국가재정 절약 운동뿐 아니라 출판의 자유 같은 일반적 자유권을 주장하는 자유주의적 저항운동이 성장했다. 이런 운동은 자유주의적 민족주의(liberal nationalism)의 출현과 연계되었으며, 특히 슐레스비히와 홀슈타인 공작령에서 활발했다.* 유럽혁명이 일어나던 1848년 3월에 홀슈타인의 자유주의자들이 공작령에 대한 새로운 헌법을 요구하자, 코펜하겐의 민족적 자유주의자들은 자신들의 개혁안을 내놓았다. 정부는 사임했고 새 헌법의 도입을 검토하기 위하여 새로운 내각이 결성되었다. 결국 1849년 6월에 새 헌법이 비준됨에 따라 188년 동안 이어진 전제주의는 막을 내렸다. 군주제는 잔존했지만 부분적으로 남성 보통선거권에 따라 선출된 두 의회에 의해 제약을 받았다. 덴마크의 사례는 당시 기준으로 볼 때는 대단히 민주적인 제도였고, 더욱이 유럽 다른 지역에서 1848년 혁명 이후에 전개된 반동의 시대에도 유지되었다.

그런 한편 덴마크 정치에서는 스웨덴과 마찬가지로, 19세기의 마지막 10년 동안 의회 민주주의를 둘러싸고 보수주의자와 자유주의자 사이에 격렬한 분쟁이 거듭되었다. 1864년에 덴마크 군대가 프로이센에 패배했을 때 우위를 차지하게 된 보수주의자들은 의원 선출 방식을 바꿈으로써 의회에서 보수주의자들의 진출을 확대하는 개헌을 실시했다. 이른바 시스템의 전환은 1901년에 이루어지게 된다. 그해 보수주의자들이 의회 선거에서 크게 패배함으로써 처음으로 자유주의 정부가 의회에서 다수를 차지하며 집권하게 되었다. 보통선거권이 1915년에 도입되었지만, 의회 민주주의는 1917~1918년에 혁명적 좌파들로부터, 1920년 이른바 '부활절 위기'(Easter Crisis) 때에는 왕의 거듭된 야심으로부터 동시에 도전을 받았다.** 1920년 이른 봄에 자유당-사회민주당 연립정부는 덴마크 남쪽

---

* 1923년 덴마크 왕이 아들 아벨에게 슐레스비히를 하사한 이후 독일과 덴마크가 서로 이 지역을 두고 분쟁을 벌였다. 이후 두 나라 민족주의자들은 서로 이 영토의 소유를 주장했다. 뒤에 국민투표를 통해 이 지역의 국경 조정이 이루어졌다.

** 부활절 위기는 국왕 크리스티안 10세가 의회 선거를 통해 구성된 정부를 해산시킨 사건을 말한다. 이 사건으로 덴마크 입헌군주제는 심각한 위기 국면을 맞았다.

국경에 대한 정책 문제*로 심각한 압박을 받고 있음을 깨달았고, 연립정부는 하원(Folketing)에서 다수당의 지위를 잃고 말았다. 국왕이 정부를 붕괴시켜서 상황을 수중에 장악하려는 시도를 총리가 거부하자 국왕은 총리에게 사퇴를 요구했다. 사회민주당 당원들은 사퇴 요구를 국왕과 국왕의 보수 지지층이 음모한 쿠데타로 보고 총파업으로 위협했다. 국왕은 결국 그 시도를 철회하고 새로운 선거를 실시할 수밖에 없었다.[14]

노르웨이, 핀란드와 아이슬란드의 헌법 개혁은 독립을 위한 민족주의 투쟁과 관련이 있다. 1814년 1월에 체결된 킬(Kiel)조약에 따라 그동안 덴마크 왕의 통치를 받아 온 노르웨이는 이제 스웨덴 왕 아래로 들어갔다. 1814년 여름의 몇 달 동안 노르웨이는 머지않아 독립국이 될 조짐이 보였다. 선출된 대표 112명이 1814년 5월 에이드스볼(Eidsvoll)에서 새 노르웨이 헌법 초안을 만들기 위해 모였다. 여기서 합의한 문서는 당시 유럽에서 가장 자유주의적인 헌법 가운데 하나였다.[15] 노르웨이에서는 세금 인상권과 국왕의 조치에 대한 거부권을 가진 단원제 의회(Storting)가 설립되었다. 의회는 투표권을 가진 노르웨이 성인 남성 절반가량의 민주적 참정권에 따라 선출되었다.[16] 하지만 노르웨이의 독립 상태는 오래가지 못했다. 노르웨이 왕이 폐위된 뒤, 단원제 의회는 스웨덴과 연합할 것을 투표로 결정하여 스웨덴의 카를 13세(카를 요한 황태자)를 노르웨이의 왕으로 선출하고 승인했다. 그렇게 함으로써 의회는 카를 13세의 섭정으로부터 협상을 통해 각종 특권을 얻어 낼 수 있었다. 또한 자유주의적 헌법을 유지할 수 있었고 의회는 애초에 에이드스볼에서 구상한 것보다 더 강력한 위상도 확보할 수 있게 되었다.

---

* 슐레스비히와 홀슈타인을 둘러싼 독일과의 국경분쟁에 대한 정책.

이런 까닭에, 노르웨이는 스웨덴의 자유주의자들과 입헌주의자들에게 기대와 영감을 주는 원천으로 여겨졌다. 특히 1832년과 1836년에 노르웨이 국회에서 농민당이 다수파가 된 뒤로는 더욱 그러했다.[17] 반면에 스웨덴 보수주의자들은 강력한 군주제와 개혁되지 않은 스웨덴 의회 아래에서 자신들의 이익을 강화하는 수단으로 노르웨이와의 연합을 지켜 내는 데 전력을 다했다. 그러나 1882년에 노르웨이 의회를 장악한 급진 정치인 요한 스베르드루프(Johan Sverdrup)가 내각의 주요 각료들을 제거함으로써 헌정이 위기에 빠지고 갈등이 첨예해졌다. 스웨덴 왕은 노르웨이의 의회 원리를 받아들이고 노르웨이 자유주의자들의 요구에 양보하도록 강요당했다. 이런 과정을 거쳐 보통선거권은 1913년에 도입된다.

아이슬란드에서도 마찬가지로 헌법 개혁은 독립을 위한 민족주의 요구와 밀접하게 연관되어 있다.[18] 또한 노르웨이처럼 1843년에 부활한 아이슬란드 의회(Alþingi)는 민족의 정체성을 표방하는 으뜸가는 상징 가운데 하나가 되었다. 실제로 그 의회는 20세기 후반까지 존속했다.[19] 아이슬란드는 덴마크의 절대군주제 아래 코펜하겐의 지배를 받았다. 몇몇 아이슬란드 민족주의자는 1849년 아이슬란드에 새로운 덴마크 헌법을 도입하려는 움직임에 저항했다. 그러나 저항의 결과 특권을 부여하기는 했지만, 아이슬란드가 덴마크에서 분리될 수 없는 일부임을 명확히 한 1871년의 신분법(Status Act)에 이르기까지 덴마크-아이슬란드 관계에 교착 상태가 초래되었다. 1874년의 헌법 개정으로 아이슬란드 의회는 덴마크 왕과 입법권을 공유하게 되었다. 그 뒤로 민족주의 운동은 아이슬란드 총독을 통한 왕권의 행사에 집중되었다. 의회 개혁 요구는 민족주의와 나란히 전개되었다. 아이슬란드 총독을 아이슬란드 의회에서 다수결로 선출하도록 한 1904년의 헌법 개정은 두 측면 모두에서 전환점이 되었다. 보통선거권은 1915년에 보장됐다. 1918년 아이슬란드가 덴마크와 연합 내에서 분리된 주가 되기 전까지 이른바 '내치'(內治) 기간이 이어졌다. 완전 독립과 공화국 건설은 1944년에 이루어졌는데 이는 나치가 덴마크를 점령함으로써 촉진되었다.

핀란드는 1918년 격렬한 내전을 수반했다는 점에서 다른 노르딕 국가들과는 의회 민주주의 발달과 독립의 경로가 달랐다. 1809년에 러시아 제국의 광활한 영지로 편입된 뒤, 핀란드는 비록 민주주의라고 할 수는 없지만 제국 내 다른 어떤 곳보다도 높은 수준의 행정 자치권을 누렸다. 그러다가 1890년대부터 독일이 부상하자 러시아 황제들은 국방 정책과 관련된 이유로 핀란드를 더욱 직접적으로 지배하고자 했다. 하지만 제국의 다른 곳에서도 감지되는 혁명적 기운이 핀란드에서 표출되는 것을 막을 수 없었다. 최초의 중요한 민주주의 개혁은 1905년 혁명이 일어난 해에 발생한 총파업에 대응하여 이루어졌다. 그해 신분제 의회는 남녀 보통선거권에 따라 선출된 단원제 의회로 바뀌었다. 1907년에 열린 첫 선거 결과는 오늘날 다수당이 된 사회민주당에 승리를 안겨 주었지만, 제정 러시아 황제는 입법 절차에서 여전히 거부권을 가지고 있었다.

완전한 독립은 1917년 러시아혁명의 격동기가 시작될 무렵 보수당 정부에 의해 선포되었고, 러시아의 볼셰비키 정권은 새 국가 핀란드를 처음으로 승인했다. 식량 부족과 실업 문제가 심각한 상황이었지만 사회민주당 급진파는 혁명을 통한 정부 인수 계획을 세우고 내부에서 다수의 지지를 얻었다. 1918년 1월 무장한 '홍위병'(Red Guards)들은 가장 큰 네 도시를 공격하여 통제 아래에 두고 새 정부 수립을 선포했다. 여기에 기존 정부가 서둘러 몇몇 독일 부대의 원조를 받아 대항함으로써 1918년 2월부터 전면적인 내전에 들어갔다. 전쟁 기간이 그리 길지 않았지만

(공산주의자들은 5월에 항복했다) 분쟁으로 사회 분열의 골이 깊어졌고 공산주의자들이 2만7천 명 이상 사망하는 등 유혈이 낭자했다.

　이렇듯 국가 건설과 의회 민주주의를 향한 경로에 차이가 있기는 하지만 노르딕 국가들 사이에는 중요한 유사성이 있었다. 몇몇 학자는 이러한 특성이 노르딕의 '독자 노선'을 구성하기에 충분하다고 설명해 왔다.[20] 대체로 이렇게 요약할 수 있겠다. 첫째, 의회 민주주의를 향한 노르딕의 경로는 핀란드를 제외하면 눈에 띄게 평화로웠다. 스칸디나비아 국가들은 1789년, 1830년, 1848년과 1917~1918년에 일어난 혁명적 사건들에 영향을 받았지만, 새로 결집한 사회집단의 정치적 요구가 잇따른 정치적 타협과 개혁을 통해 수용됨으로써 정권을 폭력이나 혁명으로 무너뜨릴 필요성이 약해졌다. 둘째, 국가는 아예 위로부터 사회 · 경제 · 정치 개혁을 실행함으로써 스스로의 생존을 보장받고자 했다. 1780년대 덴마크 왕의 토지 대개혁, 1849년 덴마크 헌법 개혁, 1866년 스웨덴의 의회제 개혁 등이 그런 예이다. 이런 개혁은 국가를 사회에 최선의 이익이 가도록 기능할 수 있는 온화한 기관으로 바라보게 하는 데 기여했다. 특히 국민적 정체성의 등장과 결합될 경우 더욱 뚜렷했다. 따라서 스칸디나비아에서 국가 민족주의는 무엇보다 농민을 시민으로 바꿔 내기 위한 교육 프로젝트였다.[21] 셋째, 19세기 스칸디나비아 정치에 두드러지는 현상은 바로 농촌적 특성이다. 18세기 스웨덴과 덴마크에서 실시된 토지개혁 이후, 저마다 소유한 가족 농장이 농촌 사회에서 가장 일반적인 형태였고 독립 자영농은 주요 정치 계급이 되었다. 또 19세기의 정치적 결집은 대체로 농촌에서 일어난 현상이었다. 도시 노동자들이 농촌 노동자와 소자작농, 어민 등과 공동전선을 편 노동운동에서도 그러했다. 농민당은 19세기 자유주의의 뼈대를 형성했고 저마다 의회 안에서 주요 정

치적 그룹을 만들어 냈다.[22]

　학자들은 스칸디나비아 국가들이 상대적으로 평화롭게 합의 원리에 따라 정치를 발전시켰고 폭력적인 격변이 뚜렷이 적었던 이유에 대해 논쟁을 벌여 왔다. 최근까지 20세기 노르딕 '합의의 정치 문화'는 대체로 1930년대의 정치적 타협과 '적록(Red-Green)동맹'의 경험에서 나온 것으로 여겨졌다. 적록동맹은 당시 널리 퍼져 있던 계급투쟁을 해소하기로 사회민주당과 농민당이 맺은 것이다. 그러나 1980년대에 들어와서, 특히 스웨덴 역사학자들은 합의의 정치 모형을 근대 초기의 정치제도에 깊은 역사적 뿌리를 두고 있다는 관점에서 이해해야 한다고 주장했다.

　유명한 초기 모더니스트였던 에바 외스테르베리(Eva Österberg)에 따르면, 16세기와 17세기 중앙집권적 국가 권력의 강화가 지방 정치제도의 발전을 가져왔다고 한다. 무엇보다도 '교구회의'(sockenstämman) 또는 교구위원회는 농민들 스스로 불만을 조정하고 수용하여 바로잡아 갈 수 있는 공개 토론장 역할을 했다. 교구회의는 다양한 사회집단들 사이 또는 중앙 국가와 지역 공동체 사이의 정치적 상호작용을 위한 중요한 공간이 되었다.[23] 이러한 제도와 정치 문화가 이어져 온 과정을 살펴보면 왜 "피를 흘리는 반란, 살쾡이 파업(wildcat strikes, 노조 지도부가 아니라 사업장 단위로 기층 노동자들이 산발적으로 벌이는 비공인 파업 ― 옮긴이), 쿠데타 같은 사건이 몇 세기 동안 스웨덴 역사의 일반적인 경로가 아니었는지" 알 수 있다.[24] 근대 초기 스몰란드에 있는 세 교구에 대한 연구를 통해 페테르 아론손(Peter Aronsson)은 이렇게 결론을 내렸다. "갈등 해결을 위한 비교적 평화로운 제도적 수단과 다수 대중의 참여를 특징으로 하는 현대 스웨덴 모델의 여러 양상이 역사적인 우연은 아닌 게 분명하다."[25]

　이러한 결론은, 스칸디나비아 사례에 배링턴 무어(Barrington Moore)

의 근대화 이론을 적용하고자 하는 사회과학자들의 시도를 뒷받침해 주는 것 같다. 배링턴 무어의 이론은 산업사회 이전에 비교적 강력했던 농민의 정치적 지위가 20세기 스칸디나비아 정치의 합의적 성격을 결정짓는 중요한 요인이라고 본다.[26] 하지만 역사적인 관점에서 나온 장기 지속성(long-term continuity) 테제는 그다지 만족스럽지 않다. 첫째, 뵈리에 하르네스크(Börje Harnesk)가 지적한 바와 같이, 이 논쟁은 스웨덴 방식의 '독자 노선'이 경험적 비교 분석에 의해 여전히 충분히 검증되지 않았음을 보여 준다. 실제로 유럽의 다른 지역보다 근대 초기 스웨덴에서 농민 반란이 덜 발생한 것도 아니고, 소작농들이 중앙 정부에 대해 (다른 나라와) 비슷한 수준의 지역적 접근성을 가졌음을 보여 주는 사례들도 많다.[27] 둘째, 이 논쟁은 근대 초기라는 과거를 오늘날의 가정에 비추어 해석하는 목적론적 성격을 띠고 있다. 실제로 정치적 합의의 역사가 스웨덴식 '휘그당' 역사에 해당한다는 것을 보여 주는 아주 적절한 사례가 있을 수 있다. 패트릭 홀(Patrik Hall)이 보여 준 바대로, 호의적인 중앙정부와 독립적인 소작농 사이의 스웨덴식 합의라는 '이야기'는 1830년대 에리크 구스타브 예이에르(Erik Gustaf Geijer)의 《스웨덴인의 역사》(Svenska Folkets Historia)의 예처럼, 스웨덴 역사 서술에서 오래된 전통이기도 하다.[28]

이와 비슷한 점을 다른 스칸디나비아 국가의 경우에도 강조할 수 있다. 노르웨이에서는 1814년 성립된 헌법과 의회 제도가 19세기 후반의 정치투쟁에서 상징적인 위상을 가지고 있었다. 아이슬란드 민족주의자들도 자신들의 의회가 갖는 역사적인 합법성에 대하여 비슷한 주장을 했다. 아이슬란드 의회는 중세 연방국가 시기에 만들어져서, 아마도 영국 빅토리아 골동품업자들의 열의에 도움을 받아 민주주의의 특별한 원형으로 여겨진 것으로 보인다.[29]* 반면에 〈덴마크 역사에 대한 농민적 해석〉(The Farmer Interpretation of Danish History)이 농촌 사회의 복잡성을 과소평가했다는 문제점이 있기는 하지만, 덴마크에서 독립 자영농들이 18세기 말 토지개혁 이후 민족적 대표성을 가진 것은 분명하다.[30]

여기에서 핵심은 근대 초기 스칸디나비아 정치의 본질에 관한 주장의 타당성을 부정하거나 반론을 제기하는 문제가 아니다. 오히려 20세기 '합의 민주의'와 17세기 교구회의 사이의 밀접한 연관성에 대한 가정을 문제 삼는 것이다. 19세기 말과 20세기 초 스칸디나비아의 정치사를 정밀하게 분석해 보면 스칸디나비아식 민주주의로 이행하는 데 필연적인 것은 그 어떤 것도 없었다는 점을 알 수 있다.[31] 실제로 한때 더욱 폭력적인 결과를 낳을 가능성도 있었던 것으로 보인다. 1920년대의 상황을 보면 특히 그러하다. 1920년대가 시작될 무렵 모든 스칸디나비아 국가에서 의회 민주주의가 확립되어 있었지만, 효과적으로 작동시키는 방식에서는 여전히 문제가 남아 있었다.[32] 제1·2차 세계대전 사이에 영향력 있는 의회 다수를 차지한 곳은 거의 없었다. 그 결과 대부분의 정부가 불안정했고 단기 집권에 그쳤다. 1920년부터 1932년까지 스웨덴만 해도 정부가 열한 번이나 교체되었다. 더욱이 자유민주주의는 경제 불안정과 높은 실업률 문제에 어떤 뚜렷한 해결책도 제시할 수 없는 것으로 보였다. 이러한 불능 상태에 직면하여 더 극단적인 정치적 대응을 주장하는 목소리 또한 적지 않았다.

---

* 영국은 오랜 시행착오 끝에 빅토리아 여왕 집권기(1837~1901)에 의회 민주주의 즉, 왕은 군림하되 통치하지는 않는다는 원칙을 확립했다. 디즈레일리로 대표되는 보수당과 글래드스턴으로 대표되는 자유당의 양당정치를 꽃피운 시기이다. '빅토리아 골동품업자'란 빅토리아 시기의 입헌 민주주의를 민주주의의 원형으로 옹호하는 사람을 빗대어 표현하는 말이다.

덴마크와 스웨덴에서는 1917년 이래로 사회민주노동당이 각각 토르발 스타우닝(Thorvald Stauning)과 알마르 브란팅(Hjalmar Branting) 같은 수정주의자의 지도 아래 의회주의 방식을 통한 사회주의 달성에 힘을 쏟았지만, 노르웨이 노동당은 반대의 경로를 밟았다. 전후 유럽 사회민주당 가운데 유일하게 노르웨이 사회민주당만 1919년에 코민테른에 가입했고 1920년대에도 사회주의 혁명을 계속 옹호했다. 우리가 이미 살펴본 바와 같이, 핀란드 사회민주당의 혁명적 분파는 더욱 급진적이어서 1918년에 무장투쟁을 통한 정부 전복을 선동했다.[33] 한편 의회제를 반대하는 우파 또한 스칸디나비아에서 정치적 대표성을 가졌으며, 농민 세력 가운데 파시스트 조직의 원형을 발견하려는 몇몇 시도도 있었다.[34] 이 가운데 가장 중요한 것은 핀란드의 라푸아(Lapua) 운동*이었다. 핵심적 지지층이 북부지방인 오스트로보티니아(Ostrobothnia)에서 나온 이 운동은 1932년에 반정부 무장 폭동을 시도했으나 실패했다. 덴마크에서도 이에 비견될 만한 1935년 코펜하겐 행진에 농부 4만 명이 결집했다.

이러한 도전을 고려해 볼 때, 두 차례의 세계대전 이후에도 스칸디나비아 의회 민주주의가 생명을 유지할 수 있었던 까닭은 1930년대에 일어난 사건들과 함께 사회민주당이 농민들과 연합하는 데 성공했기 때문이라고 할 수 있다. 이런 방식은 덴마크의 이른바 칸슬레르가데(Kanslergade) 협약에서 확립되었다. 협상을 벌인 장소였던 총리의 거주지에서 이름을 따

---

* 라푸아 운동은 1929년 말 파시스트 세력이 라푸아 지역에서 공산주의자들을 분쇄한 것에서 유래한 명칭이다. 이탈리아 파시즘의 영향을 받은 이 운동은 반러시아, 반공산주의의 기치를 내걸었다. 1930년 무렵 광범위한 호응을 얻게 되어 비공식적으로 정부를 장악한 뒤 공산당을 불법화하고, 급진적 노동조합을 탄압했고, 언론을 통제했다. 쿠데타 시도 이후 1932년에 불법화되었고 이후 대중의 지지를 받지 못하면서 소멸했다.

온 이 협약은 독일에서 히틀러가 권력을 장악하기 바로 전날인 1933년 1월에 체결되었다. 직접적인 계기는 크로나화 절하를 위한 합의 문제였지만 협약을 맺음으로써 사회민주당은 사회자유당(RV)과 농민당(Venstre)의 지지를 통해 의회에서 확고한 다수를 확보할 수 있었다. 그 대가로 사회민주당은 화폐 가치 절하와 농민을 위한 농산물 가격 지지 제도에 동의했다. 스칸디나비아 다른 나라들의 비상한 관심 속에서 협약은 지켜졌고 곧이어 1933년 5월에 스웨덴 농민당과 사회민주노동당(SAP)이 맺은 합의의 본보기가 되었다.

이와 비슷한 협정이 1935년 노르웨이에서도 타결되었다. 그동안 부르주아 정당에 대한 노르웨이 노동당의 비타협적인 입장을 감안하면 더욱 놀랄 만한 일이었다. 핀란드에서도 비슷한 협정이 1937년에 타결되었다. 여기에서, 자유당 · 사회민주당 · 농민당의 '적록동맹'은 내전 이후 분열된 비공산주의 계열(white)의 농민당 및 부르주아 정당과 공산주의 계열(red)의 사회민주당 사이를 잇는 가교 역할을 했다는 점에서 중요하다. 스칸디나비아의 다른 지역에서처럼 사회민주주의자들은 적록동맹 안에서 우위를 차지하지는 못했지만 이 동맹은 반세기를 이어 온 정치적 협력의 토대를 마련했다. 마지막으로, 이러한 방식은 1934년 아이슬란드에서 자유주의 농민 세력인 진보당(Progressive Party)과 노동당 사이에 형성된 '노동계급 정부'에서도 반복되었다. 물론 그때도 노동당은 열세였다.

1945년 이후 스칸디나비아의 정치

1930년대의 위기 협정은 제2차 세계대전 이후의 스칸디나비아 정치 패턴을 정착시켰다는 점에서 중요하다. 실제로 전쟁의 격동 자체는 이 협정을 깨뜨리기보다는 오히려 튼튼하게 했다. 스웨덴과 노르웨이에서는 특히 더 그랬다. 이 두 나라에서 노동당과 사회민주당은 1945년 이후 적어도 20년 동안 선거에서 우세를 보인 대중적 지지의 물결을 타고 전쟁에서 벗어났다. 스웨덴 사회민주당은 국가의 중립정책을 성공적으로 지켜냈고 총리이자 당수였던 페르 알빈 한손(Per Albin Hansson)은 대중에게 엄청난 사랑을 받았다. 노르웨이에서는 에이나르 예르하르센(Einar Gerhardsen) 같은 탁월한 노동당 정치인이 반나치 저항운동에 적극적으로 참여했다. 덴마크에서는 사회민주당이 나치 점령자들에게 협력한 연합정부에 참여했기 때문에 사회민주당 당원에게 상황은 좀 미묘했다. 전후 첫 선거에서 공산주의자들에게 큰 지지의 물결이 일기도 했다. 어쨌든 중요한 점은 모든 스칸디나비아 국가들이 정치 시스템에는 변화를 일으키지 않고 전쟁에서 벗어났다는 사실이다. 1939년부터 1944년까지 소비에트연방에 맞선 전투와 패배의 경험에도 불구하고, 실제로는 핀란드만이 '1918년 체제'를 계승한 나라들 가운데 민주주의 정치제도와 헌법이 유지된 유일한 국가였다. 몇몇 역사학자들이 영국을 그런 예로 들 듯이, 전쟁 때문에 정치적인 견해가 급격하게 바뀌지는 않았다.[35]

그런 까닭에 1930년대의 정치적 합의는 유지되었으며, 그러한 안정성 때문에 노르딕 정치체제는 1930년대부터 1970년대까지 '결빙 상태'라고 묘사된다. 여기에는 두 가지 중요한 특징이 있었다. 첫째, 다당제 안에서 사회민주당이 우세했다. 사회민주당 단독으로, 또는 다른 좌파나 중도 정당과 안정적으로 연립해서 집권을 했다. 둘째, 스칸디나비아 민주주의는 '합의 민주주의'라고 일컬어진다. 다수결 원칙이나 적대적인 정치보다 광범위한 합의를 이끌어 내는 메커니즘을 선호했으며, 사회적 분열은 '두루 아우르는 연대의식'에 의해 완화되었다.[36] 이런 형태는 모든 스칸디나비아 국가들이 비례대표제에 바탕을 둔 선거 체계를 갖고 있었기 때문인데, 이 제도에서는 어느 한 당이 단독으로 집권하기가 거의 불가능했다.

노르웨이, 덴마크, 스웨덴에서 1970년대까지 일반적인 집권 형태는 가장 큰 당(보통 사회민주당)이 원내 한두 개 정당의 지원을 받아 소수당 정부를 구성하는 것이었다. 핀란드에서 좌파는 사회민주주의자와 공산주의자로 분리되었고, 몇몇 정당을 포함한 광범위한 연합정부가 전형적인 모습이었다. 농민당과 중앙당은 1945년 이후에도 오랫동안 여전히 영향력을 행사했다. 핀란드에서 스웨덴이나 노르웨이에서처럼 헤게모니를 가질 수 없었지만, 사회민주당은 의회(Eduskunta)에서나 선거 득표면에서 변함없이 가장 큰 정당이었다. 전후 아이슬란드에서 정부는 다른 정당의 지원을 받아야만 했지만 중도우파 독립당(Independence Party)이 계속 집권했다. 독립당은 1959년부터 1971년까지 사회민주당과 연합을 이어 갔다.

1970년대까지 지속된 스칸디나비아의 정당 체계는 대여섯 개의 당(아이슬란드에서는 넷)으로 이루어져 있었다. 정당은 대체로 두 부류로 나뉜다. 사회민주당과 공산당으로 구성된 사회주의 또는 비부르주아 블록과, 자유당·농민당·보수당으로 구성된 부르주아 또는 비사회주의 블록이 그것이다. [표 1]에서 보듯이 여러 정당은 좌우를 축으로 상당히 깔끔하게 정렬된다. 중도파와 우파인 자유당·농민당·보수당과, 좌파인 사회민주당·공산당으로 크게 구분된다. 스칸디나비아 정당 체계의 기본적인 속성은 이미 1930년대에 자리 잡은 것인데, 대부분의 정당은 유럽의

표 1 노르딕 국가들의 역사적 정당 체계

| 국가 | 사회주의 계열 정당 | | 부르주아 또는 비사회주의 정당 | | | |
	공산주의	사회민주주의	자유주의	농민	보수주의	그 밖에
덴마크	공산당	사회민주당	급진자유당	농민자유당	보수인민당	
핀란드	공산당	사회민주당	민족진보당	농민당(중앙당)	국민연합	스웨덴인민당
아이슬란드	공산당	사회민주당		진보당	독립당	
노르웨이	공산당	노동당	자유당	농민당(중앙당)	우파당	기독인민당
스웨덴	공산당	사회민주당	자유인민당	농민당(중앙당)	보수연합	

다른 지역과 마찬가지로 19세기 말과 20세기 초 의회 민주주의 정착기에 출현했다. 정치학자들은 정당의 출현이 19세기 후반의 지배적인 사회적 분화를 반영하고 있고, 거기에는 계급과 정당 가입 사이의 밀접한 연관성이 나타난다고 보았다.[37] 스칸디나비아에서 주요한 사회적 분할은 이중적이었다. 노동과 자본 사이의 균열에 따라 사회민주노동당과 대기업의 이익을 옹호하는 보수당이 출현했고, 도시와 농촌 사이의 분할로 농민당이 출현하게 되었다. 더욱이 스칸디나비아 국가에서는 두드러진 종교적 · 민족적 분열이 없었기 때문에 종교 정당이나 민족주의 정당의 필요성도 적었다. 역사상 단 두 가지 예외는 1933년에 설립된 노르웨이의 기독인민당(Kristelig Folkeparti)과 1906년 핀란드에서 탄생한 스웨덴인민당(Folkeparti)이었는데, 양쪽 다 이렇다 할 의석수를 차지하지는 못했다.

스칸디나비아 정당 체계에서 유난히 두드러지는 특징 가운데 하나는 농민당이라는 현상이다. 농민당은 20세기 초 농민들의 경제적 어려움에 대한 대응으로 출현하여 1950년대, 심지어 1960년대까지 영향력이 남아 있었다. 제1·2차 세계대전 사이 이러한 정당의 영향력과 정치적 힘은 노르딕 지역에서 농업이 변함없이 중요했다는 사실과, 전쟁 중의 식량 위기로 악화된 농촌 생산자와 도시 소비자 사이의 틈이 크게 벌어졌음을 반영하는 것이었다.[38] 1920년대와 1930년대의 경제적 어려움은 농민들에게 큰 영향을 끼쳤다. 수출 시장이 위축되고 상품 가격이 하락함으로써 많은 농민들은 파산에 내몰렸다. 동유럽의 농민당과는 달리, 노르딕 국가의 농민당은 소작농이나 농업 노동자보다는 주로 독립 자영농을 대표했으며, 삶의 방식으로 농업을 수호하기보다는 농민의 경제적 이익에 주로 신경을 쓰는 이익집단이었다.[39] 사실상 스칸디나비아의 어떤 농민당도 모든 농촌에서 독점적인 지지를 얻을 수는 없었다. 스웨덴과 노르웨이에서 사회민주당은 소규모 자작농과 농업 노동자의 지지를 얻기 위해 혼신의 노력을 기울여 좋은 결과를 이끌어 냈다. 덴마크에서는 19세기의 농민당이 1905년에 둘로 나누어졌는데, 하나는 농민의 정당이라고 할 수 있는 자유당(Venstre)이었고 다른 하나는 지방 소자작농과 도시 지식인들의 지지를 얻은 급진자유당(De Radikale Venstre: 보통 사회자유당이라고도 함)이었다.

정부에 얼마나 참여했는가를 기준으로 스칸디나비아에서 농민당의 성공과 영향력을 볼 때, 핀란드와 아이슬란드의 농민당은 눈부신 성과를 거두었다. 사실상 핀란드 농민당은 다른 노르딕 국가에서 사회민주당으로 비칠 만한 몇 가지 주장을 했다. 농민당이 수많은 연합 정권에 참여했으며 오래도록 집권한 우르호 케코넨(Urho Kekkonen) 대통령과 긴밀한 연계를 가진 덕분이었다.[40] 그럼에도 경제에서 농업의 비중이 점점 줄어들고 지방 농촌 인구와 선거권자 수가 줄어들게 되자, 스칸디나비아의 농민당은 모두 정치적 호소 방식을 전후 시대에 맞게 조정할 필요성을 느꼈다. 1950년대에 들어와 스웨덴, 핀란드, 노르웨이의 농민당은 중앙당으로 스스로를 개조하여 소기업 소유자를 비롯한 새로운 유권자들에게 지지를 호소했다. 노르웨이 중앙당(the Norwegian Central Party)은 새 당명을 가지고 전통적으로 노동당을 지지하던 소농들의 마음을 얻고자 노력했고 실제로 지방에서 더욱 배타적인 지지를 얻었다. 중앙당은 노르웨이의 유럽경제공동체(EEC) 가입을 반대하면서 생명을 더 연장하고자 했다.[41]

덴마크, 노르웨이, 스웨덴 정당정치 체계의 두 번째 특징은 사회민주당의 우세였다. 스칸디나비아의 사회민주당은 19세기 후반에 출현한 유럽 노동계급 정당의 계보에 속하는데, 산업자본주의에 대한 마르크스주의의 비판에 어느 정도 영향을 받았다. 스칸디나비아에서 사회민주당은 의회 말고도 신생 노동조합운동과 긴밀하게 연결된 조직망을 광범위하게 가진, 최초의 진정한 대중정당이라고 할 수 있다. 사회민주주의자들은 제1차 세계대전 이전에 자유주의자와 연합하여 선거권 개혁 운동을 전개한 끝에 스웨덴(1920년), 덴마크(1924년), 노르웨이(1928년) 순서로 저마다 첫 소수당 정부를 구성할 수 있었다. 그러나 이들 정부와 뒤이은 정부들은 오래 집권하지 못했다. 앞에서 살펴본 바와 같이, 중요한 발전은 1930년대 사회민주당이 농민당과 위기 협정을 맺어 의회에서 다수를 차지하고 나서 이루어졌다. 1945년부터 이 정당들은 유럽 다른 곳의 자매 정당들에 비해 눈에 띄는 성공을 거두었다. 잘 알려진 바와 같이 스웨덴 사회민주당은 1932년부터 1976년까지 무려 44년 동안 집권했다. 게다가 농민당과 연립정부를 구성했을 때(1951~1957년)를 제외하면 1945년부터 1976년까지 단독으로 집권했다. 노르웨이 노동당은 1945년부터 1965년까지 집권했다. 덴마크 사회민주당은 1947년부터 1968

년까지, 주로 연립정부 형태이기는 했지만 1950~1953년을 빼고는 계속 집권했다.

어째서 스칸디나비아 사회민주당은 적어도 노르웨이, 스웨덴, 덴마크에서 성공을 거듭했을까? 이 질문은 스웨덴에 가장 특별한 관심을 가지고 제기되었다. 그것은 바로 서유럽 민주주의에서 어떤 기준으로 평가해도 가장 성공적이었던 스웨덴 사회민주당의 위상 때문이다.[42] 일부 학자들은 이 문제를 주로 사회학적 관점으로 설명했다. 스칸디나비아 노동자계급은 유달리 동질적이어서 민족이나 종교로 분열되어 있지 않았고 매우 잘 조직되어 있었다. 1980년에 스웨덴 임금노동자의 78%가 노동조합에 가입되어 있었다. 다른 스칸디나비아 국가의 노동조합 조직률도 노르웨이 56%, 덴마크 76%, 핀란드 70%로 다른 서유럽 국가들보다 월등히 높았다(〔표 2〕 참조).[43] 스칸디나비아의 사회민주당들은 노동자계급 안에서 '자연스런' 지지자를 결집하는 데 성공했다. 실제로 1970년대까지 스칸디나비아의 정치는 계급에 바탕을 둔 투표 형태가 눈에 띄게 일관성을 유지했다. 영국처럼 노동자계급이 보수당을 강력하게 지지하는 이상한 현상은 거의 없었다.[44]

하지만 어떤 사회민주당도 노동자계급의 지지에만 기초하여 성공을 거두지는 못했다. 그래서 여러 학자들은 다른 사회계급으로부터 지지자를 끌어내고 자신들의 정책을 지지하도록 광범위한 사회적 합의를 창출하는 사회민주당의 능력을 성공 요인으로 꼽았다. 요스타 에스핑 안데르센에 따르면, 스칸디나비아의 사회민주주의는 계급의 순수성보다 다수결의 정치 논리를 우위에 둠으로써 두각을 나타냈다. 사회민주당 조직은 '노동자 계급정당'에서 '대중정당'으로 변모했으며, 정강은 '프롤레타리아의 대의'보다 '국가 이익'을 더 크게 드러냈다.[45]

표 2 노르딕 국가들의 노동조합 조직률(1950~1990)

(단위: %)

	노르웨이	덴마크	스웨덴	핀란드	8개국 평균*
1950	48.3	56.5	66.7	31.5	41.5
1960	57.7	60.6	70.1	32.7	42.1
1970	55.6	60.2	66.2	51.9	41.6
1980	55.7	76.3	78.0	70.4	45.4
1990	53.8	74.4	82.9	71.9	41.7

* 8개국은 네덜란드, 독일, 벨기에, 오스트리아와 노르딕 4개국을 말함.
출처: Michael Wallerstein, Miriam Golden and Peter Lange, "Unions, Employers' Associations and Wage-Setting Institutions in Northern and Central Europe, 1950-1992," *Industrial and Labor Relations Review*, L/3 (1997), pp. 379~401(382).

스칸디나비아의 사회민주당 가운데 스웨덴 사회민주당(SAP)은 "생산직 노동자와 사무직 노동자의 광범위한 임금노동자 연합"을 이루어 냄으로써 계급적 지지 기반을 확장하는 데 가장 성공한 정당이다.[46] 이러한 성공에는 몇 가지 이유가 있다. 첫째, 스웨덴 사회민주당이 임금노동자 모두에게 득이 되도록 설계한 경제정책을 도입함으로써 사무직 노동자들 속에서 제도화된 세력 기반을 가질 수 있었고, 사무직 노동자들의 높은 노동조합 조직률을 이뤄 냈기 때문이다. 두 번째 이유는 스칸디나비아 노동운동의 '대중적' 특성인데, 이는 19세기 민중운동, 무엇보다도 자유교회운동이나 절주운동과 함께 발전한 것이었다.[47] 이들 운동은 포용적이면서 민주적인 조직이라는 특징이 있었고 교육 · 자기 개발 · 계몽을 강조했다. 19세기 후반에 노동운동은 절주운동 단체를 비롯한 여타 대중운동과 협력하여 민주주의 권리를 옹호하는 운동을 벌였다. 그 결과 스칸디나비아의 사회민주주의는 계급투쟁에 대한 마르크스주의의 분석

만큼이나 민중 또는 대중이라는 민주주의적 사고에 바탕을 둔 이데올로 기로 발전하게 되었다.[48] 그리하여 제1·2차 세계대전 사이에 스칸디나 비아의 사회민주당, 심지어 노르웨이 노동당의 가장 급진적인 분파와 마 르크스주의자들도 선거전에서 소농, 어민, 소상인(이른바 소시민)들한테 까지 호소력을 가질 수 있었던 것이다.

실제로 이데올로기적 타협을 이루어 내고 다른 정당들과 선거 연합을 구성하는 능력은 스칸디나비아에서 사회민주주의가 성공할 수 있었던 가장 큰 요인이다. 비례대표제라는 선거 방식이 있었기 때문이기도 하지 만 그게 다는 아니었다. 스칸디나비아 사회민주당의 성공은 부분적으로 는 정책 수립에 앞서 계급 타협적 접근을 통해 '사회집단들 사이의 협력 메커니즘을 제도화' 해 내는 능력을 가진 결과이다. 때문에 덴마크처럼 의회에서 다수를 차지하지 못한 곳에서도 사회민주당 정부가 효과적으 로 운영될 수 있었다.[50] 실제로 새로운 정책이 의회에 제출되기 전에 세 부 사항을 철저히 논의하는 국가조사위원회를 활용했고 노동조합연맹, 사용자연합, 농민들을 비롯한 주요 이해 관계자 집단 대표자들 사이의 조정을 통해 달성되었다.

스웨덴에서 '하르프순드 민주주의'(Harpsund Democracy)라는 용어 는 하르프순드에 있는 총리의 공식 별장에 사용자, 정부, 노동조합의 지 도자들이 모여 비공식 협상을 통해 중요한 정책 사항을 합의한 행위에서 나온 말이다. 이 모임은 야당들을 배제했다는 비판을 받기도 했지만, 당 시에 지배적이었던 자본과 노동 사이의 새로운 협력 정신을 보여 주는 본보기가 되었다.[51]

합의를 이끌어 내는 사회민주주의자의 확실한 능력을 보여 준 중요한 사례이자 전환점이 된 것은 1950년대 스웨덴의 공적소득비례연금(ATP:

Allmänna Tilläggspension)을 둘러싼 논쟁이었다.* 마침내 사회민주당과 생산직노동조합총연맹(LO: Landsorganisationen)이 대규모 국가 기금에 의무적으로 기여금을 내는 보충연금제(공적소득비례연금제)를 채택한 것은, 비사회주의 정당들의 맹렬한 반대에 부딪쳐서도 합의를 이루어 내고 넓은 지지층을 확고히 할 수 있는 사회민주당의 능력을 보여 주는 좋은 사례이다. 공적소득비례연금을 의무화함으로써, 연금개혁은 신중간계급에게 눈에 보이는 물질적 몫을 보장했고 복지국가에 대한 이들 계급의 지지를 확고히 다졌다. 이리하여 공적소득비례연금 개혁은 그 뒤로 사회민주당이 노동자계급 정당에서 대중정당으로 전환하고 권력 기반을 제도화하면서 더욱 중요하게 취급된다.[52]

그러나 공적연금에 관한 합의를 지나치게 과장해서는 안 된다. 사실이 과제는 전후 스웨덴의 정치에서 가장 뜨거운 논쟁거리 가운데 하나였다. 1950년대 초는 좌파와 우파 모두 이데올로기적으로 다시 태어난 시기로 기록된다. 스웨덴 사회민주당은 1956년 선거에서 좌절을 경험했다. 자본주의를 더욱 개혁하려는 노력 없이, 단지 운영하는 데 만족하는 '현실에 안주하는 정당'(det belåtna partiet)이 되었다고 비판받았던 것

---

* 1950년대 스웨덴에서 전체 노인에 대한 기초 보장 역할을 하는 기초연금이 존재했지만 적절한 노후소득 보장 역할을 수행하는 공적소득비례연금이 없었다. 이런 상황에서 국가가 관할하는 소득비례연금을 도입할 것인가, 아니면 사용자와 노동자의 협의에 따른 산업별 협약연금 등이 추가적 노후소득 보장 역할을 하도록 할 것인가 등을 둘러싼 논쟁이 있었다. 이는 1950년대 후반 스웨덴의 정치 현장에서 가장 격렬한 논쟁을 불러일으킨 사안으로 알려져 있는데, 실제로 일반인들도 논쟁에 비상한 관심을 가지고 참여했다. 이 사안은 국민투표를 거치고도 결론에 이르지 못했으나 결국 ATP 도입을 주장한 사회민주당과 노동조합 진영이 의회에서 단 한 표 차이로 승리를 거두면서, ATP 승리는 사회민주당의 대표적인 성공 사례로 기록되었다. 그리하여 1960년에 ATP 제도가 도입되었다. 현재는 1998년 연금개혁을 통해 다시 ATP 제도는 명목 확정기여 방식에 따른 새로운 소득비례연금으로 대체되었다.

이다. 사회민주당의 대답은 총리이자 당 총재였던 타게 에를란데르(Tage Erlander)의 1956년 연설과 소책자 《진보정치》(Framstegens politik)로 표현되었다. 그 내용은 단순히 기초 안전망을 제공하여 빈곤을 완화하고자 한 게 아니라 풍요를 향한 새로운 요구를 만족시키기 위해 복지국가의 새롭고도 야심 찬 역할을 제안하는 것이다. 이에 반대하여 부르주아 정당들은 풍요가 국가에 대한 의존을 축소시킬 수 있어야 하고 선택의 자유가 최대한 보장되는 소유자 민주주의를 창출해 내야 한다고 주장했다. 이러한 이데올로기적 차이를 조정하는 방식은 협상보다는 사회민주 당원 쪽의 숙련된 정치적 전략을 통해 이루어졌다. 나아가 야당은 '자발적'으로 가입하는 공적연금 제도라는 반대되는 제안을 내놓으며 연금개혁 사안은 국민투표를 거쳐야 한다고 주장했다. 국민투표는 1958년에 시행되었지만 결론을 내지 못했다. 이는 한편으로 보수당과 자유당, 다른 한편으로는 농민당 내부의 분열 때문이었다. 그러나 국민투표 결과, 정부는 사퇴할 수밖에 없었다. 새로운 사회민주당 소수당 정부가 농민당의 지원 없이 집권했지만, 공적소득비례연금 입법에 필요한 의회 다수를 확보하기 위해 애썼음에도 합의에 실패하자 총리는 의회를 해산시켰다. 1958년 선거로 의회 의석수는 비부르주아 정당과 부르주아 정당들이 정확히 반반씩 나누어 가졌다. 그러나 자유주의자 투레 셰닉스베리(Ture Königsberg)가 기권 의사를 밝힘으로써 사회민주당의 공적소득비례연금안이 통과되자 교착 상태는 끝났다.

사정이 이러하므로 공적연금 사례는 전후 스웨덴 정치에서 합의가 갖는 한계를 보여 주는 본보기가 될 수 있다. 부르주아 정당들은 분열되었고 사회민주당이 주도하는 합의에 정면으로 반대할 수 없거나, 반대하려고 하지 않았다.[53] 좀 더 비판적인 관점에서 보면, 이 문제는 합의보다는 오히려 헤게모니 문제로 보는 것이 더욱 적합할 것이다. 휴 헤클로(Hugh Heclo)와 헨리크 마드센(Henrik Madsen)에 따르면, 스웨덴 사회민주당의 성공은 스웨덴 노동운동의 조직력과 '국가 안의 국가'를 만들어 낼 수 있는 그들의 능력 때문이다.[54] 정책 형성 구조(국가조사위원회와 위원회 안에서 저마다 다른 이해관계의 집합적 대표성을 통한 구조화된 협의에 의존하는 것)는 갈등을 예상할 수 있는 경로로 보내고 완화시키기는 하지만 진정한 합의를 보장해 주지는 않는다. 헤클로와 마드센에 따르면 "헤게모니는 불일치를 없애는 것이 아니라 때때로 그것을 질식시켜 버린다. (……) 합의는 종종 사회민주주의의 헤게모니 아래에서 나온 표면적 현상에 지나지 않는다."[55] 더욱이 조합주의 체계 아래에서 관료와 강력한 이익집단에 권력을 양도한 것은, 1970년대에 노르웨이 의회가 "사실상 무의미하고 (……) 이전 모습과 같은 무기력한(anemic) 버전"이 되어 버릴 정도로까지 노르딕 의회의 역할을 손상시켰다.[56]

이러한 평가는 과연 얼마나 타당한가? 스웨덴 사회민주당은 (다른 스칸디나비아 사회민주당들은 덜하지만) 이러한 점에서 헤게모니를 잡고 있었다고 볼 수 있을까? 스웨덴 사회민주당의 지배에 대한 비판적인 언급들은 어쩔 수 없이 냉전 시대의 이데올로기 대립에 의해 덧칠되었다. 아마 가장 악명 높은 것은 스웨덴을 가리켜, 전체 국민이 냉전 상태에 동의한 사회주의자들의 반유토피아라고 한 롤런드 헌트퍼드(Roland Huntford)의 표현일 것이다.[57] 여기에서 헤게모니라는 용어는 그람시가 정의한 "지적이며 도덕적인 지도력"(direzione intellettuale e morale)이라는 의미로 사용된다. 공통의 사회적 · 도덕적 언어가 통용되고, 현실에 관한 하나의 개념이 지배적이며, 하나의 계급이 다른 집단 혹은 계급에게 힘의 우위가 아니라 (자발적) '동의'를 얻음으로써 그들의 정신을 모든 행동과 사상을 동원하여 설파하는 질서가 그것이다.[58] 스웨덴에서 '문제 설정의 특권'(problemformuleringsprivilegium: problem formulation privilege)이라는 용어는 사회민주당의 헤게모니를 묘사하기 위해 만들어진 것이다. 물론 오사 린데르보리(Åsa Linderborg)가 지적한 바와 같이, 의회 정치와 조직에 대한 사회민주당의 지배력을 곧바로 이데올로기적 지배라고 볼 수는 없다. 이 용어가 헤클로와 마드센이 말한 바와 같이 대중들이 무의식적으로 사회민주주의적인 가치를 받아들이고 있음을 암시한다 하더라도 말이다. 오히려 사회민주당의 정치적 우세에 대한 제어 장치 역할을 한, 강력하고 잘 조직된 자본 부문에 주목해야 한다.[59] 린데르보리는, 사회민주당이 실제로 부르주아 세계관을 사회주의적인 것으로 바꿔 낼 수 있는 정당, 즉 그람시가 이론화한 대항 헤게모니 정당으로서는 그다지 성공적이지 못했다고 평가한다. 오히려 사회민주당 이데올로기가 더 큰 부르주아 헤게모니 속으로 흡수되었고, 그럼으로써 자신의 정체성을 국가의 이익과 동일시해 낼 수 있었던 능력 때문에 사회민주당이 성공했다고 설명할 수 있다.[60]

사회민주주의의 우세는 단연코 스웨덴에서 가장 뚜렷하게 나타난 현상이었다. 이런 현상이 다른 노르딕 국가에서 일반적으로 다 나타난 것은 아니었으며, 사실상 스웨덴에 비견될 만한 사례는 오직 노르웨이뿐이다. 노르웨이 노동당은 전쟁 기간에 출현하여 상당한 대중적 지지를 받으며 20여 년 동안 집권했다.[61] 불과 한 세대 전에 혁명적 사회주의와 결합했던 노동당은, 오늘날 경제와 사회 정책에 관해 계급을 넘나드는 합의 능력과 이데올로기적 실용주의라는 이미지를 갖게 되었다. 다른 노르딕 국가에서 사회민주주의의 영향력은 더 약한 편이었다. 덴마크에서 사회민주당은 1945년 이후 계속 집권하기는 했지만 늘 비부르주아 정당과 연합하여 집권했다. 그렇지만 핀란드나 아이슬란드와 달리 덴마크의 사회민주주의자들은 노동운동 진영 안에서 주류였다.

한편, 핀란드와 아이슬란드는 선거와 노동조합 모두에서 공산주의자들이 강력한 지지를 받고 있었다. 이는 사회민주주의 세력이 헤게모니를 쥘 가능성을 애초에 배제시켰고, 1956년 핀란드의 총파업에서 나타난 것처럼 노사 관계의 불안이 자주 표출되도록 만들었다. 아이슬란드에서는 중도우파인 독립당이 국가 이익과 관련된 정체성을 가장 잘 나타내는 것으로 인식되었다. 핀란드에서는 이런 역할이 농민당에 돌아갔다. 핀란드의 농업 분야에서 농민당의 세력이 강하기도 했지만, 1956년부터 1981년까지 대통령을 지낸 탁월한 정치가 우르호 케코넨의 영향력 때문이기도 하다.

합의와 충돌

기상학적 은유를 좀 섞어 말하면, 정치학자들은 대개 스칸디나비아 정치의 '결빙 상태'가 1970년대 초에 이어진 '지진과 같은 선거들'을 겪으며 '녹아내렸다'는 말에 의견을 같이한다.[62] 선거에서 처음 나타난 지각 변동은 1970년 핀란드에서 일어났다. 당시 핀란드 농민당(SMP: Suomen masseudun puolue)은 선거에서 10.5%를 득표함으로써 1석이던 의석수가 18석으로 늘어나는 돌풍을 일으켰다.[63] 과거에 주로 소자작농을 대표하던 핀란드 농민당은 이제 기존의 정치 질서에 저항하는 정치세력으로 스스로를 규정하면서 새로운 포퓰리스트 정당이 되고자 했다. 뒤이어 덴마크에서는 진보당(Fremskridtspartiet)이, 노르웨이에서는 조세 삭감과 국가 개입 축소를 내건 '안데르스 랑에'(Anders Lange)*의 정당이 출현했다. 두 당 모두 1973년에 치른 선거에서 의미 있는 진전을 보였다. 핀란드 농민당, 덴마크 진보당, 노르웨이 안데르스 랑에의 정당은 셋 다 기존 질서에 반대하는 정당으로서, 전후 스칸디나비아 정치를 지배해 온 높은 조세와 복지 합의에 반대하는 유사한 정치 강령을 공유했다. 이들은 특히 사회민주당을 지지하던 전통적 노동자계급으로부터 지지를 얻어 낸 것으로 보인다. 이러한 정당이 출현하지는 않았지만 스웨덴도 1976년 선거에서 지각변동을 경험했다. 당시 사회민주당은 전통적인 3대 부르주아 정당들의 연합에 권력을 넘겨줌으로써 44년 동안 이어 온 집권에 종지부를 찍었다. 마지막으로, 아이슬란드 또한 1971년에 야당을 '열린 좌파' 정부로 선택함으로써, 뒤이어 정치 불안정이 심해졌고 잦은 선거를 치러야만 했다.

이러한 정당들이 선거에서 선전한 흐름은 사회민주주의 복지국가에 대한 이데올로기적 반동의 일환으로 볼 수 있다. 이런 현상은 기독교 정당의 출현으로도 나타났는데, 이들은 관대한 사회 가치 때문에 나타났다는 이른바 도덕적 쇠퇴로 인식되는 현상에 관심을 쏟아, 신앙 교육, 낙태, 가족, 포르노 같은 쟁점에 관한 운동을 전개했다.[64] 이들은 덴마크, 스웨덴, 핀란드에서 '기독교민주당'이라는 명칭을 채택하긴 했지만 중부 유럽의 전통적인 가톨릭 기독교민주당과는 전혀 달랐다. 자유교회 부활 운동은 19세기 스칸디나비아에서 민주주의 개혁을 지향하는 중요한 대

---

* 1974년에 작고한 노르웨이 우파 정치가로서 1973년 자신의 이름을 딴 안데르스 랑에 당 (Anders Lange's Party)을 만들어 조세 삭감을 공약으로 내걸고 5%를 득표하여 의회에 진출했다. 1974년 사망 이후 안데르스 랑에 당은 좀 더 온건한 우파 노선을 내 건 '노르웨이 진보당 (Progress Party of Norway)으로 이름을 바꾸었으며 정치적 성공을 거두었다.

중운동이었다. 그러나 이 운동은 오직 노르웨이에서만 제2차 세계대전 이전인 1933년에 기독인민당이 결성되는 결과를 낳았다. 1945년까지 그리고 그 이후에도 이 정당은 남서부 지방의 대항문화적인 '뉘노르스크'(nynorsk, 노르웨이 지역 방언 가운데 하나. 6장 참조)를 사용하고 복음주의적 개신교 세력이 강한 지역과 연계된 지역 정당에 머물렀다. 하지만 노르웨이의 기독인민당은 나중에 덴마크(1970)와 스웨덴(1964), 핀란드(1958)에서 유사한 정당이 창립될 때 본보기가 되었다.

정치적 합의에 대한 도전은 우파뿐 아니라 좌파로부터도 제기되었다. 여러 서유럽 나라와 마찬가지로, 1960년대에 들어오면서 스칸디나비아 나라들에서도 끊임없는 경제 성장이 환경에 끼치는 영향에 대한 우려와 저항이 거세졌다. 일반적으로 '새로운 정치'는 의회 밖에서 저항운동의 형식으로 나타나지만, 핀란드와 스웨덴에서 환경 보호주의는 1980년대부터 의석을 확보한 녹색당과 결합했다. 스웨덴에서 촉매 역할을 한 것은 1970년대 원자력 발전을 둘러싼 격렬한 논쟁이었다. 이 논쟁으로 사회민주당은 1976년 선거에서 패배했고 논쟁은 1981년 국민투표에 부쳐졌다. 1998년부터 2006년까지 집권 사회민주당은 의회에서 좌파당(Left Party)과 녹색당의 지원에 의지했다. 핀란드에서는 다양한 사회운동과 저항운동 그룹이 함께 녹색당을 결성하여 1983년 의회에 진출했다. 1995년에 핀란드 녹색당은 파보 리포넨(Paavo Lipponen)이 이끄는 '무지개연합'(좌파에서 우파까지 모든 정치 스펙트럼을 포괄한 내각—옮긴이)에 참여했다.[65]

또 하나 짚어 볼 문제는 1970년대 초부터 국제적 영향을 미친 페미니즘과 여성운동의 '새로운 흐름'이다. 스칸디나비아의 정치에서는 전통적으로 여성의 대표성이 높은 수준이었지만, 페미니스트들은 제도정치가 성 불평등 문제를 다루는 데 실패했다며 여전히 비판적으로 바라보았다.

1970년대 스칸디나비아의 여성운동은 다른 지역과 마찬가지로 대개 의회 바깥에서 이루어졌고, 틀에 박힌 낡은 정치를 경멸하며 사회생활의 새로운 영역을 정치화하려고 했다. 그러나 페미니스트 운동 역시 스칸디나비아 특유의 형태로 발전하여 마침내 새로운 페미니즘 정당이 구성되었다. 아이슬란드에서는 1981년에 아이슬란드 여성당(Icelandic Women's List)이 만들어졌다. 처음 시작은 실망스러웠지만, 이후 여성당은 1983년 선거에서 세 명의 후보자를 내어 3석을 차지했으며, 1987년에는 의석수가 상당히 증가했다.[66] 그 뒤 쇠퇴하여 폭넓은 좌파 동맹으로 흡수되기는 했지만 아이슬란드 여성당은 순전히 페미니즘 강령에 기초하여 의회 진출을 모색한 독특한 성공 사례로 남아 있다. 뒤이어 2005년 스웨덴에서 좌파당 전 총재였던 구드룬 쉬만(Gudrun Schyman)의 지도 아래 페미니스트 정당이 만들어졌다. 이 새 정당은 처음에는 여론조사에서 좋은 반응을 얻었으나 곧 내부 분쟁에 휩싸여 와해되었다. 그러나 이 정당은 2006년 선거까지도 완전히 붕괴되지는 않았다.

장기적인 정치적 효과는 덜 중요했을지 모르지만, 1968년 학생운동의 물결은 스칸디나비아 대학사회에도 영향을 미쳤다.[67] 1960년대 중반까지 스칸디나비아 사회민주당은 모순적인 입장에 처해 있었다. 기록적인 경제성장과 번영을 구가하고 있었지만, 동시에 좌파로부터 사회민주당은 사회주의적 개혁에 대한 이데올로기적 헌신을 포기하고 자본주의를 개혁하기보다는 그저 관리하는 데 만족하고 있다는 비판을 점점 더 많이 받게 되었다. 사회민주주의 노동운동은 점점 더 기성 정치제도의 일부가 되고 있었으며 노조 지도자들은 풀뿌리 노동조합원들의 일상적인 관심사로부터 점점 멀어지고 있었다. 스웨덴 라플란드에 있는 국영회사 광부들이 1969년 12월에 '살쾡이 파업'을 전개하자 그저 묵살될 수 없는 사회민주주의적 계층화에 대한 경고로 해석하게 되었다.

'신좌파'(new left)가 스칸디나비아의 사회민주당에 끼친 영향은 무엇보다도 대외정책 이슈에서 결정적이었다. 덴마크와 노르웨이에서 냉전의 도래는, 초기에 사회민주당이 공산주의에 반대하여 개혁적이고 실용적인 전망을 공고히 하도록 만들었다.[68] 그러나 1950년대부터 북대서양조약기구(NATO) 가입에 대한 반대가 커지고 있었으며, 1956년 국제공산주의가 고조될 즈음에는 이것이 덴마크와 노르웨이 두 나라에서 새로운 좌파 정당을 출현시킨 추동력이 되었다.[69] 덴마크에서는, 과거에 공산주의자였던 악셀 라르센(Aksel Larsen)이 새로운 사회인민당(Socialistisk Folkeparti)을 만들었는데 이 정당이 1959년 의회에서 공산당을 대신하여 극좌파를 대표했다. 노르웨이에서 노동당 좌파 그룹은 1961년에 분리되어 공산당의 '유럽공산주의자' 분파와 함께 사회인민당을 만들었다. 북대서양조약기구 가입 문제뿐만 아니라 유럽경제공동체(EEC) 가입에 대한 반대는 좌파들이 노동당에서 떨어져 나오고 반EC사회인민당(the anti-EC Socialist People's Party)이 대중적 지지를 상실하도록 만듦으로써 결국 1973년 선거에서 1930년 이래 최악의 결과를 가져오게 하는 데 촉매 역할을 했다.

하지만 스웨덴에서는 대외적 중립성에 대한 공고한 합의로 인해 총리인 올로프 팔메(Olof Palme: 1927~1986)*가 외교정책에서 일부 급진적

---

* 1969년 42세에 사민당 당수이자 최연소 총리가 되었다. 복지국가를 확대하고 임금노동자 경영 참여법을 통과시키는 등 스웨덴식 사민주의를 본격화했으며, 국제정책 면에서는 냉전기 미국과 소련의 제국주의 노선을 비난하고 독자 노선을 걸었다. 소련의 프라하 침공 반대 시위에 참여했고, 1972년 유명한 크리스마스 연설에서 닉슨의 하노이 폭격을 맹비난하여 국제적 명성을 얻었다. 그러나 1986년에 암살당했다.

인 평판을 얻을 수 있었다. 특히 미국의 베트남 개입에 대한 그의 거침없는 비판을 통해 스웨덴 사회민주당은 가장 성공적으로 이런 변화를 흡수했다.[70] 1967년에 공산당은 당시 발생한 새로운 풀뿌리 저항운동으로부터 지지를 확보하기 위해 좌파공산당(the Left Party Communists)으로 당 이름을 바꿈으로써 이미 노르웨이와 덴마크에서 존재하는 것과 비슷한, 새로운 좌파 정당을 만들고자 했다. 그러나 이듬해 선거에서 스웨덴 사회민주당은 역사상 두 번째로 높은 50% 이상의 지지율 확보라는 기록적인 성공을 거두었다. 올로프 팔메라는 새롭고 젊은 지도자의 지휘 아래 사회민주당은 이데올로기 쇄신 기간에 들어갔다. 가장 널리 알려져 있고 가장 큰 논쟁을 불러일으킨 사례로 산업민주주의의 증진을 의도한 '임금노동자기금' 안을 들 수 있다.

1970년대에 덴마크와 노르웨이 사회민주당도 스웨덴 사회민주당을 따라 왼쪽으로 선회했다. 1973년의 충격적인 선거 패배 이후 덴마크 사회민주당은 1977년에 새로운 정강을 도입하게 된다. 새 정강은 평등을 강조하고 마르크스주의적인 어휘가 사용된 점에서 주목할 만했다. 당의 급진화는 사회자유당과의 전통적인 선거 연합을 붕괴시켰고 온건파, 즉 중도 민주당이 분리되는 결과를 낳았다. 그 사이, 노르웨이 노동당도 오드바르 놀리(Oddvar Norli)의 지도 아래 급진화되었다. 이들 역시 산업 민주주의를 재검토하는 정책들을 채택했고, 노르웨이 금융 제도를 민주화하고자 하는 야심 찬 시도를 했다.[71]

1960년대 새로운 정당이 선거를 통해 약진함으로써 전통적인 정당, 특히 사회민주당은 그만큼 손실을 입을 수밖에 없었다. 이런 결과는 1930년대 이래 유지되어 온 정당정치 시스템이 처음으로 크나큰 도전에 직면한 것을 의미한다. 그렇다고 이런 변화가 느닷없는 것은 아니었다.

앞에서 살펴본 것처럼, 스칸디나비아 농민당은 1945년 이후 전통적인 유권자층의 지속적인 감소에 대응하여 1950년대에 이미 명칭과 정강을 바꿔 지지층을 넓히고자 시도했다. 실제로 '지각변동'이란 말은 제2차 세계대전 이후 노르딕 정치의 전개에서 우파와 좌파 양쪽의 중요한 연속성을 은폐하는 경향이 있다. 이러한 좌우의 연속성은 거꾸로 전후 20년 또는 그 이후의 스칸디나비아 정치의 합의 범위에 대해 의문을 던지도록 한다.

더욱이 스칸디나비아의 정치적 변화는 나라마다 고유한 요소들이 있지만 폭넓은 국제적 맥락 속에서 바라볼 필요가 있다. 1956년의 선거 패배와 1968년 사건에 의해 특히 좌파 정치가 크게 동요한 것은 사실이다. 그러나 다른 지역에서와 마찬가지로 우파 또한 발전적 변화를 겪고 있었다. 크게 보면 이런 변화는 역설적이게도 정당정치에서 이데올로기의 후퇴라고 볼 수도 있고 '이데올로기의 귀환'으로 이해할 수도 있다. 1960년대 후반부터 기성 정당들이 중도 쪽으로 움직였지만, 정치 스펙트럼의 양극단에 있는 새로운 집단들이 뒤따라 나타나기도 한다. 무엇보다도 세대교체가 이루어졌다. 이른바 베이비붐 세대(the fyrtiotalister: 스웨덴어로는 '40년대 세대')가 성숙하면서, 이들은 제1·2차 세계대전 사이에 겪은 이데올로기의 첨예화와 격동에 대한 기억을 지닌 부모 세대와 다른 새로운 정치적 행동을 하게 되었다.

노르딕 정치에 대한 국제적 영향은 1970년 이후에도 여전히 컸다. 1980년대에 이데올로기를 혁신하고 '제3의 길'을 확립하고자 한 사회민주당의 노력은 다른 유럽 국가(영국, 독일, 프랑스)에서 벌어진 좌파들의 유사한 논쟁과 같은 맥락에서 보아야 한다.[72] 이와 반대로, 로널드 레이건과 마거릿 대처 같은 우익 정치가와 결합된 신자유주의는 1980년대의 덴마크를 제외하고는, 북유럽 지역의 보수주의자들에게 비교적 영향을 덜 미쳤다. 그런가 하면 1990년대부터 두 가지 국제 이슈가 북유럽 정치에 특히 커다란 영향을 미쳤다. 그 가운데 유럽 통합 문제는 특히 1990년대 전반 북유럽의 정치 논쟁에 큰 영향을 미쳤다.[73] 유럽연합(EU) 회의론은 스칸디나비아 좌파의 일반적인 견해로서, 이는 1990년대 노르웨이 사회인민당과 스웨덴 좌파당의 부흥을 설명해 준다. 그러나 유럽연합 가입에 대한 입장은 전통적인 정당 구분을 뛰어넘는다. 수많은 다양한 집단들이 오직 유럽연합 가입 반대로 결집하여 유럽의회 선거와 유럽연합 문제에 대한 국민투표 운동을 펼쳤다.

유럽 통합에 관한 논쟁은 두 번째 쟁점인 집단 이주에 대한 민족주의적인 반대와도 결합되었다.[74] 이 쟁점은 1970년대부터 지지를 점차 상실한, 기성 질서에 반하는 우파 포퓰리스트 정당에 새로운 생명을 불어넣었다. 덴마크에서는 소멸해 가던 진보당이 1990년대 중반에 피아 키에르스고르(Pia Kjærsgaard)의 지도 아래 덴마크 인민당(Danish People's party)으로 부활하여 2001년 선거에서 12% 득표율을 달성하게 된다. 이러한 약진은 유사한 정당인 핀란드의 '진정한 핀란드인 당'(the True Finns)과 노르웨이 진보당의 성공으로 되풀이되었다. 그 어떤 당도 2007년 집권 연합의 일원은 아니었지만 앞서 말한 모든 정당들은 그들의 정치적 의제를 추구하기 위해 의회의 힘을 이용할 수 있었다. 반면 스웨덴에서는 1990년대 초 소수 의석을 얻었던 신민주당(New Democracy Party)이 몰락한 이후로 그와 비슷한 운동은 없었던 것으로 보인다. 우파 포퓰리스트 반이민 정당인 스웨덴 민주당(Sweden Democrats)은 2006년 선거에서 상당한 지지를 얻기는 했지만 의회 진출에 필요한 4% 선을 넘기에는 역부족이었다.[75]

도전받는 노르딕 정치 모델

노르딕 국가들의 정치는 결코 고립되어 존재하지 않았다. 노르딕 정당 정치 체계는 늘 서유럽 정치의 영향을 받았고, 다시 서유럽을 비롯한 여러 지역의 정치적 흐름을 형성하는 데 기여했다. 그러나 1960년대 이후 변화의 정도, 더욱이 확대되는 초국적 성격은 특유의 노르딕 모델 개념에 도전을 제기하는 것으로 해석될 수 있다. 그럼에도 불구하고 정치학자들은 1970년대 이후부터 노르딕 정치 체계에서 일어난 변화가 제한적이라는 데 의견을 같이한다. 1980년대의 스웨덴, 덴마크, 노르웨이를 비교한 연구는 이 나라들이 세 가지 기준에서 여전히 합의 민주주의라고 말할 수 있음을 발견했다. 정치 행위에 대한 기존의 규칙에 반대가 적다는 점, 권력 행사를 둘러싼 충돌 수준이 낮다는 점, 그리고 정책을 만드는 데 조정 수준이 높다는 점이 바로 그것이다.[76] 1990년대 이후 출판된 연구들도 이런 평가에 동의하고 있다.[77] 더욱이 주요 정당 간 구분은 급속한 사회 변화에도 불구하고 여전히 유지되었다.[78] 이러한 사회 변화는 유독 1960년대 급속하게 공업화된 핀란드에서 기존 정당 체계를 변화시킬 것으로 여겨지기는 했다.

더욱 중요한 것은 정당들이 연립정부를 만들기 위해 연합하는 방식이 변화했다는 점이다. 주요 정당들 사이의 안정적인 연합이 이루어졌던 것이, 둘 또는 그 이상의 정당들이 임기응변적 거래에 바탕을 둔 소수당 정부로 변화했다.[79] 이는 새로운 정당들이 내각에 참여할 수 있는 기회, 또는 적어도 정부 정책에 영향을 행사할 수 있는 기회를 부여했다. 노르웨이와 덴마크에서 우파 포퓰리스트 정당들이 특히 이런 기회를 잡는 데 능숙했다. 전통적인 블록 구분은 21세기에도 어느 정도 유지되는 것 같다. 좌파 정당은 관대한 복지 시스템을 지키려 하고 다른 정당들은 경제 탈규제와 자유화를 추구하고 있다. 크누트 헤이다르(Knut Heidar)는 노르웨이 정치에 대한 2005년의 평가에서 당 조직과 당원 구조가 변했음에도 '구정치'와 전통적인 좌우 이데올로기의 분할이 여전히 뚜렷하다고 결론지었다.[80]

마찬가지로 스칸디나비아의 정치 문화 역시 변화 징후는 있지만 21세기에도 여전히 몇 가지 뚜렷한 전통적인 특징들을 유지하고 있다. 아마 가장 큰 특징은 노르딕 의회와 정부가 높은 수준의 대표성을 갖고 있고 여성 참여가 역사적으로 지속되고 있다는 점이다.[81] 정치 참여 수준은 유럽의회 선거 때보다 낮기는 하지만, 전체 선거 참여율이 80%에 이를 정도로 여전히 높은 편이다. 노동조합 가입률은 다른 유럽 국가와 비교할 때 특히 높은 수준이지만, 노조 조직과 정당 사이의 긴밀한 일체성은 사실상 쇠퇴했다. 이는 의회 로비정치를 대체했던, 코포라티즘적으로 구조화된 상호조율 제도의 쇠퇴를 가져오면서 정책 형성 과정에도 영향을 끼쳤다.[82] 노르딕의 의회는 1970년대 이래 소수당 정부가 자주 집권하게 되면서 이전보다 많은 권력을 갖게 되었을 수도 있다.[83] 그럼에도 불구하고 21세기 초에 유권자의 소외와 정치 참여의 감소로 의회 민주주의가 도전을 받고 있다는 우려도 존재한다.

2003년에 최종 보고서로 나온 〈노르웨이의 권력과 민주주의에 관한 연구〉(The Norwegian Study of Power and Democracy)는 "대중의 동의에 바탕을 둔 통치가 우리 눈앞에서 붕괴되고 있다"라고 결론지었다.[84] 정당은 핵심적인 풀뿌리 대중의 지지로부터 더욱 멀어져서, 점점 더 변덕스런 대중들을 확보하기 위해 새로운 선거운동과 의사소통 방법을 채택하고 있다. 이는 불가피하게 정당 지도자가 얼마나 대중에게 노출되는

가와 정치가의 개인적인 호소력이 과거보다 한층 더 중요해질 것임을 의미했다. 정치 스펙트럼의 양극단에 있는 전통적 정당들도 이러한 호소력을 강화하기 위해 더 젊고 더 역동적이며 카리스마 있는 인물로 지도자를 교체했다. 널리 알려진 몇몇 스캔들이 있음에도 일반적으로 스칸디나비아 정치인에 대한 신뢰 수준은 유럽 다른 곳보다는 여전히 높다.[85] 그러나 특정한 '주요 쟁점들', 특히 유럽 통합이나 이민 같은 주권 문제와 관련하여 몇몇 유권자 집단들이 정치에서 소외되고 있다는 증거 또한 존재한다.[86]

20세기 후반에 발생한 몇몇 사건은 합의 민주주의라는 스칸디나비아 국가들에 대한 국제적 명성에 의문을 제기하게 했다. 이 가운데 가장 충격적인 일은 스웨덴에서 일어난 두 건의 공직자 암살 사건이다. 1986년에 스웨덴 총리 올로프 팔메가, 2003년에는 외무부 장관인 안나 린드(Anna Lindh)가 암살당했다. 이 두 사건은 서로 관련성은 없지만 비슷한 상황에서 일어났고 충격도 비슷했다. 두 사건은 나라 안팎에서 정치인이 대개 일반 시민처럼 행동할 수 있는 개방성, 또는 소박함을 갖고 있던 스웨덴 정치의 전통을 붕괴시키고자 하는 것으로 여겨진다.

또 다른 사건, 특히 2006년 덴마크에서 있었던 '마호메트 만화 사건' *은 합의 붕괴의 증거이자, 스칸디나비아 민주주의를 유럽 다른 나라들과는 다른 그 무엇으로 바라보던 대중의 인식에 문제를 제기하는 더 의미심장한 증거로 보인다. 만약 합의가 계속 존재한다면, 과거에 관한 합의에 대해서는 그러하다고 할 수 있다. 즉, 노르딕 모델이 실제로 존재했고

---

* 덴마크 일간지 《윌란스 포스텐》(Jyllands-Posten)에서 이슬람교와 마호메트를 풍자화에 등장시켜 비꼰 사건. 6장에서 상세하게 설명된다.

유럽 다른 지역과 아주 달랐던 시대에 대한 집단적 향수는 계속 존재하고 있다. 이런 집단적 향수는 2000년대까지 사회민주주의 좌파와 포퓰리스트 우파 사이에 복지국가 조정에 관한 정치 담론의 일부를 구성했다. 우리가 앞서 살펴본 바와 같이, 제1 · 2차 세계대전 사이 노르딕 국가들의 정치사에는 몇 가지 중요한 유사성이 있었지만, 제도적으로 볼 때 노르딕 모델이란 개념에서 벗어나 작동했던 중요한 차이점들 또한 존재했다. 그러나 노르딕 모델은 오늘날 노르딕 정체성에 대한 비유이거니와 외부 관찰자에게는 유토피아 또는 디스토피아로서 강력한 실체로 여전히 남아 있다.

3장

© Scania

노르딕 경제 모델

노르딕 경제란 존재하는가? 19세기 중반 범스칸디나비아 운동 이래로, 독일의 관세동맹을 모델 삼아 스칸디나비아의 경제 통합을 촉진하기 위해 다양한 시도가 이루어져 왔다.[1] 노르딕여권연합(passport union)*과 1954년 노르딕 공동 노동시장 형성과 같은 일부 시도들이 성공적으로 지속되긴 했지만, 완전한 관세동맹을 향한 열망은 실현되지 않았다. 노르딕 국가들끼리는 늘 무역을 해 왔지만 시장은 크지 않아 국제무역이 더 중요했기 때문에, 노르딕 각국은 저마다 주변 국가들과 자율적으로 무역을 해 왔다. 21세기에 접어들 때까지 노르딕 국가 전체를 아우르는 중앙은행은 물론이고 이자율을 비롯한 경제정책을 조정하기 위한 공식적 메커니즘도 전혀 없었다. 각 나라는 여전히 다섯 가지 다른 통화를 보유하고 있었다.

게다가 1990년대 초 이래로 노르딕 국가의 경제 성과는 저마다 분명한 차이를 보였다. 스웨덴과 핀란드는 1990년대 초 극심한 경기후퇴를 겪고 나서 극적인 정책 재편과 새로운 정책 방향을 설정하여 경기를 회

---

* 1952년에 체결되어 여권 없이 국가 간 왕래가 가능해졌다.

복했다. 덴마크 경제는 1990년대 경기후퇴에 영향을 덜 받았지만, 이미 1970년대 초 오일쇼크 이후에 경기 하락과 재편을 경험했다. 그러는 사이 북해 유전이 발견됨으로써 노르웨이에는 굉장한 변화가 일어났다. 북해 유전은 노르웨이를 유럽에서도 매우 독특한 경제로 만들었다. 결국 유럽 통합으로 노르딕 블록은 분리될 위험에 처했다. 2007년까지 핀란드만이 유로 단일 통화를 채택한 반면, 노르웨이와 아이슬란드는 '유로 존'(euro-zone)에 들어가지 않았다. 스웨덴과 덴마크도 유럽연합의 회원국이 되었지만 여전히 유로 존 바깥에 머물렀다.

이러한 차이가 있지만, 노르딕 국가들의 경제사가 공유하고 있는 중요한 특징도 존재한다. 특히, 19세기 후반과 20세기 동안 다섯 나라는 남다른 전환을 경험했다. 20세기 초까지 이들 국가는 여러 농촌 지역이 가난, 질병, 대규모 이민으로 황폐해져 (다른 유럽 국가들에 비해) 상대적으로 빈곤한 사회였다. 하지만 그 뒤 경제협력개발기구(OECD) 회원국 가운데 가장 풍요롭고 안정적인 경제를 갖게 되었다.[2] 스칸디나비아 경제는 제2차 세계대전 이후 급속하게 성장했고 20세기 말까지 전 세계에서 가장 높은 생활수준을 누렸다. 이러한 성장은 포괄적인 복지국가 유지와 경제에 대한 높은 수준의 정부 개입과 함께 이루어졌다. 하지만 그것은 독특한 형태의 개입이었다. 실제로 1930년대 바깥 세계의 관찰자들은, 스칸디나비아 국가들이 사적 영역과 사회적 재분배를 강력히 결합하면서 자본주의와 사회주의 간에 성공적인 타협을 이루어 냄으로써 '스칸디나비아 중도 노선'이라는 관념이 탄생했다고 보았다.[3] 여러 관찰자들은 자본주의 경제를 운영하는 효과적 수단으로 이런 시스템을 계속 칭찬했지만, 한쪽에서는 이것이 스칸디나비아 경제 내부의 심각한 문제를 은폐한다고 주장했다.

노르딕 국가들 간에 존재하는 구조적 유사성은 이러한 장기적 경제 발전과 정책에서 나타나는 광범위한 패턴에 더해질 수 있을 것이다. 더 중요한 것은 이들 국가 모두가 역사적으로 소국이었고 경제는 비교적 개방적이었다는 점이다.[4] 국내 시장 규모가 제한되어 있었기 때문에 경제 변화를 활성화하는 데에 수출 영역이 늘 중요한 역할을 했다. 노르딕 국가들은 비교적 천연자원이 풍부했기 때문에 전통적으로 수출품은 주로 원자재였다. 스웨덴은 몇몇 국가들에 고급 철을 수출했고, 스웨덴과 핀란드는 광활한 산림을 개발해 타르, 목재, 펄프, 종이를 생산했다.[5] 노르웨이에서는 수산업이나 19세기 후반부터 수력발전을 이용하여 발전한 중공업과 마찬가지로 임업 역시 중요했다. 하지만 1970년대 이래로 북해의 석유와 천연가스 매장량을 제외하고는 이 모든 것들이 쇠퇴했다. 아이슬란드는 수산업에 지나치게 의존했지만 20세기 후반에 들어와 지열에너지 개발도 시작했다. 마지막으로 덴마크 경제는 전통적으로 농업 특히 베이컨, 버터와 같은 낙농 가공제품 수출이 우세했다.

20세기 후반이 되면서 전통적인 산업들은 쇠퇴했고, 1990년대부터 스칸디나비아 경제는 노키아와 에릭손(Ericsson)을 비롯한 유명 기업들이 주도하는 정보통신기술(ICT) 산업 부문의 선도자로서 명성을 쌓아 갔다. 또한 가구, 가정용품과 같은 소비재에서 혁신적이고 매우 세련된 디자인을 선보이면서 그 명성을 확대해 나갔다. 여기에는 이케아(IKEA)와 같은 대중 시장을 겨냥한 상품들과 이보다 비싼 고급스러운 제품들이 포함된다. 정보통신기술 분야에서 성공을 거둔 데는 여러 가지 이유가 있겠지만, 적극적 노동시장 정책과 공교육에 대한 정부의 전폭적인 지원의 결과로 형성된 고숙련 노동력이 큰 역할을 했다. 이런 풍토는 스칸디나비아 경제가 공유하고 있는 또 하나의 특징이다. 1945년 이래로 오랫동안 스칸디나비아 국가들은 노동력 부족을 경험했고 19세기에는 노동력을 주로 밖으로 내보냈지만, 이제 그들은 이주 노동력을 받아들이는 순이민 유입(net immigration) 국가가 되었다. 다만 핀란드와 아이슬란드는 다른 나라들과 사정이 달라 적어도 1970년대까지는 여전히 순이민송출 (net emigration) 국가였다. 실제로 핀란드 노동자 수십만 명이 이웃 나라 스웨덴에서 일했다.[6]

그렇다면 스칸디나비아 경제 모델은 존재하는가? 이 질문의 두 가지 측면을 이 장에서 검토할 것이다. 첫째, 노르딕 5개국이 공유하고 있는 경제 발전 패턴을 구별해 내는 것이 어느 정도까지 가능한가, 그리고 이런 경험이 같은 기간 다른 서유럽 국가들의 경험과 무엇이 다른가? 둘째, 공통된 경제 발전 패턴이 존재한다면, 이러한 공통점은 어느 정도까지 스칸디나비아 경제정책 모델에서 나왔다고 할 수 있는가? 대부분의 관찰자들은 규제와 민간 기업에 대한 국가 개입의 결합을 포함하여 스칸디나비아 경제가 운영되는 방식이 어느 정도 비슷하다고 입을 모은다. 노르딕 경제의 성공이 정부 정책 덕분이라고 볼 수 있는 것은 어느 정도인가, 그리고 (성공에) 유리한 외부 환경 덕분이라고 설명할 수 있는 부분은 어느 정도인가? 노르딕 국가들은 어떤 식으로 서로 다르고, 어떤 식으로 서로 비슷한가? 특히, 국제적 관심을 받았고 또 논의 대상이 된 쪽은 경제정책으로서 '스웨덴 모델'이었다. 마지막으로, 경제 난국에 대응하여 노르딕 경제를 재편하고자 하는 최근의 시도들을 살펴보고, 그럼에도 여전히 노르딕 모델이라고 얘기할 수 있는지에 대해 간단히 논의할 것이다.

1945년 이후 서유럽의 경제사는 일반적으로 세 시기로 구분된다. 첫째, 1945~1950년 전쟁 후 재건 시기. 둘째, 1950~1970년 높은 수준의 안정적 경제성장과 완전고용, 낮은 인플레이션 아래에서 전반적으로 번영을 구가한 황금기. 셋째, 1973년 1차 석유수출국기구(OPEC) 오일쇼크에 따라 경제가 불안정해진 시기와 '제3차 산업혁명'으로 일컬어지는 유럽 경제의 구조적 전환기.[7] 대체로 스칸디나비아 경제는 이러한 경제 발전 패턴을 따라왔지만, 유럽의 전반적 상황과 노르딕 5개국 간에 중요한 차이도 존재한다.

전후의 조정과 재건

노르딕 국가들도 제1·2차 세계대전 사이에 유럽을 괴롭힌 경제 문제를 함께 겪었다. 제1차 세계대전 기간 동안의 호황에 따른 투자 붐으로 높은 인플레이션이 발생했고, 기본적인 식료품을 비롯한 여러 가지 물자가 부족했다. 이어서 물가가 하락하고 1920년대에 경기후퇴와 실업 사태가 일어났으며 대공황이 터지면서 경기침체가 최악으로 떨어지게 된다. 이 시기 가장 중요한 문제는 실업이었는데, 1930년대 초 덴마크와 노르웨이 전체 노동력의 3분의 1이 실업으로 고생할 정도였다. 스웨덴은 1933년에 23.7%가 최고치로서 실업률이 비교적 낮은 편이었고, 핀란드는 훨씬 낮아 추정에 따르면 1932년 6.2%가 최고치였다. 하지만 이러한 국가별 실업률은 산업과 지역에 따른 광범위한 차이를 감추고 있다. 예컨대 1932년 헬싱키에서는 건설 노동자들의 45%가 실직 상태에 있었다.[8]

실업 문제에 대응하는 정통 자유주의 경제정책이 명백히 실패한 상황에서, 다른 곳과 마찬가지로 스칸디나비아에도 허약한 의회 민주주의를 포기하고 독재정치를 선호한 이들이 많아졌다. 그러나 1930년대 모든 노르딕 국가에서 사회민주당과 농민당 간에 '적록동맹'이 이루어졌고, 이를 통해 경제위기 대응 프로그램 도입을 요구한 사회민주당이 의회에서 다수당이 되었다. 스웨덴과 노르웨이에서는 수요 촉진을 위해 혁신적인 경기 대응(counter-cyclical) 재정 정책이 도입되었다. 오늘날 경제사학자들은 스칸디나비아 경제가 공황에서 비교적 재빨리 회복할 수 있었던 것이 대체로 노르딕 제품 판매에 유리한 수출 시장과 같은 구조적 이유 때문이라고 주장하기도 한다. 하지만 많은 이들은 노르딕 (경제 모델의) 성공이 새로운 적록 연합정부의 정책 덕분이라고 주장한다.[9]

제2차 세계대전이 일어나기 전까지 노르딕 국가들은 민주주의를 훼손하지 않고 경제적 안정을 누릴 수 있었던 모범 사례로 어느 정도 국제적 명성을 얻었다. 1936년에 영국 노동당의 정치인 휴 돌턴(Hugh Dalton)은, 스웨덴의 경기회복에 관해 "눈부신 경제 기적"이라고 기술하며 흥분을 감추지 않았다.[10] 특히 미국의 언론인 마키스 차일즈가 1936년 출간한 《스웨덴: 중도 노선》의 영향력은 대단했는데, 이 책은 스웨덴식, 스칸디나비아식 타협이라는 개념을 극찬했다. 이 개념은 한편으로는 자본주의적 민주주의와 다른 한편으로는 파시스트 또는 공산주의 독재 간의 타협을 의미했다.[11] 1937년 노르딕 정부들은 《세계경제 속 노르딕 국가들》(Northern Countries in the World Economy)이라는 책을 출판함으로써 자체적으로 이러한 국제적 관심에 반응을 보였다. 이런 작업은 "노르딕 국가들 간의 협력 정신"을 입증하고 노르딕 지역을 미래 경제협력의 모델로 널리 장려하려는 의도를 갖고 있었다.[12]

1930년대 수립된 여러 정치제도의 탄탄한 성공은, 스칸디나비아 경제 발전과 사고방식이 1930년대부터 전후 시기까지 지속되었음을 보여 준다. 이러한 해석에 따르면, 제2차 세계대전이 노르딕 '모델' 건설이라는 가장 중요한 사업에 달갑지 않은 일시적 혼란으로 보일 수도 있다. 연속성을 강조하는 주장이 실제로 어느 정도는 타당하다고 볼 수 있다. 적록동맹을 통해 사회민주당은 의회에서 다수를 차지하여 정권을 획득할 수 있었고 사회주의 원칙을 채택하여 개혁을 위한 구체적이고 실용적인 제안을 할 수 있었다. 1930년대의 경험은 분명히 전후 경제정책의 방향을 수립하는 데 바탕이 되었다. 하지만 사회민주당 내부 또는 부르주아 정당들 내부에서도 전후 경제를 어떻게 관리해야 하는지에 대한 구체적인 청사진은 없었다. 또 전쟁의 경험은 새로운 고난과 기회를 동시에 던져주었다. 전쟁에 참가하지 않고 중립을 유지한 스웨덴에서도 사정은 마찬가지였다.

그렇지만 1945년 스칸디나비아가 직면한 문제들(식량과 원자재를 비롯한 모든 생필품의 부족, 사회 기반 시설의 파괴, 부채와 국제무역의 붕괴)이 나머지 유럽 국가들과 동일하다고 하더라도, 대체로 유럽 대륙 국가들만큼 심각하지는 않았다. 교전국이 아닌 중립국으로서 스웨덴은 특히 강력한 위상을 갖고 있었다. 스웨덴 경제는 1930~40년대에 세계에서 가장 높은 경제성장률을 보이며 대공황에서 빠르게 회복되었다.[13] 운송, 제조업, 공공 부문은 특히 급속하게 팽창했다. 수많은 스웨덴 상품들과 특히 고품질 철광석이 독일로 수출되었고 결과적으로 나치의 전쟁을 지원했다는 점을 감안할 때, 이러한 성장은 윤리적으로 문제가 있다고 비판할 수도 있다. 그럼에도 불구하고 스웨덴은 중립적 지위를 계속 유지했다. 1945년 이후 시기는 '수확기'라고 일컫게 되었다. 제1·2차 세계대전 사이에 겪은 경제적 어려움과 빈곤, 사회적 분열 따위는 이제 과거의 일로 남게 되었다. 하지만 동시대 사람들이 그때 상황을 꼭 그렇게만 보지는 않았다. 1944년 제출된 사회민주당의 전후 경제정책을 위한 초기 제안들은, 제1차 세계대전 이후 발생한 상황과 마찬가지로 전쟁 종결은 경기후퇴를 초래할 것이라는 예상 속에서 만들어졌다.[14]

나치 점령을 경험했던 덴마크와 노르웨이 정부는 해방 이후 자국 경제를 안정시키고 재조정해야 하는 엄청난 과업을 앞두고 있었지만, 해방된 다른 유럽 국가들처럼 완전히 황폐한 상황은 아니었다. 실제로 덴마크의 경우 사회 기반 시설은 거의 파괴되지 않았지만, 중요한 농업 부문이 수출시장을 잃게 됨에 따라 심각한 국제수지 악화를 겪었다. 이런 어려움은 1947년 기후 조건이 나빠 흉년이 들자 더 악화되었다. 1945년 농민당이 이끄는 정부가 출범함으로써 무역을 안정시키는 문제가 다시 최우선 정책이 되었다. 덴마크 농산품을 거의 독점으로 영국 시장에만 수출하는 쌍무협정을 영국과 진행하면서 무역이 안정을 되찾았다.

노르웨이는 상황이 더 어려웠다. 북부지역의 격렬한 전투로 핀마르크 (Finnmark)와 노르드트롬(Nord-Troms) 지역이 광범위하게 파괴되었다. 민간 주거지 12,000곳과 교회, 학교를 비롯한 대부분의 공공건물이 파괴되었다. 주요 교량이 다 파괴되어 운송 기반 시설은 폐허가 되었으며, 100곳이 넘는 전력 발전소가 불능 상태가 되었다. 이 두 지역이 입은 피해는 노르웨이 전체 전쟁 피해의 3분의 1에 달했고, 상선과 어선의 절반이 소실되었다.[15] 1945년 노르웨이 경제학자 두 사람이 추정한 바에 따르면, 국가의 산업 생산은 전쟁 이전의 절반 수준에 지나지 않았다고 한다.[16]

노르딕 나라들 가운데 특히 핀란드가 가장 큰 타격을 받았다. 전투에서만 국민 9만 명이 목숨을 잃었고 경제 생산이 심각하게 붕괴되었기 때문에 패배의 결과는 더욱 심각했다. 무엇보다 소련에 전체 국토의 10%에 달하는 영토를 빼앗겼는데, 카렐리야 지협(Karelian isthmus)*에 있는 최고의 농업지대 일부와 핀란드에서 두 번째로 큰 도시인 비푸리

(Viipuri, 러시아어로는 비보르크 ― 옮긴이)가 포함되었다. 동쪽 카렐리야 지협을 상실함으로써 난민 40만 명가량(전체 핀란드 인구의 약 11%)이 추방되어 새로운 정착지를 찾아야 했다. 나아가 소련과 평화협정을 맺는 조건으로 1938년 가치로 3억 달러에 해당하는 엄청난 전쟁 배상금을 지불해야 했다. 이는 1938년 핀란드 수출액의 1.5배에 육박하는 액수였고, 1인당 기준으로 볼 때 베르사유 조약에 따라 독일에 부과된 배상금보다 더 많은 것으로 추산된다.[17) 1948년 총배상액은 줄었다고 하지만 그럼에도 전쟁으로 파괴된 작은 나라에는 상당한 부담이 되었다. 줄어든 배상액은 1945년부터 1947년까지 해마다 핀란드 국내총생산(GDP)의 4.5%에 이르는 정도였다.[18)

이 모든 난관을 극복하는 과정에서 한 가지 다행스러운 일은, 모든 스칸디나비아 국가에서 정부의 법률·헌법 기구가 손상되지 않고 남아 있었다는 점이다. 핀란드 정부는 사회 불안과 공산주의자들의 전복 위협에 직면했지만, 공무원과 법원, 군인과 경찰은 전쟁이 끝나도 달라지지 않았다.[19) 노르웨이에서는 전시에 국왕과 정부, 의회가 런던으로 망명한 덕분에라도 입헌적 연속성이 유지될 수 있었다. 그리고 1945년 5월 8일 공표된 '렉스 타고르'(Lex Thagaard, 노르웨이의 가격통제 법률 ― 옮긴이)에 의해 정부가 다른 어느 유럽 국가들보다 더 강력하게 경제에 대해 전제적 권력을 행사할 수 있었고, 민간 영역의 가격, 이윤, 지대, 배당금에 강력한 통제를 할 수 있었다. 임금은 여전히 노동조합총연맹(LO)과 사용자연합(NAF) 사이에 자율적인 협상으로 결정되었다. 이러한 조처들의 목적은 통화 체계를 안정시키고 전쟁 기간의 통화 팽창으로 발생한 물가

---

* 러시아 연방 상트페테르부르크 주 라도가 호수와 서쪽의 핀란드 만 사이에 있는 지협.

상승 압력에 대응하기 위한 것이었다. 정부는 투자를 촉진하기 위해 1945년부터 그 이듬해까지 상당한 수준의 적자예산을 운영했다.

이러한 조처들과 전쟁 직후에 나타난 낙관주의 흐름에도 불구하고, 1947년까지 경제 회복의 동력을 상실했다는 증후가 나타났다.[20] 덴마크와 노르웨이 두 나라 모두 급증하는 외채와 무역 적자, 원자재와 기초 소비재 부족이라는 문제에 직면한 것이다. 영국과 마찬가지로, 노르웨이는 1950년대까지 서유럽 다른 어떤 국가들보다 오랫동안 식량과 의복, 사치품 소비를 계속 제한했다.[21] 물론 결과적으로 이 나라들의 경기회복 노력을 구제한 것은 마셜플랜(Marshall Plan)이었다. 덴마크 정부가 마셜플랜의 원조를 수용한 결정은 논쟁거리도 되지 않았다. 덴마크 정부는 원조금 2억3천6백만 달러를 받았고 저금리 조건으로 4천2백만 달러를 지원받았다.[22]

노르웨이 정부는 처음에 마셜 원조를 받을 것인지를 두고 주저했다. 노동당 내부의 많은 이들은 마셜플랜이 미국 자본주의를 팽창시키기 위한 수단이라고 의심했고, 외교정책에서 가교 전략(bridge-building)을 추구하는 시점에 앵글로색슨 국가와 깊이 결합되는 것을 주저했다. 그러나 국제 관계의 긴장이 고조되자 1949년 노르웨이는 북대서양조약기구에 가입하고 국제 전략도 바꾸게 된다. 체코슬로바키아의 공산주의 쿠데타가 그랬던 것처럼 노르웨이에서도 비슷한 위협이 감지되었기 때문이다. 노르웨이는 마셜플랜을 통해 1952년까지 4억 달러를 받았는데, 그 가운데 3억5천만 달러는 직접 보조금이었다.[23]

중립적 지위였지만 스웨덴도 마셜플랜을 통해 차관을 받았다.[24] 핀란드 정부는 소련의 반감을 피하기 위해 마셜 원조를 거절해야 했지만, 그럼에도 1947년까지 미국으로부터 (전쟁) 배상금 지불에 사용할 수 없다는 조건으로 7천만 달러의 차관을 받았다.[25] 다른 노르딕 국가들과 마찬가지로, 핀란드 역시 마셜플랜으로 서유럽 경제 회복이 촉진되고 스칸디나비아 수출품에 대한 수요가 늘어나게 되면서 간접 수혜자가 되었다. 이와 같은 새로운 시장의 개발로 인해 스웨덴, 덴마크, 노르웨이는 주요 무역 상대국을 기존의 중부 유럽과 독일에서 앵글로색슨 국가 쪽으로 조정했다. 특히 노르웨이는 1945년부터 영국과 밀접한 동맹 관계를 맺게 되었다. 이런 경제적 재조정에는 문화적 재조정이 뒤따랐다. 영어가 그동안 스칸디나비아 국가에서 제2언어였던 독일어를 밀어냈고, 스칸디나비아 국민들도 전후 모든 서유럽 전역을 휩쓴 미국의 소비문화에 매혹되었다.

더욱이 덴마크와 노르웨이의 경우, 마셜플랜은 전후 혼란기에 정치적 안정을 유지하는 데도 매우 큰 역할을 했다. 덴마크에서 마셜 원조는 긴축정책을 펴야 하는 상황을 피할 수 있는 '결정적인 여력'을 제공함으로써 공산당의 재기를 막았다.[26] 노르웨이에서는 마셜 원조의 약 40%가 옥수수, 밀가루, 직물, 담배 같은 부족한 소비재 수입에 사용되었다. 노르웨이 사용자연합(NAF) 내부에서 나온 정부 비판에 따르면, 미국의 개입이 노동당 정부를 살렸다고 할 정도였다.[27] 마찬가지로 중요한 것은 국제무역과 경제협력, 장기적인 국내 경제 계획을 요구한 마셜플랜이 집권 사회민주당 안에 나타난 비슷한 견해와 맞아떨어졌고, 그 결과 전후 시기 경제정책에 관한 새로운 합의를 이루는 데 기여했다는 점이다.[28]

경제성장과 완전고용

뒤늦게 깨달은 사실이지만, 유럽 경제사에서 1950년 이후 20년은 언뜻 보아 황금기라고 생각하기 쉽다. 1960년대에 들어오면서 높은 인플레이션, 물가 하락, 경기침체, 대량 실업 등 제1·2차 세계대전기에 발생한 문제들은 그저 힘들었던 기억이 되어 버린 듯했다. 1950년부터 1970년까지 나타난 안정세는 그 이전 시기나 1973년 이후의 불안한 시기와는 상당히 대조적이었다. 1973년 이후에 찾아온 '불확실한 세계'라는 관점에서 볼 때, 황금기라는 생각이 어떻게 신화적 속성을 지니게 되었는지 이해하기는 쉽다. 그렇다고 이 시기 경제 발전의 특성이라 할 만한 일탈과 변동의 형태를 은폐해서는 안 된다.

스칸디나비아 국가들은 서유럽 국가들과 경제 발전의 특징을 공유했다. 안정적인 고도성장, 완전고용, 낮은 인플레이션, 관세무역일반협정(GATT)과 유럽자유무역연합(EFTA)에 따른 국제무역의 팽창…… . 하지만 이러한 일반적인 경제 발전 모델 내부에는, 독특한 노르딕 패턴뿐만 아니라 서유럽 패턴과도 어긋나는 몇 가지 중요한 예들이 존재했다. 핀란드를 제외한 이 지역의 경제성장률은 대개 경제협력개발기구 회원국 평균을 밑돌았고, 특히 1950년대에는 1.25~1.5%포인트 낮았다([표 3] 참고).[29] 핀란드의 성장률이 높았던 것(1946~70년 연간 평균성장률이 5% 이상이었음)은 1950년에 인구의 절반가량(46%)이 여전히 농업에 종사하고 있던 핀란드 경제가 비교적 늦게 구조 변화를 단행했기 때문이라고 할 수 있다.[30] 성장률은 좀 낮았지만 노르웨이와 스웨덴은 사실상 주기적 변동이 없었고 어느 정도 지속적으로 완전고용 상태를 이루어 가는 특징을 보였다.[31] 덴마크는 국제수지 제약 때문에 정부가 전통적인 스톱-고

표 3 노르딕 국가들의 연평균 GDP 성장률

(단위: %)

기간	노르웨이	덴마크	스웨덴	핀란드	12개국 평균*
1870~1913	2.12	2.66	2.17	2.74	2.13
1913~1950	2.93	2.55	2.74	2.69	1.16
1950~1973	4.06	3.81	3.73	4.94	4.65
1973~2001	3.30	2.06	1.83	2.57	2.08

* 12개국: 오스트리아, 벨기에, 프랑스, 독일, 이탈리아, 네덜란드, 스위스, 영국과 노르딕 4개국.
1913~1950년에는 스위스와 네덜란드만이 노르딕 국가들보다 성장률이 높게 나타났다.
출처: Angus Maddison, *Thw World Economy: Historical Statistics*(Paris: OECD, 2003), p. 260

정책(stop-go policy, 재정정책과 금융정책이 일관성 없이 그때그때 경기에 따라 즉흥적으로 이루어지는 정책 ─ 옮긴이)을 채택할 수밖에 없었고 1950년대에는 훨씬 높은 수준의 실업을 경험했다.[32]

　하지만 모든 노르딕 국가의 경제정책 목표에서 완전고용은 높은 우선순위를 차지했다. 그 때문에 평균 이상으로 높은 인플레이션을 겪어야 했는데, 아이슬란드는 다른 스칸디나비아 나라들이 따라올 수 없을 정도로 높은 인플레이션을 기록했다. 아이슬란드는 수출품의 경쟁력을 유지하기 위해 자국 화폐인 크로나화의 평가절하를 반복적으로 단행할 수밖에 없었다. 1944~1970년 아이슬란드의 연간 평균 인플레이션 비율은 7.8%였지만, 1950~1951년 최악의 시기에 물가는 21% 이상 올랐다.[33] 이런 수치는 주로 아이슬란드의 수출이 어업에 지나치게 의존했고 어류와 어육 가공품의 국제가격 파동이 컸기 때문이라고 설명할 수 있다. 하지만 이는 또한 이 시기에 만연했던 마이너스 금리 정책과 1983년까지 임금을 물가에 연동시켰던 관행의 결과이기도 했다.[34]

　경제사학자들은 1950년 이후 20년 동안을, 유럽에서 성장, 안정성, 번영이 이루어진 예외적인 시기로 바라보는 까닭이 무엇인지 논쟁해 왔다. 공급 측면에서 서유럽 경제는 값싸고 풍부한 노동력과 자본, 에너지의 혜택을 받았다. 에너지의 중요성은 1973년 1차 오일쇼크에서 입증되었다. 노동력의 경우, 1930년대 낮은 출산율에도 스칸디나비아 경제는 1차 산업에서 제조업으로 인구 이동이 지속적으로 이루어지면서 이득을 보았다((표 4) 참고). 이는 1954년 노르딕여권연합이 체결되면서 핀란드의 농촌 인구가 대거 스웨덴 제조업으로 이동할 수 있었기 때문이다. 특히 스웨덴의 경우 일부는 남유럽에서도 노동력이 충원되었다. 1960년대부터 스칸디나비아 노동력은 여성들이 대거 노동시장에 참여하면서 팽창했다.[35] 정부의 투자촉진 정책으로 자본 투입도 활성화되었다. 특히 노르웨이와 핀란드에서는 중공업의 중요성을 반영해 산출 대비 자본 비율을 높이는 정책을 추진함으로써 자본 투입이 크게 늘어났다. 이러한 유리한 조건이 큰 역할을 했지만, 성장을 오로지 공급이 확대된 결과로만 볼 수는 없다. 두 명의 노르딕 경제학자의 말에 따르면, 공급은 그저 "(성장을) 가능하게 한 것에 지나지 않았다."[36]

수요 측면에서 살펴보면, 스칸디나비아의 소규모 개방경제에서는 수출이 경제성장의 주된 동력이었다. 스칸디나비아에서 19세기 후반의 공업화는 대부분 수출 중심으로 이루어졌다. 1945년 이후의 교역 조건은 스칸디나비아 경제에 유리하게 작용했다. 1950~1970년 노르딕 경제에서 수출이 차지하는 비중은 국내총생산의 20~25%에 이르렀다. 주요 시장은 유럽경제공동체(EEC), 영국, 노르딕 내부 국가들이었다.[37] 농업 가공품 수출에 지나치게 의존했던 덴마크 경제는 1950년대에는 고전을 면치 못했지만, 그 뒤 제조업의 수출 비중이 증가했다.[38] 그런데 아이슬란드 경제만큼 단일 품목에 지나치게 의존한 스칸디나비아 국가는 없었

표 4 농업 부문에 고용된 노동력 비율(1910~1970)

(단위: %)

연도	노르웨이	덴마크	스웨덴	핀란드
1910	39.25	42.7(1911)	45.6	71.5
1920	36.8	35.2(1921)	40.4	70.4
1930	35.3	35.2	35.4	64.5
1940	29.5(1946)	29.9	28.8	57.4
1950	25.9	25.6	20.3	46.0
1960	19.5	17.8	13.8	35.5
1970	11.6	10.6	8.1	20.3

출처: Peter Flora, Franz Kraus and Winifred Pfenning, *State, Economy and Society in Western Europe 1815-1975*, vol. 2 (Frankfurt, 1987), pp. 471, 485, 571, 582.

다. 아이슬란드는 어업에 종사하는 인구 비중이 상당히 감소했음에도 불구하고, 1970년대까지 어류와 어육 가공품 수출이 외화 획득의 절반을 넘었다.[39]

황금기 스칸디나비아의 경제 성과를 설명하는 몇 가지 중요한 구조적 요인은 분명히 존재했다. 노르딕 국가들이 개방경제라는 유리한 조건의 혜택을 받을 수 있었던 상황에서, 경제정책의 영향력은 적었을 것이라고 짐작할 수 있다. 하지만 경제정책의 중요성에 관해서도 역시 널리 논쟁이 벌어졌다. 특히 이른바 '스웨덴 모델'이 가장 큰 논쟁 대상이 되었다. 비록 스웨덴의 경제 성과가 본질적으로 독특한 것은 아니었다고 하더라도, 정책 논쟁이나 정책을 둘러싼 정치 환경, 특히 노동조합총연맹의 영향도 컸다.[40] 이제 노르딕 지역 경제정책의 유사성과 차이점을 검토하고 정책의 중요성을 평가해 볼까 한다.

1930년대의 번영에 힘입어 덴마크, 노르웨이, 스웨덴의 사회민주당은 국민경제에서 국가의 역할에 관한 새롭고 야심 찬 사상으로 제2차 세계대전으로부터 벗어났다. 이것은 어느 정도 전쟁 때 이루어진 중앙 규제와 계획 확대의 산물이지만, 영국의 자유주의자 베버리지(Beverage)와 케인스(Keynes)와 같은 국제적 명망가들의 영향을 받은 것이기도 했다.[41] 전후 사회민주주의 프로그램들은 역설적인 요소를 갖고 있었다. 한편으로, '덴마크의 미래'(Fremtidens Danmark, 1945년 통과된 덴마크 사회민주당의 강령 — 옮긴이)는 사회민주주의의 장래에 대한 확신으로 가득차 있었다.[42] 전쟁 직후 스웨덴은 마치 수확기를 맞이한 것처럼 보였다. 해마다 문제가 된 빈곤과 불평등, 경제 불안이 해결될 조짐을 보였고 너나 할 것 없이 사회주의의 미래를 고대할 수 있었다. 다른 한편으로, 전후 경제의 방향에 대한 불확실성 역시 광범위하게 존재했고, 제1차 세계대전 이후 그랬던 것처럼 전쟁 종결이 경기 침체를 초래할지도 모른다는 예측도 있었다.[43] 1944년 제출된 사회민주당(SAP)의 전후 계획은 경기 침체 우려 속에서 수정되어, 경제적 · 사회적 삶 전반에 걸쳐 다시 조직해야 한다는 급진적 프로그램으로 바뀌었다.[44] 1945년 노르웨이 모든 정당이 합의한 공동 프로그램에 표현된바, 전후 협력과 타협, 과거의 기억을 지우고자 하는 의지가 경제적 불확실성을 이겨 낼 수 있을지는 장담할 수 없는 일이었다. 제1 · 2차 세계대전 사이에 이데올로기로 분열되었던 쓰라린 경험이 결국 기억 속에 생생하게 되살아났다.

1945년 이후 경제정책의 가장 큰 목표는 완전고용과 경제성장으로 설정해야 한다는 정치적 합의가 널리 퍼졌다. 1930년대 스웨덴에서 경기 대응 정책 실험이 성공한 이후, 이 방식은 덴마크, 노르웨이의 사회민주당에도 채택되었다. 전후 재건의 어려움이 있었음에도, 예측됐던 경제위기는 1940년대 말까지 나타나지 않았다. 주요 경제문제는 이제 더 이상

실업이 아니라 인플레이션과 국제수지 균형 악화였다.

이 문제는 스웨덴 노동조합총연맹의 경제학자인 루돌프 마이드너(Rudolf Meidner)와 요스타 렌(Gøsta Rehn)이 1951년에 열린 총회에서 발표한 경제정책 방안의 배경이 되었다(8년 뒤 공식적으로 채택됨 — 옮긴이). '렌-마이드너' 모델은 그 뒤 20년, 아니 더 오랫동안 스웨덴 경제정책의 초석이 되었다. 이 모델은 인플레이션을 해결하면서 동시에 완전고용을 유지하고자 설계된 케인스의 수요 관리 정책을 수정한 것으로 보인다. 또한 이 모델은 수요 관리뿐만 아니라, 경제정책에 열려 있는 관점과 공급 측면에도 의존한다는 점에서 독특했다.[45] 그 정책은 네 가지 요소로 구성된다. ① 정부 저축(public saving, 조세수입 가운데 정부지출을 빼고 남은 금액 — 옮긴이)과 정부의 직접투자 촉진, ② 연대임금정책, ③ 자유무역 정책과 폭넓은 사적 소유 허용, ④ 적극적 노동시장 정책. 이 가운데 가장 큰 주목을 받으며 스웨덴 모델의 초석이 된 것은 노동시장 관련 정책들이었다.

이런 정책이 채택될 수 있었던 것은 중앙 집중적인 노동조합 운동, 노동조합과 긴밀하게 연계된 사회민주당, 1938년 살트셰바덴(Saltsjöbaden) 협약에 이른 노동과 자본의 협력 분위기 덕분이었다.[46] 노동조합총연맹(LO)과 사용자연합(SAF) 사이에 이루어진 이 합의는 단체교섭을 통해 노동시장 분쟁을 해결하는 중앙집권적 틀을 만들어 냈다. 중앙교섭 및 조정 역할을 하는 공동위원회를 설치하고 노동자 감원을 위한 협약에도 동의했다. 당시 시대 상황에서 이 합의는 고통과 대립을 배경으로 이루어진 극적인 타결이었다. 이 합의는 강제조정 법률을 도입하려는 정부의 위협에 직면해 완결되었다. 그러나 살트셰바덴 정신과 1938년 협약은 1945년 이후로도 수십 년 동안 중요한 원칙이 되었고, 뒤에 몇 가지 부수적인 합의가 뒤따랐다. 이것은 정부가 노동시장에 개입하지 않을 것이라는 이해에 바탕을 두고 전후 경제성장과 적극적 노동시장 정책을 시행할 수 있는 조건을 창출하는 데 기여했다.[47]

렌-마이드너 모델은 유럽의 다른 지역에서 시행되었던 전통적인 '스톱-고' 케인스식 수요 관리 방식이 아니라 억제가 주요한 방법이었다. 조세는 점차 중요한 정책 수단이 되었고, 공공 기금에서 저축을 촉진하고 투자를 촉진하는 도구로 사용되었다. 하지만 경기 대응 정책의 초석이 된 것은 노동시장위원회(AMS: Arbetsmarknadsstyrelsen)가 시행한 적극적 노동시장 정책이었다. 이 정책에 따라 위원회는 정부로부터 위임받은 예산을 가진 강력한 공공단체가 되었다. 노동시장위원회는 고용 지원 기관 역할을 했고, 특히 (산업이) 쇠락하는 지역의 노동자들을 신흥 산업 지역으로 이동할 수 있도록 지원했다. 이런 이유로 "모든 사람은 남쪽으로 가야 한다"(Alla Möste Såderut)는 말까지 나왔다. 그만큼 북부 농촌 지역에서 인구 감소의 폭이 컸다는 얘기다.[48]

이러한 지역적 재편은 민간 주택 건설에 대규모 공적 자금이 투자됨으로써 더욱 빨라졌고, 1965년 '주택 100만 호 건설' 프로그램에서 절정에 이르렀다. 이런 정책은 사회 이익을 위해 사회공학을 책임지는 전문가들의 능력에 지속적으로 신뢰를 보낸 결과이기도 했다. 노동조합총연맹과 사용자연합의 협력을 통해 시행된 연대임금정책은 임금 격차를 줄임으로써 더 큰 평등을 향한 사회주의 열망에 부응하는 동시에, 임금이 낮은 기업을 퇴출시키거나 생산력을 높임으로써 국제 경쟁력을 향상시키기 위해 설계되었다. 그렇다면 스웨덴의 이런 정책은 다른 스칸디나비아 나라들이 추구했던 것과 어떻게 다를까?

스웨덴과 가장 비슷한 나라는 노르웨이였다. 노르웨이 사회민주당은

1945년 이후 20년 동안 정치적 우위를 점했고, 정부는 다른 어떤 스칸디나비아 국가들보다도 철저하게 완전고용이라는 목표를 추구했다. 인플레이션은 부차적인 관심사였고 대부분 소득 정책을 통해 해결되었다.[49] 스웨덴과 마찬가지로 노르웨이 노사관계 역시 1935년 노동조합총연맹과 사용자연합 사이의 '주요 합의'(Hovedavtal)의 결과로 매우 중앙 집권화되었다. 따라서 스웨덴처럼 연대임금정책을 추구할 수 있었는데, 특히 1950년대에 그 효과가 컸다.[50] 하지만 적극적 노동시장 정책으로 북부 농촌 지역의 인구가 감소한 스웨덴과 달리 노르웨이의 우선순위는 정반대였다. 모든 정당들의 지속적인 관심사는 주변 지역의 전통적인 경제 활동을 보호하는 것이었다. 여기에는 비교적 '젊은' 국가라는 이미지 속에서 노르웨이 북부와 해안 지역이 가진 중요성과 관련된 문화적 이유와 이익집단들의 정치적 영향력이 중요했다. 무엇보다 수산업의 영향력이 컸다. 1975년 풀타임 고용의 0.9% 수준으로 비중이 하락하기는 했지만, 특히 노르웨이 북부 연안 지역에서 수산업은 정치적 영향력을 유지했다.[51] 따라서 상당한 공적 자원이 보조금과 투자 지원을 통해 투입되었는데, 1952년 수립된 북노르웨이 계획(Nord-Norge plan, 1961년 지역개발기금으로 대체)이 그 역할을 담당했다. 어업 종사자들은 결국 보조금과 저리 대출을 받았을 뿐 아니라 일주일 단위로 최저 소득도 보장받았다. 또 그 지역의 농민들은 수입 제한 조치를 통해 보호받았다.[52]

덴마크 사회민주당의 경우는 1945년 이후에도 노르웨이나 스웨덴의 사회민주당과 달리 정치적 우위를 점하지 못했다. 전후 덴마크 정부는 부르주아 정당과 연립정부를 구성하든 사회민주당이 단독으로 소수당 정부를 구성하든, 수출 부문의 어려움과 만성 국제수지 적자로 심각한 제약을 받았다. 1949~1951년에 교역 조건이 크게 악화되어 무역적자가 감당할 수 없을 정도로 악화되자 정부는 경제성장에 제동을 걸어야 했다.[53] 1950년대 말부터 교역 조건이 개선되고 국제 자본시장이 열려 국제수지 적자가 해결될 가능성이 높아지면서 이러한 제약은 제거되었다. 이렇게 되자 제조업은 확대되어 주요 수출 부문이 된 반면 농업은 약화되었다.

노동시장이 매우 평화로운 상태였던 노르웨이, 스웨덴과 반대로 덴마크는 1946~1947년, 1956년, 1973년에 일어난 대규모 파업을 비롯하여 여러 차례에 걸쳐 노사관계의 불안을 경험했다.[54] 덴마크의 노동운동은 다른 스칸디나비아 나라들에 비해 조직력이 상당히 분산되어 있었다. 이런 모습은 19세기 후반이 되어서도 더 파편적인 발전 양상을 띠었고 직종별 조합주의가 우세했던 상황을 반영하는 것이었다.[55] 덴마크의 노동시장은 살트셰바덴 대타협에 견줄 만한 중앙 협약은 없었지만, 1936년 노동조합총연맹과 사용자연합 사이에 임금 교섭에 관한 세 가지 수준의 협약이 이루어졌다. 노동계와 실업계의 직접 협상, 노동조합총연맹과 사용자연합 사이의 중앙 협상, 여기서 합의되지 않을 경우 정부가 중재자로 개입하는 방식이다. 실제로는 1952년부터 1979년까지 정부의 중재 없이 합의된 적은 한 차례도 없었다.[56] 여기에는 전쟁 직후 공산주의자들의 영향력이 상대적으로 강했기 때문에 현장 노동자들의 투쟁 의지가 높아진 점도 있다. 1956년 코펜하겐 국회의사당 바깥에서 20만 명이 참여한 시위로 며칠 동안 정치적 혼란을 겪었고, 파업으로 100만 일이 넘는 노동일수(전체 파업참여 인원의 파업 일수를 합한 수치 — 옮긴이) 손실이 발생했다.[57] 덴마크의 노동조합총연맹은 스웨덴이나 노르웨이가 추구했던 것과 유사한 연대임금정책을 위임받으려 해도 그것을 시행하기 위해 필요한 중앙 차원의 통제가 이루어지기 어려웠다. 다만 숙련 노동자들은 개별 협상을 통해 임금 인상 협상에서 해당 부문의 힘을 발휘할 수 있었다. 따라서 1960년대 농민을 제외한 모든 집단의 실질임금이 상당히 증가했음에도, 덴마크의 임금 형태는 크게 변화하지 않았다.[58]

1945년 이후 핀란드 정부가 맞닥뜨린 노사갈등 문제는 한두 가지가 아니었다. 다른 노르딕 국가들처럼 20세기 초에 이미 중앙 노동시장 조직이 형성되었음에도, 1940년대 이전까지 고용주들은 전국적인 단체교섭에 반대했다.[59] 사용자와 노동조합이 협상을 통해 노사관계를 개선시키고자 합의했던 이른바 1940년 '1월의 약속'이 상징적인 중요성은 가졌지만, 사용자들은 단체교섭 수용을 계속 거부했다.[60] 냉전 체제는 사회민주주의 노동조합과 사용자들 사이에 협력 분위기를 높였지만, 노동운동 내부에는 공산주의 세력이 강했고, 이들은 1940년대 몇 번이나 파업을 정치적 수단으로 활용하고자 했다. 1949년 여름에 가장 심각한 사건이 발생했다. 파업 방해자들이 케미 강가에 떠내려 와 모여 있는 통나무들을 치우는 것에 반대하는 공산주의자들의 시위대에 경찰이 발포하는 사건이 발생했고, 두 명이 사망했다.[61]

중앙노동조합연합(SAK: Suomen Ammattiyhdistysten Keskusliitto)이 파업에 연루된 임업 노동조합을 축출했지만 노동운동 내부의 전투성은 1950년대 내내 지속되었다. 1955년이 되어 전후 비상법령 아래 도입되었던 임금과 가격에 대한 통제가 끝나자, 중앙노동조합연합은 새로운 물가연동제 협상을 위해 사용자연합(STK)과 연합전선을 형성했다. 하지만 그들의 제안은 농업생산자연합(MTK: Maa-jametsätaloustuottajain keskusliitto)의 반대에 부딪쳤다. 1956년 3월 1일, 중앙노동조합연합은 전반적인 임금 인상을 요구하는 3주간의 총파업에 들어갔고, 같은 날 농업생산자연합은 농산물 출하를 중지했다. 50만 명의 노동자가 파업에 참여했고 거의 700만 일의 노동일수 손실을 초래했다. 중앙노동조합연합이 승리했다고 볼 수 있지만 너무 큰 희생을 치르고 얻은 승리였다. 결국 물가가 상승함에 따라 실질임금은 지속적으로 하락했고, 파업 역시 노동운동 내부의 분열을 심화시켰다. 1968년 정부는 전년도 통화 평가절하로 발생한 인플레이션 압력 때문에 결국 새로운 중앙협약을 체결할 수밖에 없었다. 이는 노조연합의 재통합을 가져왔고, 이 노조연합은 핀란드 중앙노동조합총연맹(Suomen Ammattiliittojen Keskusjärjestö)이라는 새로운 명칭을 갖게 되었다. 이렇게 해서 핀란드는 다른 노르딕 국가들의 협약과 유사한 중앙 집중적인 노사정 3자 임금협상의 새 시대를 열게 되었다.[62]

핀란드 경제 발전에서 나타난 또 하나의 독특한 특징은 농업 문제의 중요성이 유난히 크다는 점이다. 실업계 대표, 노동계 대표와 나란히 농업 이익집단들이 다른 나라에 비해 훨씬 큰 역할을 담당했다. 핀란드는 유럽경제협력기구(OEEC)* 가입국 가운데 1945년 이후 농장의 수가 실제로 증가한 유일한 나라였다. 당시 유럽의 다른 나라들은 대개 농민의 수가 감소하는 추세였고, 농장은 대규모화하는 경향을 보였다. 핀란드 정부는 카렐리야 난민들을 다시 정주시키기 위해 새 농장을 많이 만들었고, 전쟁 직후 어려운 시기에 일자리를 제공함으로써 사회적 긴장을 완화하고자 했다. 그러나 새로 만들어진 농장은 대개 너무 소규모여서 발전할 수 없게 되자, 1950년대부터 거주자들이 공업 노동에 종사하기 위해 너도나도 농촌을 떠났다. 핀란드는 경제성장률이 높았지만 다른 노르

---

* 1948년 마셜플랜을 토대로 한 협력과 유럽 경제의 복원을 목표로 설치된 기구. OECD의 전신이다.

딕 국가들에 견줘 실업률 또한 시종일관 높았다. 핀란드의 공업화는 특히 소련의 배상금 요구에 의해 촉진되었다고 여겨지고 있다. 공업화의 4분의 1은 나무, 종이와 같은 전통적인 수출품으로 이루어졌지만, 나머지는 대개 선박, 기계, 설비, 케이블과 같은 새로운 중공업 제품이었기 때문이다. 최근의 연구는 이러한 가설에 의문을 제기했다. 이 연구는 핀란드의 공업화 과정은 훨씬 일찍 시작되었고, 1945년에 이미 경제는 높은 수준의 산업 역량과 기반 구조와 전문 지식을 보유하고 있었다고 주장한다. 부족했던 것은 원자재였다.[63] 따라서 핀란드 경제는 1945년 이후 급속하게 발전할 수 있었다. 소련에 마지막으로 배상금을 지급한 것이 1952년이었고, 같은 해 헬싱키는 (1940년에 연기됐던) 올림픽을 치렀다. 이는 국가적 자신감을 한층 고조시켰다.[64]

우리는 1950년부터 20년 동안 스칸디나비아의 경제정책에서 나타난 중요한 국가 간 차이와 함께 몇 가지 공통된 패턴을 식별해 낼 수 있다. 첫째, 모든 나라는 완전고용을 주요 정책 목표로 삼고 있었다. 물론 추진된 방식은 서로 달랐고 성공 정도도 차이가 있다. 둘째, 이 시기에 다섯 나라 모두에서 공공 부문이 확대되었고, 여기에 필요한 재원을 확보하기 위해 조세 부담이 증가했다(〔표 5〕 참고). 물론 사회민주당의 주도로 이루어지긴 했으나, 복지국가 확대가 바람직하다는 정치적 합의가 존재했고, 보건의료와 사회보장 부문이 급속도로 증가했다. 또한 모든 국가에서 주택 건설을 위해 대규모 공적 자금이 투입되었다.[65] 아울러 여러 도시와 도심이 새로운 설계를 통해 재건되었고 대중교통이 발전했다.[66] 셋째, 공공 부문의 성장에도 불구하고 스칸디나비아는 대체로 혼합경제를 유지했다. 대대적인 국유화 시도는 없었고, 민간 기업은 사회민주주의 권력에 제약을 준다고 얘기될 정도로 여전히 영향력이 컸다.[67]

표 5 GDP 대비 정부 총지출 및 사회서비스 지출(1950년과 1972년)

(단위: %)

	노르웨이	덴마크	스웨덴	핀란드
정부 총지출(1950)	27.6	19.0	23.0	28.6
사회서비스 지출(1950)	11.2	9.7	11.5	10.1
정부 총지출(1972)	46.8	45.4	49.0	35.8
사회서비스 지출(1972)	15.3(1971)	32.0	27.9	20.2

출처: Peter Flora, Franz Kraus and Winifred Pfenning, *State, Economy and Society in Western Europe 1815-1975*, vol. 1 (Frankfurt, 1987), pp. 362~375, 414~432.

넷째, 아마도 가장 중요한 것 같은데, 노르딕 경제의 가장 독특한 특징은 경제적 이해관계의 유기적 구조라고 할 수 있다. 국제 노사관계 문헌들에서 노르딕 국가들은 종종 단체교섭이 제도화되어 있고 매우 중앙 집중적인 조합주의 시스템의 모범으로 묘사된다.[68] 이러한 중앙 집중화의 한 가지 이유는 국가 비교에서 노르딕 국가들이 최상위를 차지할 만큼 유난히 높은 노조 조직률이다(2장의 〔표 2〕 참조). 하지만 노동조합총연맹의 영향력만큼 사용자연합의 영향력도 컸다. 사용자연합 역시 국제적인 맥락에서 현저한 영향력을 갖고 있었고 중앙 집중적인 단체교섭 발전에도 영향력이 있었다.[69]

일부 학자들은 이 모델의 근원을 찾아 제1차 세계대전 이전 노동조합과 사용자들의 중앙연합 창설까지 거슬러 올라갔다. 스웨덴과 노르웨이에서 중앙 단체교섭 합의는 1930년대에 수립되었다.[70] 하지만 노사 관계의 진정한 노르딕 모델을 말할 수 있게 된 것은, 핀란드에서 중앙교섭 합의가 채택되었던 1960년대 말이 되어서였다. 역설적이게도, 1970년대 초 모델이 쇠퇴 신호를 보이기 시작했던 순간과 겹친다. 물론 학문적으로 합의된 것은, 적어도 당분간 스칸디나비아에서 조합주의적 협의가 계속 유지될 것이라는 점이었다.[71] (4장에서 다룰) 노르딕 복지 모델의 경우도 마찬가지다. 특히 이에 '노르딕 모델'을 정적인 개념, 즉 1950~1970년 시기에 속한 고정된 역사적 실재로 인식하고자 하는 경향에 대해 주의할 필요가 있다.

1945년 이후에 경제정책 이행을 위한 청사진은 없었다. 대신에 과거로 거슬러 올라가 '노르딕 모델'이라고 알려지게 된 것의 요소들이 대개 단기적이고 실용적인 결정의 결과라는 점이 점차 드러났다. 일관성 있는 플랜에 가장 가깝다고 할 수 있는 것은 스웨덴의 렌-마이드너 모델이다. 물론 1951년 노동조합총연맹 총회에 제출되었던 원안, 즉 작성자들이 의도했던 대로 충분히 시행되지는 않았다.[72] 그럼에도 렌-마이드너 모델은 1945년 이후 전 유럽의 경제정책에 독창적이고 특별한 기여를 한 것으로 여겨질 수 있었다. 한편, 이 시기 노르딕 발전의 다른 많은 측면을 살펴볼 때, 동시대 서유럽의 전형적인 패턴에 견줘 얼마나 독특했는지는 논쟁의 여지가 있다.

1970년대 이후의 노르딕 경제

뒤늦은 평가지만, 경제사학자들은 1950~1970년이 특별한 시기였다는 데 대체로 동의한다. 1973년 석유수출국기구 국가들에 의해 유발된 석유 가격 상승(4배)은 전후 유럽 경제의 분수령이라 할 만하다. 그동안 유럽 국가들은 값싸고 풍부한 에너지 공급에 크게 의존해 왔고 그 때문에 높고 안정적인 경제성장을 누려 왔는데, 이런 상황이 갑작스럽게 종결된 것이다. 하지만 중요한 연속성도 어느 정도 존재했다. 노르딕 국가들의 경우 오일쇼크의 충격이 너무나 커서, 1960년대 후반부터 등장하기 시작한 더 일반적이고 근본적인 경제 문제가 어느 정도 은폐되었다. 인플레이션은 이미 경제협력개발기구 회원국 평균 이상 수준이었고, 특히 스웨덴과 덴마크에서는 심각한 재정 불균형의 조짐마저 나타났다.[73]

1970년대에 아이슬란드에서 나타난 인플레이션은 특히 문제가 되었다. 1960년대는 전통적인 보호무역 정책을 폐기하고 무역 자유화를 단행한 아이슬란드 경제의 전환기였다. 이런 변화는 1971년 유럽자유무역연합(EFTA) 가입을 결정하면서 정점에 이르렀다. 1960년대 아이슬란드 경제성장의 주요 동력은 청어잡이였다. 어선의 기술적 발전으로 어획량이 증가되었지만 한편으로 어족 자원 고갈을 촉진하는 역할도 했다. 그 결과 1967~1968년 갑자기 어업이 붕괴했고 이는 경제 위기 촉발로 이어졌다. 이런 문제에 주안점을 둔 아이슬란드 정부는 경제를 다각화하기 위한 단계를 밟기 시작했고, 특히 오일쇼크 이후에는 풍부한 에너지 자원을 개발하기 시작했다. 외국 투자에 경제를 개방함으로써 수력발전을 활용한 알루미늄 제련이 발달할 수 있게 되었다. 그러나 수산업은 여전히 매우 중요한 산업으로 남아 있었다. 어업 한계는 1972년에 80킬로미터까지, 1975년에는 320킬로미터까지 확대되었고 어류 가공 산업은 현대화되었다. 그 뒤로 또 다시 천연자원이 무분별하게 남획되었고, 1970년대 후반부터는 대구와 청어 조업에 할당량과 제한을 두어야만 했다. 수산업의 팽창은 1970년대 경제성장 시기를 이끌었지만 초인플레이션을 동반했다([그림 2] 참조).

아이슬란드 경제는 수출용 어업에 의존하고 전통적으로 지나친 보호주의 전통을 갖고 있었다는 점에서 상당히 독특하다. 1970년대 다른 스칸디나비아 경제가 직면한 어려움은 서유럽 국가들의 경험과 더 비슷했

그림 2 **아이슬란드의 물가상승률**(소비자물가지수, 1969~1990)

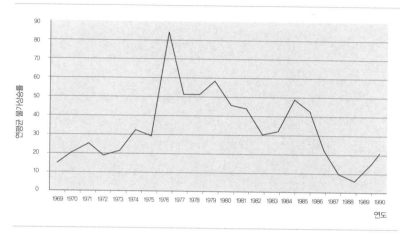

출처: 아이슬란드 통계청

다. 덴마크의 경우가 특히 그러했다. 1970년대 초 한 차례 급속한 성장은 덴마크의 전통적인 국제수지 문제를 다시 부각시켰다. 이제는 정부가 경기 대응 정책을 가지고 오일쇼크 이후의 경기 침체에 저항할 수 있는 상황이 아니었다. 대신 정부는 규제 조치들을 취할 수밖에 없었고 이는 곧 생산 감소와 실업 증가로 이어졌다.[74]

노르딕 국가들 가운데 유일하게 덴마크는 '스태그플레이션'을 경험했다. 스태그플레이션은 1970년대 여러 서유럽 국가들에서 나타난 저성장과 저투자, 높은 인플레이션, 고실업, 국제수지 악화 현상이다. 하지만 실업률은 1975년 11.1%로 정점에 이르러 이 수준 아래로 많이 떨어지지 않았다. 이는 다른 경제협력개발기구 회원국들보다는 나쁘지 않았지만 다른 노르딕 국가들보다는 훨씬 심각한 수준이었다.[75] 애초에 정부는 대체로 일시적인 경기침체로 여겨지는 현상에는 개입하지 않았고 최악의 실업 상황만 개선하려는 다소 소극적인 자세를 취했다. 수요를 끌어올리려는 정부의 시도는 이미 심각한 수준이던 국제수지 적자를 악화시키기만 했고, 이는 결국 1979~81년 과감한 화폐 평가절하를 통해 해결해야만 했다.

핀란드, 스웨덴, 노르웨이 정부는 1970년대 초에 발생한 문제에 대해 '정상적인' 주기적 침체 때처럼 대응하려고 했고 어느 정도 성공을 거두었다. 인플레이션 수준이 경제협력개발기구 회원국 평균에 가깝고 실업률이 낮았음에도, 스웨덴의 팽창정책은 인플레이션 압력을 어느 정도 심화시켰다.[76] 노르웨이 정부도 전통적인 경기 대응 정책을 채택했는데, 이무렵 상업적으로 실행 가능한 것으로 보이기 시작한 미래의 북해 석유 수입에 대한 기대가 어느 정도 작용했다. 정부는 고군분투하는 산업에 재정 지원을 했고, 여기에 임금을 안정시킴으로써 인플레이션 압력을 제거하기 위해 추가 급여를 실시하는 소득정책을 결합했다. 이 정책들은 상당히 성공적이어서 실업이 억제되었고 경제협력개발기구는 노르웨이의 이 같은 조처를 성공적인 위기 대응 정책의 모범 사례로 언급했다.[77]

하지만 여러 경제 문제는 일시적인 경기침체가 아니라 훨씬 심각한 구조적 위기의 징후들이라는 점이 분명해졌다. 경제사학자들은 산업경제로부터 대다수 인구가 서비스 산업에 고용되는 '탈공업' 경제로의 전환이 중요하다는 점을 강조하기 위해 '제3차 산업혁명'이라는 용어를 사용한다.[78] 나중에 알게 된 사실이긴 하나, 스칸디나비아에서 전통적인 산업 부문의 쇠퇴가 시작된 시점을 확인하는 것은 어렵지 않다. 1970년대부터 직물과 의류 산업이, 1980년대부터 철강과 선박제조 산업이 쇠퇴하기 시작했다.[79] 그러나 스칸디나비아 사회는 공공 부문(즉, 복지국가와 실제로 그 일을 담당할 공무원) 확대를 통해 제조업 부문의 고용 손실로 인한 최악의 사회적 결과를 막아 냈다. 또한 1970년대 초반부터 모든 노르딕 국가들은 노동시장에 진입한 여성들을 대거 고용했다.[80]

　이러한 구조 변화는 무엇보다 스칸디나비아 사회민주당의 이데올로기와 정책에 깊은 영향을 끼친 광범위한 사회적·정치적 태도 변화와 함께 이루어졌다. 우선, 새로 등장한 환경운동은 산업경제가 물질적 풍요의 토대가 된다는 전통적인 사회민주주의의 믿음에 의문을 던졌다. 또 1960년대 후반 전반적인 급진화의 흐름은 새로운 운동을 일으켰고 기존 운동 안에서 새 부문을 만들어 냈다. 이들은 전통적인 권위에 도전했고 더 폭넓은 평등을 주장했다. 노르웨이와 덴마크에서는 새로운 사회주의 정당이 만들어졌다. 이들은 선거에서 이미 사회민주당에게 중요한 도전이 되기 시작했지만, 이는 (특히 덴마크의 경우) 노사관계 불안이 확대된 형편을 반영한 것이었다. 특히 스웨덴 사회민주당 정부에 충격을 준 사건은 1969년 스웨덴 북부 키루나(Kiruna)의 국영 광산기업 노동자들이 일으킨 '살쾡이 파업'이었다. 이 파업에서 노동자들은 전통적으로 적대 관계에 있던 사용자뿐만 아니라 노동운동 지도부에도 대항하고자 했다. 사회민주주의 정당들은 기존 정책을 급진적인 방향으로 틀어 근본적 개혁을 시도함으로써 이에 대응했다. 1978년 노르웨이에서 이루어진 금융 부문의 효과적인 사회화(그 뒤 우파 정권에 의해 되돌려짐)와, 스웨덴과 노르웨이에서 이루어진 산업민주주의 제안이나 임금노동자기금 구성 같은 조치들이 그런 시도였다.[81]

　일부 경제사학자들은 1970년대 스웨덴 정부가 직면한 구조적 위기를 해결하는 데 필요한 정책 수단이 렌-마이드너 모델 안에 들어 있다고 말해 왔다.[82] 문제는 이전 시기의 정책 모델이 새로운 문제 해결에 적합하지 않았다는 사실이 아니라, 정부가 모델의 주요한 원칙들에서 벗어나

직접적인 경기 대응 정책을 추구했다는 사실이다. 이러한 정책들은 근본적인 문제를 감추고 꼭 필요한 스웨덴 경제의 재구조화를 막는다는 것이다. 기업들은 정부한테 받은 충분한 보조금으로 손쉽게 이윤을 획득할 수 있었는데, 이는 렌-마이드너 모델이 애초에 산업의 역동성을 강조한 측면을 무시한 것이었다. 더 중요한 사실은 정부가 1945년 이후 스웨덴 경제정책의 특징이라 할 임금 억제 전통에서 이탈했다는 것이다. 정당과 노동운동 쪽에서 기층 민중에 대한 평등을 급진적이고 공격적으로 요구하자, 평등에 대한 더 큰 열망 속에서 렌-마이드너 모델의 '동일노동 동일임금' 원칙이 폐기된 것이다.[83] 따라서 스웨덴 경제는 덴마크에서와 같은 대량 실업을 피할 수는 있었지만, 공공 부문의 부채 급증과 그것을 갚기 위해 늘어난 조세 부담이라는 비용을 치러야 했다. 그 결과 한계세율(초과수익에 대해 세금으로 내야 할 비율 ― 옮긴이)은 1980년대 초에 80%를 넘어섰다. 1976년 부르주아 정부가 수립된 이후에도 경제정책의 기본 원칙은 그대로 유지되었고, 결과적으로 스웨덴 경제는 근본적으로 재편되지 못했다.[84]

그럼에도 스웨덴 사회민주당은 1982년에 재집권했고, 노르웨이 노동당과 함께 1980년대의 변화된 상황에 맞는 이데올로기와 정책을 채택하는 데 어느 정도 성공했다. 스웨덴 사회민주당 당수 올로프 팔메와 노르웨이 노동당 당수인 그로 할렘 브룬틀란(Gro Harlem Brundtland, 1986년에 최연소로 당선된 노르웨이 첫 여성 총리 ― 옮긴이)은 여러 가지 면에서 비슷한 점이 많다. 여러 전임 총리들과 달리, 이 두 사람은 노동운동 내에서 전통적인 지지 기반이 약했기 때문에 소속 정당의 개혁 세력과 손을 잡았다. 하지만 그들은 다른 방식으로 좌파 세력으로부터 신임을 유지하고자 했는데, 팔메는 특히 국제연대 옹호자였고 브룬틀란은 양성평등의 옹호자로 활동했다. 비록 원안에 견줘 상당히 수정되긴 했지만, 팔메 총리 아래에서 결국 스웨덴 사회민주당은 논쟁을 거듭하던 임금노동자기금을 도입했다. 신자유주의에 대한 사회민주주의적 대안으로 제시된 '제3의 길'이라는 깃발 아래, 그들은 경제를 안정시키고 수출과 투자, 수익성을 높이고자 금융 규제 완화를 시도했다.[85]

노르웨이 정부가 추진한 팽창정책은 경제 과열이 뚜렷해진 1977년 무렵 곤경에 처하게 된다. 당시 직면한 구조적 어려움의 깊이를 인식한 노동당은 방향을 바꿔 긴축정책을 채택했다. 크로나 평가절하를 포함한 일부 조처들은 국제 경쟁력을 높이기 위한 것이었다. 1981년에 한계세율 인하를 단행했는데, 처음으로 고소득층에게 유리한 조세개혁이었다는 점에서 이는 노동당의 근본 원칙을 변화시키기에 이른다.[86] 하지만 1980년대 초반부터 노르웨이는 북해 석유 개발로 이윤을 거둬들이기 시작했다. 석유 개발은 그 뒤로 20년 넘도록 경제를 바꿔 놓았고, 노르웨이를 세계에서 가장 풍요롭고 생활수준이 높은 나라로 발돋움시켰다. 1982년 까지 석유 수입은 정부 세수입의 18%에 육박했고 노르웨이 총수출의 32%를 차지했다. 물론 이 부문의 고용 비중은 전체 고용의 3%에 지나지 않았다.[87] 노동당 정부는 처음에 석유 노다지를 기반으로 해서 '성장을 위한 전진' 정책을 표방했고, 공공 부문을 대규모로 확대했다. 그러나 1986년 배럴당 30달러이던 국제 유가가 8달러로 급락하고 국제수지 적자가 눈덩이처럼 불어나자 공공 부문 확대는 중단되었다. 그 뒤 유가가 회복되자, 석유 매장량 관리와 매장량이 감소할 시점에 대비해 경제를 보호하기 위한 방법을 중심으로 경제정책에 대한 공식적 논쟁이 이루어졌다.

이와 같이 1980년대의 신자유주의 사고방식은 사회민주주의 수정이라는 미명 아래 스웨덴, 노르웨이에서 어느 정도 영향을 미쳤고, 다른 스칸디나비아 국가들에서는 훨씬 큰 영향력을 발휘했다. 아이슬란드의 경우, 초인플레이션 억제가 1980년대 정치의 주요 쟁점이 되었다. 임금을 물가지수에 연동시키는 방식을 1983년에 결국 폐지했고, 규제 철폐 프로그램과 자유주의가 뒤따랐다. 1980년대 말까지 이런 정책은 적어도 인플레이션을 억제하는 효과를 나타내는 것 같았지만, 그 대신 경기가 후퇴하고 실업률이 상승했다. 한편, 덴마크에서는 사회민주당이 1973년 선거 패배의 '충격'에서 회복되었지만 결국 1982년 포울 쉴테르(Poul Schülter)가 이끄는 보수당 정권으로 교체되었다. 이는 1970년대 초 포퓰리스트 진보당의 성공 또한 사회민주주의 복지 모델의 높은 조세 부담에 대한 정치적 비판이 고조되는 데 영향을 끼쳤다.[88] 그 결과, 덴마크 경제는 다른 어떤 스칸디나비아 국가들보다도 신자유주의에 크게 노출되었다. 예컨대 쉴테르 정부는 가족 급여와 실업 급여의 삭감을 비롯한 공공 지출을 줄이는 데 혼신의 노력을 기울였다.

요약하자면, 스칸디나비아 경제는 1970년대 이후를 분기점으로 저마다 다른 길로 접어들었다고 생각된다. 덴마크는 1970년대 국제경제 문제의 영향을 가장 심각하게 받았지만, 그 결과 더욱 강도 높은 구조조정을 단행함으로써 1990년대 더욱 강력한 경제를 만들어 내게 되었다. 다른 노르딕 국가들과 달리, 덴마크는 1973년 이후 유럽공동체(EC)에 가입해야 하는 상황에 처했는데, 이는 특히 농업 정책에 영향이 미쳤다. 아이슬란드 경제는 과감한 대외무역 자유화를 단행했지만, 1970년부터 1990년까지 심각한 인플레이션 문제를 겪었고 여전히 수출에서는 수산업이 우세했다. 한편, 스웨덴, 노르웨이, 핀란드는 오일쇼크라는 최악의 결과를 피해 가는 듯했고 전반적인 복지 시스템을 실제로 유지·확대했

표 6 1990년대 경제 위기 아래 핀란드와 스웨덴의 경제 지표

(단위: %)

연도	핀란드				스웨덴			
	1991	1992	1993	1994	1991	1992	1993	1994
실제 GDP 성장률	-6.4	-3.7	-0.9	3.6	-1.1	-1.2	-2.1	3.9
실업률	6.7	11.6	16.4	16.8	3.1	5.6	9.0	9.4
정부 예산 구조	5.47	-0.99	-5.33	-7.24	3.77	-1.19	-7.57	-11.42

출처: OECD ; Statistiska centralbyrån ; Tilastokeskus.

다. 핀란드는 적어도 산업 생산과 복지 지출이라는 양면에서 다른 노르딕 경제에 수렴되는 징후가 있었다.[89]

하지만 이러한 성공은 스웨덴과 핀란드의 경우, 1990년대 초 세계적 경기침체기에 갑자기 멈추었고 두 나라 모두 1991년에 마이너스 성장을 기록했다. 민간 투자와 소비가 감소했고 실업률은 급증했다(〔표 6〕 참고). 위기의 원인은 부분적으로는 독일 통일의 결과로 나타난 세계적 경기침체, 금리 인상과 같은 외부 사건에 있었다. 핀란드의 경우, 소련이 갑작스럽게 붕괴된 것에 큰 영향을 받았는데, 1991년 소련으로의 수출량이 70%까지 감소했다.[90] 하지만 대부분의 경제사학자들은 이러한 외부 충격이 상황을 확대시키기는 했지만 주된 요인은 아니었다고 입을 모았다.

경기침체의 심각성은 두 가지 방식으로 설명할 수 있다. 하나는 구조적 위기로 설명하는 것인데, 1970년대와 1980년대에 구조 변화가 필요했음에도 더 일찍 정부 정책들이 이를 단행하지 않았던 점이 일부 비판받았다. 다른 하나는 금융 위기로 설명된다.[91] 스웨덴과 핀란드 두 나라 정부는 1980년대 주요 금융 규제완화 프로그램을 실시했는데, 국내 은행의 대출 금리와 민간 차입 제한을 철폐했다. 이러한 조처는 자산과 외채에 바탕을 둔 투자 붐을 불러일으켰다.[92] 민간 소비와 투자가 급증했지

만 긴축재정 정책으로 이를 억제하지는 않았다. 그 결과 성장은 가속화되었고 두 나라의 경제는 1980년대 후반까지 심각한 수준으로 과열되었다. 호황은 1989~90년 극적인 붕괴로 끝이 났다. 두 나라는 심각한 금융 위기를 겪었고 금융 부문은 정부 개입 덕분에 겨우 구제되었다. 과대평가된 통화는 본래 유럽통화단위(ECU)에 연계되어 있었지만, 1992년 가을에 결국 변동환율제를 허용했고 엄청난 평가절하가 단행되었다. 실업률이 급증해 스웨덴의 경우 1993년까지 9% 이상, 핀란드는 16% 이상까지 올라갔다. 두 나라 모두 몇 년 동안 마이너스 성장을 기록했는데, 이는 경제협력개발기구 회원국 가운데 하위권에 머무르는 수준이었다.

위기는 두 나라 국민들에게 오랫동안 깊은 심리적 영향을 주었다. 스웨덴의 경우, 위기는 중요한 사회적·정치적·문화적 분수령이 되었고 스웨덴 모델의 여러 측면과 정체성 자체가 갑자기 해체되는 듯했다. 1990년 사회민주당 정부가 유럽공동체에 가입할 의사가 있다고 발표하자, 많은 평론가들은 이를 스웨덴 모델의 전통적인 원칙들이 실패했음을 인정하는 것으로 여겼다. 1938년 살트셰바덴 협약으로 마련된 집단적 중앙교섭에서 사용자연합이 일방적으로 이탈하자 이런 추세는 굳어지는 듯했다.[93] 1991년 5월 정부는 마침내 완전고용을 유지하기 위한 경기 대응 정책 방침을 포기했다.[94] 결국 1991년 가을 사회민주당은 거의 60년 동안 두 번째로 선거에서 패배했고, 승리한 새로운 보수당 정부는 사회 보장 급여 삭감과 조세 인하를 통해 전면적인 개혁과 공공 부문 축소를 단행하겠다고 발표했다.[95] 그 뒤 몇 년 동안 과거에는 당연한 것으로 여겨 온 20세기 스웨덴 역사의 여러 측면들에 대한 격렬한 공개 논쟁이 벌어졌다. 제2차 세계대전 시기 스웨덴에 관한 마리아 피아 보외티우스(Maria-Pia Boëthius)의 저서 출간, 강제 불임수술*과 냉전기 중립정책에

관한 국가 조사가 그런 맥락에서 벌어진 일이다.[96]

　뼈아픈 위기는 핀란드의 상황을 더욱 악화시켰다. 대부분의 경제 지표들을 보면, 경기침체는 1930년대 대공황 때보다 훨씬 심각한 수준이었고 국민들이 받은 정신적 충격은 1860년대 기근 시기와 비견될 정도였다.[97] 가장 심각한 것은 위기로 인한 사회적 파급 효과였다. 우선 소비자 부채와 소비자 신뢰 상실, 나아가 매우 높은 실업률을 통해 그 효과가 나타났다. 이런 파급 효과는 전통적인 산업에 가장 큰 타격을 입혔다. 실제로 1993~94년 겨울 동안 핀란드의 남성 실업률은 20%를 훌쩍 넘어섰고 장년층 노동자들이 특히 큰 타격을 받았다.[98] 하지만 장기적으로 볼 때, 전반적인 변화의 영향은 스웨덴이 경험했던 것보다는 좀 나은 것 같다. 먼저, 1994년 유럽연합 가입을 결정하게 되면서 핀란드는 냉전 시기의 고립 상황에서 완전히 벗어나게 되었다. 동시에 새롭고 도시적이고 국제적이라는 정체성을 획득하게 되었다. 적어도 남부와 서부 연안 지역 사람들에게는 그러했다.[99]

　경기침체 흐름 속에서 이루어진 구조적 변혁을 통해, 핀란드는 정보통신기술 부문을 선도하는 나라들 가운데 하나라는 새로운 지위와 정체성을 순식간에 확보했다. 첨단기술 산업이 수출에서 차지하는 비중은 1990년 8.8%에서 2002년 22.1%로 급등했다.[100] 스웨덴에서도 마찬가지였는데(1990년 16%에서 2002년 21.9%로 증가), 노키아와 에릭슨 같은 기업들은 20세기 말까지 볼보(Volvo)와 사브(Saab) 같은 전통적인 부문의 기

＊ 1997년 보수 언론인 자렘바가 1934년부터 1976년 사이에 지적장애인 등을 대상으로 약 6만 건의 불임수술이 실시되었다고 보도해 파문을 일으킨 사건으로, '인민의 집' 구상이 가진 배타성을 비판하는 근거로 활용되었다.

업 브랜드에 필적할 만한 국제적 위상을 획득했다.[101]

노르딕 정보통신기술의 눈부신 성장의 뿌리는 부분적으로 노르딕 통신시장에서 초기에 규제완화가 이루어지고 모바일 표준을 채택한 1980년대로 거슬러 올라간다.[102] 어쨌든 통신 부문은 역사적으로 토대가 잘 확립되어 있었는데, 특히나 스웨덴은 19세기 후반부터 유럽에서 1인당 전화 사용량이 가장 많은 나라 가운데 하나였다.[103] 20세기 초에 에릭손은 전화기 제조업체였고, 노키아 역시 기초가 튼튼한 기업이긴 했지만 산림제품, 고무제품, 케이블을 주로 생산하고 있었다. 게다가 다리우스 오른스톤(Darius Ornston)이 제안한 대로, 전통적인 경제 지식에 따르면 정보통신기술은 자유주의적이고 탈규제화된 앵글로색슨 경제에서 번창하는 것으로 여겨졌기 때문에, 이에 따른다면 핀란드 조합주의 조직은 (정보통신기술로의) 급진적 전환을 금지'해야만' 했다. 그럼에도 핀란드 경제구조에는 새로운 부문의 발전에 실제로 유리한 요소들이 많았다. 한편으로, 노동운동 중앙조직 덕분에 정부는 1995년과 1997년에 노동자의 98%를 포괄하는 국민소득 협약을 맺을 수 있었고, 그 결과 비용 경쟁력을 향상시킬 수 있었다. 다른 한편으로, 경영자들은 구조조정을 가속화하고 연구·개발을 촉진하기 위해 정부와 협력했다.[104]

21세기에 접어들 무렵, 핀란드와 스웨덴은 경제협력개발기구 회원국 가운데 국내총생산에서 차지하는 연구·개발 지출이 비중이 가장 높았고, 전체 노동자 가운데 연구자 비중이 가장 높았다.[105] 따라서 핀란드가 첨단기술 경제로 부상한 것은 우연한 일이 아니다. 하지만 이것은 집합적으로 조직된 경제 주체들 사이의 "근본적으로 정치적인 협상, 즉 물려받은 전통에 의해 뼈대가 형성되고 노동과 자본의 구체화된 협상을 바탕으로 얻은 것이었다."[106] 핀란드의 자기 인식은 근본적으로 바뀌었다. 노르딕 모델의 주변부로서 상대적으로 뒤처지고 주로 원자재 수출에 의존했던 국가 이미지 대신, 몇몇 국내외 연구자들 입에서 독특한 '핀란드 모델'이라는 말이 나오기 시작했다.[107]

노르딕 경제의 신화

빈곤에서 풍요로 전환한 노르딕이라는 신화는 변함없이 지속되고 있다. 이런 현상은 2005년과 2006년 출판된 두 권의 책 속에 다시 등장했다.[108] 어떤 방식으로든 노르딕 모델이라는 개념은 신화에 의존하고 있다. 그렇게도 춥고 인구밀도가 낮은 북쪽의 작은 나라들이 어떻게 그러한 번영을 이루었는지 설명하기가 쉽지 않기 때문이다. 실제로 경제사학자들은 노르딕 국가들이 20세기 이전에 낙후되거나 고립되어 있었던 것은 아니라고 주장함으로써 신화적 설명을 수정했다. 오히려 이들 국가들은 근대 초기부터 교역 국가로서 유럽과 북대서양 경제에 통합되어 왔다. 그럼에도, 노르딕 경제가 독특하다는 신화는 여전히 강력한 수사가 되고 있다. 좌파들에게 노르딕 경제는 자본주의 체제에서 경제적 번영은 실제로 높은 수준의 복지 지출이나 경제적 평등과 양립할 수 있다는 근거로 작용해 왔다. 한편, 우파들에게는 1990년대 초 스웨덴과 핀란드에 닥친 심각한 경제위기가 지나친 정부의 개입이 잘못된 것임을 보여 주는 근거가 되었다.

이 장에서 검토한 것처럼, 1945년 이후 노르딕 국가들의 경제 발전에는 구조와 정책이라는 측면에서 몇 가지 중요한 공통점이 실제로 존재했지만, 중요한 차이점 역시 존재한다는 사실도 짚고 넘어가야 할 것이다.

스웨덴은 전후 대부분의 기간에 의심할 여지 없이 가장 강력한 노르딕 경제의 특성을 유지했고 산업이 가장 발전한 나라였다. 다른 노르딕 국가들에서는 농업(어업을 포함해서) 이익이 비교적 더 컸다. 특히 핀란드에서 농업 이익의 중요성이 더 컸는데, 이는 이미 농업 수출산업이 발전해 있었던 덴마크와 매우 달랐다. 사회적으로 볼 때 특히 노르웨이, 아이슬란드, 핀란드는 다른 유럽 국가들보다 비교적 늦게까지 많은 사람들이 농어촌에 개인적 연고를 갖고 있었다. 물론 1970년대 중반 이후 농어촌은 여가를 위해 별장을 소유하는 곳으로 바뀌었다. 산업 구조 전환이 비교적 더디었던 점을 감안할 때, 핀란드가 노르딕 경제 발전과 경제정책으로 강하게 수렴되는 현상은 1970년대 이후에야 비로소 확인할 수 있다. 동시에 북해 석유 개발처럼 기존 패턴으로부터의 이탈을 촉진하는 다른 흐름들도 존재했다.

광범위한 수준에서, 그리고 '지구화' 현상으로 인해 국민국가의 자율적인 경제정책 실행 가능성이 도전받고 있는 상황에서, 하나의 노르딕 모델이 아닌 여러 가지 모델을 거론하는 경향이 더 커졌다. '유연안정성' (flexicurity)* 개념에 근거한 '덴마크 모델', 정보통신기술 분야에 대한 연구와 투자를 강조하는 '핀란드 모델'이 그런 예다. 예란 페르손(Göran Persson, 1996년부터 2006년까지 스웨덴 총리를 지냄 — 옮긴이)의 유명한 땅벌 비유는** 과도한 규제에도 불구하고 경제적으로 효과적인 스웨덴 모델의 역설을 나타내는 말이다. 하지만 이런 모델 개념은 몇 가지 문제를

---

* 고용관계에서의 높은 유연성, 완비된 사회보장체계, 적극적 노동시장을 통한 노동시장 활성화라는 세 축에 기반을 둔 개념. 'flexibility'와 'security'의 합성어.
** "땅벌을 생각해 보라. 아주 큰 몸집에 작은 날개로 날지 못할 것 같지만, 난다!"고 한 유명한 표현.

감추고 있는데, 특히 스웨덴과 핀란드의 장기 실업률이 지속적으로 높게 유지되고 있다는 점이다. 물론 어떤 이들은 이런 현상을 일반적인 '유럽병'의 일종으로 간주하고 싶어 할 것이다.[109]

2007년에 들어와 노르딕 경제의 독특한 특징 세 가지가 눈에 두드러진다. 첫째, 전 지역에 걸쳐 정보통신 기술뿐만 아니라 제약 산업을 비롯한 첨단기술 분야가 강하다. 둘째, 조합주의의 약화에도 불구하고, 스칸디나비아 경제에서 경제적 이해 당사자들은 여전히 높은 수준으로 조직화되어 있다. 셋째, 적어도 현재로서는 공공 부문이 여전히 큰 비중을 차지하고 있고, 그 유명한 노르딕 복지체계를 유지하기 위해 국민소득 가운데 많은 자원이 꾸준히 투입되고 있다.

© Stig Hammarstedt

노르딕 복지 모델

앞 장에서 살펴본 바와 같이 사회민주주의 좌파의 정치적 영향이 컸지만, 전후 노르딕 경제정책은 자본주의 기업에 여전히 관대한 편이었다. 노르딕 정부들은 국유화를 통해 경제를 철저히 통제하려는 노력을 거의 하지 않았다. 오히려 주된 관심은 자본주의 번영의 열매를 분배하고 국가복지 시스템을 발전시키는 일이었다. 이들의 국가복지 시스템 계획은 서유럽에서 가장 포괄적이고 진보적이고 야심 찬 것이었다. 복지국가는 1945년 이후 북유럽 국가에 관해 어떤 논의를 하든 늘 중심에 있는 주제이다. 이른바 노르딕 복지모델은 지금도 여전히 노르딕 국가들에 관한 가장 확고한 본보기 가운데 하나로서 수많은 학자들과 정책 입안자들의 관심을 끌고 있다.

노르딕 복지모델에 관한 학문적 논의는 여러 이유로 유급노동을 통해 생활을 영위할 수 없는 시민들을 대상으로 하는 사회보장 제도에 집중되었다. 노르딕 사회보장 체계는 보편주의라는 특성을 공유하고 있음은 물론, 일반적으로 다른 복지국가들보다 더욱 많은 영역을 포괄하고 있다고 평가받는다. 이런 사실은 노르딕 국가들이 사회관계를 재편성하고 평등 수준을 끌어올리는 일에 다른 여러 나라들보다 훨씬 더 진보적이었음을 말해 준다. 이 장에서는 노르딕 사회보장 시스템의 특징과 그 발전의 역사적 기원에 관해 상세히 살펴보기로 한다.

노르딕 복지국가라는 개념이 그저 사회보장 체계를 의미하는 것은 아니다. 사실상 전후에 모든 서유럽 나라들한테 복지국가는 자본주의 경제를 운영하는 통합적인 일부로 비쳤다. 즉 복지는 경제 효율성을 촉진하고 사회관계를 재배열하고 사회적 재생산을 보장하는 힘으로 여겨졌다. 노르딕 정부가 도드라져 보이는 지점은 복지국가를 향한 야심 찬 전망과 좋은 사회를 만들어 내는 스스로의 능력에 대한 확고한 신념이다. 다른 어떤 민주주의 사회도 노르딕 국가들처럼 인간 생활의 모든 영역에서 국가 개입이 폭넓게 이루어지지는 않았다.

역사학자인 헨리크 스테니우스(Henrik Stenius)의 말에 따르면 "모든 문이 개방되었다. 거실로, 부엌으로, 창고로, 아이 방으로, 심지어 침실까지도……. 단지 문만 열린 것이 아니다. 사회는 개입을 향해 전진했고 때로는 막무가내였다."[1] 놀랍게도, 노르딕 국가의 시민들은 국가의 이런 개입을 대체로 수용할 만한 것으로 여겼다. 물론 논쟁을 불러일으킨 개입 행위도 있었다. 논쟁거리였던 출산에 관한 권리나 우생학적 불임시술과 같은 쟁점들은 뒤에서 다시 살펴보자. 무엇보다도 1970년대 이후 신자유주의가 발흥했지만 복지국가에 대한 정치적 지지는 여전히 강했다. 이 모든 것을 종합해 볼 때, 다른 어느 때보다 오늘날 복지국가 개념이 사실상 노르딕 국가들의 정체성을 이루는 필수 요소가 되고 있다고 할 수 있다.

복지국가의 유형

대부분 현대자본주의 사회가 여러 가지 국가복지 형태를 발전시켰지만 국가복지가 조직되는 방식에는 나라마다 큰 차이가 있다. 서로 다른 복지국가의 주요 특징을 비교함으로써 사회과학자들은 복지국가를 유형별로 묶어 복지제도 유형론을 전개하고자 했다. 가장 기본적인 것은 '잔여적' 복지국가와 '제도적' 복지국가의 구분이다. 전자는 가장 빈곤한 시민에게만 기본적인 안전망을 제공하는 것이며, 후자는 더욱 큰 사회적 야망을 가지고 포괄적인 급여를 제공하는 것이다.[2]

가장 영향력 있는 유형론 가운데 하나는《복지 자본주의의 세 가지 세계》(1990)라는 저서에서 요스타 에스핑 안데르센이 제시한 세 가지 구분법이다. 에스핑 안데르센에 따르면, 복지국가는 복지급여를 제공하는 메커니즘이기도 하지만 한편으로 사회적 계층화 시스템으로서 사회적 이해관계를 배열하는 능동적 힘으로 인식되어야만 한다. 예를 들면, 19세기 말까지 유럽 대부분의 국가에서 구빈제도는 '구제받을 가치가 있는' 빈민과 '구제받을 가치가 없는' 빈민이라는 개념에 따라 대상을 구분하여 복지급여를 제공함으로써 기존의 사회적 위계를 강화했다. 사회보험 복지 모델은 독일 비스마르크에 의해 발전되었는데, 특별한 지위를 가진 특정 사회집단, 특히 공무원에게 유리하도록 설계되었다. 그의 유형론에서 복지국가를 구분하는 주요 기준은 복지제도가 사회적 이해관계를 '탈상품화'시키는 정도, 달리 말하면 다양한 시민 집단이 시장에 대한 의존에서 해방되는 정도이다.[3]

《복지 자본주의의 세 가지 세계》는 복지국가를 다음과 같이 구분하고 있다. 첫째 유형은 미국, 캐나다, 오스트레일리아에서 나타나는 자유주의 복지국가이다. 이들 국가에서는 자산 조사를 통해 가장 빈곤한 시민에게만 기본적 안전망을 제공하며 최소한의 재분배를 목표로 한다. 급여 자격이라는 엄격한 규칙에 따라 수급자들이 낙인을 받는 셈이다. 따라서 복지 욕구 대부분을 시장에 의해 해결하는 주류 시민 대부분과 그렇게 할 수 없는 빈곤한 소수자 시민 사이의 기본적인 구분이 존재한다. 둘째 유형은 복지 수급권이 노동시장 내 개인의 지위와 결부되어 있는 조합주의 또는 보수주의 복지제도로서, 가톨릭교회의 영향을 받은 중부 유럽에서 전형적으로 나타난다. 이런 유형에서 복지국가는 가족 관계의 전통적 패턴을 강화하도록 설계되었다. 셋째는 스칸디나비아 국가들과 같은 사회민주주의 복지국가로서 보편적 급여 제공을 통해 사회적 평등 수준을 끌어올리고자 한다. 이런 체제에서는 사회권이 탈상품화되어 있고 중간층 시민들까지 복지국가로부터 급여를 받으므로, 시민들은 선거에서 복지를 기꺼이 지지한다.

에스핑 안데르센의 유형론은 1990년대 이후로 복지국가 비교 연구에 꼭 참고해야 할 표준이 되었다. 그 뒤 세 개의 복지국가 유형 모델을 수정하고자 하는 시도가 있었다. 에블린 후버(Evelyne Huber)와 존 스티븐스(John D. Stephens)는 복지국가를 '네 가지 세계'로 구분한 모델을 제안했다. 이들은 오스트레일리아와 뉴질랜드를 임금노동자 복지국가로 따로 구분해 냈다. 한편 스웨덴에서는 발테르 코르피(Walter Korpi)와 요아킴 팔메(Joakim Palme)가 수급 자격 부여방식(보편적/선별적)과 급여 수준 결정방식(정액급여/소득비례)의 차이에 근거하여 다섯 가지 유형론을 제시했다.[4] 이렇듯 대부분 복지국가 유형론에서 노르딕 국가들은 어떤 특징을 공유하며 하나의 그룹으로 묶여 있다. 말하자면 노르딕 복지 모델이 존재한다는 것에 대부분 동의하고 있다고 할 수 있다.[5]

노르딕 복지 모델의 뚜렷한 특징은 이렇게 요약할 수 있다. 첫째, 스칸디나비아 복지제도는 곧 복지국가를 의미한다.[6] 복지급여를 대부분 공공 부문에서 제공하기 때문에 자선단체나 자원봉사 조직, 가족 등 사적 부문에서 떠맡을 여지는 별로 없다. 둘째, 복지급여 제공은 포괄적이고 보편적이다. 이런 특징 때문에 스칸디나비아 복지국가에서는 강력한 재분배가 이루어졌고, 상대적으로 높은 수준의 사회 평등을 이루어 냈다. 이러한 맥락에서 보편주의라는 것은 노령연금, 의료보장, 보육, 교육, 아동수당, 건강보험 같은 사회보장 프로그램이 빈곤층에게 국한되는 것이 아니라 소득에 관계없이 모든 인구를 포괄한다는 것을 의미한다.[7] 셋째, 스칸디나비아 복지국가는 고용과 연계된 기여보다는 주로 일반 조세를 통해 재정을 조달한다. 1980년 덴마크, 노르웨이, 스웨덴에서 조세 비중은 국내총생산의 50%에 이르렀다. 조세 부담률이 이에 버금가는 나라는 네덜란드밖에 없다.[8] 넷째, 스칸디나비아 복지국가는 복지를 미국, 캐나다, 오스트레일리아처럼 '잔여적 복지국가'의 가난한 시민만을 대상으로 한 안전망에 국한된 것으로 취급한 적이 없다. 스칸디나비아 복지국가는 전체 경제정책의 한 영역 즉, 높은 경제성장률과 낮은 실업률, 그리고 높은 생활수준과 밀접하게 연계된 것으로 여겨졌다.[9] 완전고용은 무엇보다도 노동력 동원을 위한 교육 훈련 같은 적극적 노동시장 정책을 통해 확보될 수 있었다. 다섯째, 스칸디나비아 복지정책은 맞벌이로 생계를 해결하는 가족 모델의 발전을 촉진시켰다. 이 모델에서 여성의 수급권은 남성 가장의 아내나 어머니라기보다 독립적 시민이라는 지위에 기초해 있다.[10]

복지 자본주의의 '세 가지 세계'는 그저 이념형(ideal type)으로 인식돼야 한다는 점도 짚고 넘어가야 한다. 어떤 복지국가도 세 가지 모델 가운데 어느 하나에 정확히 들어맞는 경우는 없다.[11] 실제로 몇몇 학자들은 복지국가의 유형론을 만들어 낸다는 생각 자체에 의문을 제기했다. 유형화는 서로 다른 복지국가군 내부의 중요한 차이들을 흐릿하게 만들 수 있다는 것이다.[12] 노르딕 복지국가의 전형적인 특징이라 여겨지는 것들에 대해서는 좀 더 구체적인 설명이 필요하다. 에스핑 안데르센의 스칸디나비아 사회민주주의 복지제도에 대한 인식은 다른 노르딕 국가들보다는 스웨덴에 좀 더 잘 들어맞는 것 같다. 더욱이 이런 분류는 1980년대라는 특정한 역사적 국면에 대한 단면적 이해에 바탕을 두고 있기 때문에, 장기 역사적 관점에서 바라보는 것보다 훨씬 못하다. 노르딕 복지 모델에 이르는 길은 길고도 다양했으며, 몇몇 국가에서는 '트레이드마크'라고 할 만한 특징들이 훨씬 나중에야 나타났다.[13] 1990년대에 들어와 복지국가가 압박을 받게 되자, 학자들은 그 역사적 발전 과정에 더욱 관심을 갖기 시작했다. 이런 관심 때문에 이들은 노르딕 국가들 간 복지정책의 유사성과 차이에 대해 더 구체적이고 느낌을 살린 설명을 할 수 있었다.[14]

복지국가의 역사

'사회민주주의 복지국가'는 두 가지 방식으로 이해할 수 있다. 첫째, 사회 평등과 연대를 강조하는 사회민주주의 이데올로기를 구현하는 복지 체계로서, 사회민주주의 복지국가는 사회적 이해관계의 탈상품화, 보편주의, 재분배를 강조한다. 둘째, 20세기 후반 스칸디나비아 정치를 지배한 사회민주주의 정당의 이데올로기를 현실화한 복지국가를 의미한다. 따라서 노르딕 복지국가는 조직된 노동계급의 크나큰 정치적 성과로 인정되어야 한다. 하지만 노동계급만의 활동으로 이루어 낸 성과는 아니었다. 오히려 복지국가는 스칸디나비아 노동운동이 다른 사회계급, 특히 농민들과 계급적 연대를 형성하는 능력을 입증한 것이다.[15] 복지국가는 1930년대의 '적록동맹' 협상에 뒤따라 구상되었다. 적록동맹은 사회민주주의자들이 다수당 정부를 만들어 포괄적인 사회개혁 입법을 할 수 있도록 했다.[16]

노르딕 복지 모델의 뿌리를 설명할 때 중요한 문제는 그것이 시간순으로 배열되지 않는다는 점이다. 피터 볼드윈(Peter Baldwin)이 지적한 대로, 19세기 말과 20세기 초에 노르딕 국가들에서 합의를 통해 이루어진 중요한 복지 개혁들이 무시되는 경향이 있다. 이때는 아직 주요 정치 세력으로 사회민주주의가 출현하기 전이다. 덴마크에서 보편주의 원칙에 따른 조세 재정 방식의 연금제를 확립시킨 1891년 연금법은 우파와 농민자유당(the Agrarian Liberal Party)이 헌법 개정에 관한 논쟁을 벌인 끝에 이룬 정치적 타협의 결과였다.[17] 이런 과정은 스웨덴에도 그대로 적용된다. 스웨덴의 1913년 연금법은 부르주아 정당과 정치인들이 입법한 것이었다. 노르웨이와 덴마크에서 실업보험은 우파 자유당 정부가(덴마크에서는 사회민주당과 연합함) 도입한 것이다. 노르웨이에서는 주요한 민주주의 개혁 이후인 1884년에, 덴마크에서는 1901년에 도입되었다. 자발적이고 공적인 기금으로 운영되는 보험제도에 대한 주요 지지자들은 사회주의자가 아니었다. 사실상 노르웨이 노동조합들은 새로운 기금에 대해 무관심하거나 심지어 적대적이기까지 했다.[18] 따라서 복지국가의 시작은 1930년대의 정치적 합의뿐만 아니라, 19세기 후반 농민과 20세기 자유주의적 중간층의 출현과도 관련된다.[19]

이는 다시 노르딕 복지국가에 영향을 준 이데올로기들이 사회민주주의 지향 말고도 훨씬 더 다양하다는 것을 의미한다. 비스마르크의 사회보험 개혁은 노르딕 국가들에서 보수주의자들을 넘어 광범위한 관심을 불러일으켰다.[20] 예컨대 노르웨이 정부가 1885년에 만든 노동위원회는 가능성 있는 개혁 모델로서 독일과 영국 두 나라의 사례를 연구했다. 자유주의자, 보수주의자, 사회민주주의자 할 것 없이 모두 아돌프 바그너(Adolph Wagner: 1835~1917) 같은 독일 사회개혁가의 사상을 널리 읽고 토론했다. 이런 현상은 19세기 말 스웨덴에서도 마찬가지였다.[21] 그러나 20세기로 접어들 무렵에 통과된 사회보험법은 독일의 제도를 그대로 닮은 것만은 아니었다. 예를 들면 1891년의 덴마크 연금개혁은 명백히 비스마르크 모델을 거부한 것으로서, 보험료를 분담하는 것이 아니라 국세와 지방세로 재정을 조달하는 조세에 바탕을 둔 제도였다.[22] 이를 가능하게 만든 것은 특히 덴마크 국가의 전통(스칸디나비아 전통이라고도 할 수 있는)인데, 이것은 이 영역에서 국가 개입에 대한 폭넓은 기대를 불러일으켰다. 이는 다시 국가와 개혁적인 루터교회가 유달리 밀접한 관계를 가진 스칸디나비아의 특수성과, 개혁 이후 지방이나 교구 단위에서 교회가 전통적으로 복지를 책임진다는 확고부동한 관념에서 비롯한 것이다.[23] 이런 까닭에 노르웨이처럼 덴마크의 개혁가들도 중앙 관료제보다는 지방 단위의 집행을 선호했다.[24]

또한 루터주의는 초기 복지 입법 과정에서 도덕적 지침들의 방향을 설정하는 데에도 영향력이 있었다. 자조(自助, oberoende) 원칙에 대한 강력한 지지는 강한 국가를 받아들이고자 하는 의지와 동등한 위상을 가졌다. 스칸디나비아의 모든 초기 사회보험 체계는 개인적 독립과 일을 통한 자조가 사회정책의 바람직한 목표라는 기대에 의거해 설계되었다. 불변의 수급 조건은 일을 하고자 하는 의지였다.[25] 사회 개혁은 노동계급을 통합하고 사회 불안정을 방지하는 데 도움이 되었다. 그러나 사회 개혁은 주로 개인의 자립 수단 창출을 통해 달성될 수 있는 것으로 여겨졌다. 스웨덴에서 이런 사고방식은 1890년대와 그 이후의 '자기 집 갖기 운동'(egnahem)*으로도 표현되었다. 교외에 소규모 자작 농지를 소유하도록 촉진한 것은 처음에 보수주의자들의 제안에서 비롯되었는데, 이는 사회주의와 이민이라는 위협에 대응하기 위한 방편이었다. 그러나 급진적인 자유주의자 그룹도 이런 생각을 받아들여 농촌 사람들을 사회경제적 종속에서 벗어나게 하고 자립을 진작시키고자 했다.[26]

20세기 초 스칸디나비아 사회복지 개혁은 대체로 범위가 제한적이었고, 다른 대부분 유럽 국가들처럼 몇몇 엄격한 조건에 따라 기본적인 공공 부조를 제공하는 데 머물러 있었다. 그러나 중요한 것은 이 시점부터 사회민주주의자들의 정치적 영향력 아래에서 입법을 통해 후속적인 복지국가 확대를 위한 기본 원칙과 틀이 확립되었다는 점이다. 이러한 '경로 의존'(path dependency)을 보이는 가장 전형적인 예는 덴마크에서 발견된다. 덴마크에서 자산 조사를 수반하는 조세 방식 연금은 1891년에 도입된 뒤 1980년대까지 개혁 없이 지속되었다.[27] 스웨덴 연금제도는 이후 더 많은 개혁을 겪었는데, 학자들은 1913년 법이 연금에 보편주의 원칙을 도입하게 된 중요한 계기였다고 생각했다. 다만 이 경우에 보편주의는 실질적 중요성을 갖기보다는 상징적인 의미를 가졌다. 급여 수준은 매우 낮았는데, 전체 연금 체계에 자산조사를 수반하는 보충급여 방식의 연금이 포함되어 있었기 때문이다.[28] 노르웨이에서는 1909년 질병

---

* 1930년대에 사회민주당 주도로 일부 국가재정과 일부 지방재정을 통해 주택위원회 주도로 욕실을 갖추는 등 표준적인 기준에 걸맞은 주택을 대량으로 건설한 것을 말한다.

보험 도입이 중요한 기점이었던 것으로 보인다. 그러나 질병보험은 의무 가입 형태이긴 했지만, 1894년에 제정된 산재보험처럼 특정 집단에만 적용되었기 때문에 엄격한 의미에서 보편적이라고 할 수는 없었다.[29]

노르딕 복지제도 입법의 두 번째 물결은 1930년대 사회민주주의자들이 의회에서 다수당이 되면서 시작되었다. 유럽의 다른 지역들과 마찬가지로 이러한 개혁은 제1·2차 세계대전 사이 경제 위기로 인한 사회적 궁핍을 해결하기 위해 이루어진 것이었다. 이러한 변화의 추동력이 사회민주당이었다는 점은 두말할 필요가 없다. 하지만 사회민주당이 가진 영향력의 한계와 복지 개혁이 가진 점진적이고 논쟁적인 성격도 인정해야 한다.

이 문제는 노르딕 또는 사회민주주의 복지국가의 주춧돌 가운데 하나라고 할 수 있는 '보편주의' 문제를 자세히 살펴보면 가장 잘 드러난다. 지도적 원칙으로 보편주의를 채택한 것은 복지국가에 대해 사회민주주의의 영향력이 작동하기 이전에 이루어진 일이다. 일례로 1913년 스웨덴에 연금제도가 도입되었지만, 우리가 살펴본 바와 같이 그 적용은 매우 제한적이었다.[30] 제1·2차 세계대전 사이에 확대된 모든 연금제도는 부유한 시민들을 배제하고자 자산 조사를 수반했고, 그럼으로써 희소한 자원을 가장 시급한 대상에게 돌리려고 했다.[31] 노르딕 국가 가운데에서는 노르웨이가 1937년 시민권에 기초한 연금제도에 가장 근접한 방식을 채택했다. 이 제도는 노인에게 과거의 임금노동이나 사회보험 기여 분담 여부와 상관없이 표준적인 최저 소득을 보장했다. 하지만 여기에서조차 두 집단은 배제되었다. 해외 이주자와 알코올 문제, 구걸, 방랑 등으로 유죄 선고를 받았던 사람[32]들이 그들이다. '일을 통한 자립'이 사회보장 급여 체계의 주요 기반이 되어야 한다는 원칙은, 사회보장 체계가 '존중

받을 만한 노동자'(skötsamma arbetare)들에게 우선적으로 혜택을 주도록 설계됐다는 것을 의미했다.[33]

　이렇듯 1950년 이전의 노르딕 사회보장 체계는 시민권에 기초한 보편주의보다는 임금노동자라는 지위와 더 밀접한 관련이 있는 것으로 볼 수 있다. 더욱이 노르웨이는 노르딕 국가들 가운데에서도 예외적으로 1938년에 강제 가입 방식의 실업보험을 채택했다. 다른 국가에서는 보험기금이 노동조합을 통해 운영되고 국가가 지원을 하는 이른바 '겐트 모델'(Ghent Model)*이 선호되었다.[34] 이런 방식은 실업보험기금 운용의 주체인 노동조합 운동이 실업보험 급여 수급권을 가질 만한 부지런한 '진짜' 실업자와 무자격자들을 구분해 낼 책임을 갖게 되었음을 의미한다. 이 책임은 노동조합에 조합원들을 통제할 만한 강력한 수단을 제공했고 이후 노동조합은 이 권한을 지키기 위해 열심히 싸웠다.[35] 하지만 이는 또한 실업보험이 대상을 포괄하는 데 전혀 보편적이지 않았음을 의미한다. 1960년대 말에 와서도 스웨덴에서 전체 노동력의 절반인 140만 명의 임금노동자가 실업보험 제도에 포함되지 않았다.[36] 또한 임금노동자 모델은 소기업주, 가사노동자, 계절노동자, 소농, 어민, 가족 종사자처럼 임금노동자로 분류되기 어려운 많은 노동자 집단을 실업 급여에서 배제했다. 심지어 이들은 가입 요건을 갖추었는지를 점검하기도 어려울 만큼 노동 조건이 열악했다. 이런 범주에 속한 사람들은 일련의 세부 개혁에 따라 점차 제도에 포괄되었으나 일부는 여전히 배제된 채로 남았다. 이

---

* 노동조합 가입 여부와 실업보험 가입 자격을 연계시키는 모델로서 노동조합이 직접 실업보험제도를 운영하고 기금을 관리하는 역할을 하게 된다. 노동조합 가입이 실업보험 가입의 선행조건이기 때문에 겐트 방식은 노동조합 가입률을 높이는 효과를 가지는 것으로 알려져 있다.

들은 청년층, 여성, 숙련도가 낮은 노동자, 이민자 등과 같이 특히 취약한 집단들이었다.[37]

노동조합이 보험기금을 운영하고 임금노동자와 사회민주주의 노동운동을 구별하지 않는 상황은 제2차 세계대전 이후 복지국가의 확대 국면에서 임금노동자 중심 원칙이 지속되었음을 의미한다. 이런 까닭에 노르딕 복지국가를 보편주의와 임금노동자 중심 시스템의 혼합 형태로서, 수급권이 시민권에 따라 부여되기보다는 임금노동자라는 개인의 지위와 여전히 연계된 것으로 보는 것이 더 적절하다. 달리 말하면, 만약 보편주의라는 것을 사회보장 급여에 대한 권리가 그 나라 시민권으로부터 나오는 것으로 정의한다면, 노르딕 복지국가는 부분적으로만 보편적이었다고 말할 수 있다.[38]

이런 현상은 그다지 놀라운 일이 아니다. 복지국가 대부분이 어떤 복지 모델의 이상적 형태에 정확히 맞아떨어지기보다는 혼합된 특성을 갖고 있기 때문이다. 대신에 핵심은 다른 지역의 복지 시스템에서는 찾아볼 수 없을 만큼 노르딕 복지국가가 보편주의적인 요소를 중요시했다는 점이다. 전후 시기 노르딕 사회보험의 대부분 영역에서 공통적으로 나타난 패턴은 다음과 같다. 즉, 기본적인 최소 수준을 보장하는 보편적 보장 제도를 채택하되, 이를 임금노동자의 분담과 대체로 연계된 소득비례 급여로 보완하게 한 것이다.[39] 물론 복지국가는 사회보험 제도를 뛰어넘어 모든 노르딕 국가에서 보건 의료, 교육과 같은 현물 서비스 제공이 보편주의 원칙에 준하여 이루어지고 있다는 점을 지적해 둔다.

더욱 문제가 되는 것은 보편주의가 복지 개혁, 최소한 사회보험과 관련한 사회민주주의 복지 개혁 프로그램을 지도하는 원칙이라는 전제이다.[40] 스웨덴의 역사학자 클라스 오마르크(Klas Åmark)는 스웨덴과 노르웨이에서 사회보험의 발달을 자세히 비교 연구한 뒤, 전후 시기 사회민주주의자들 사이의 보편주의에 대한 찬반을 두고 뚜렷한 이념적 태도를 구분하기는 어렵다고 설명했다.[41] 그에 따르면 오히려 스웨덴 노동운동은 분열되어 있었다. 사회부 장관 구스타브 묄레르(Gustav Möller)는 정액 급여라는 보편주의를 지지했고, 노동조합은 소득비례 급여를 선호했다. 노동조합이 운영하는 실업보험기금은 임금노동자 중심 원칙을 지켜내는 강력한 지지대가 될 수 있었으며, 1966년 강제가입 방식의 실업보험 도입 운동이 실패하도록 하는 데 기여했다.[42] 이러한 유형의 제도는 노르웨이에서 그다지 힘을 갖지 못해 1938년에 강제가입 방식의 실업보험이 도입되었다. 그러나 여기에서도 보편주의는 노동운동의 주된 목표가 결코 아니었다. 노동조합은 모든 시민들을 대상으로 하는 사회권에 기초한 복지 체계보다는 임금노동자를 위한 사회보험을 만드는 것을 지향했다.[43] 복지급여 수급자를 소득에 따른 범주로 구분하는 복잡한 소득연계 급여 체계는 노동운동이 노동시장에서 임금 격차를 유지하고 정당화하는 수단이자, 내부 성원들을 통제하는 수단이었다.[44] 스칸디나비아 복지국가는 1945년 이후에 발전한 것처럼, 일관된 전략의 결과라기보다는 협상과 타협의 복잡한 과정에서 점진적으로 발전했다. 따라서 정당, 전문가, 이익집단, 조사위원회, 행정부의 능력뿐 아니라 제도적 유산의 서로 다른 영향력들이 모두 고려되어야 한다. 오마르크의 말을 빌리면, 사회정책 개혁은 "가능성에 대한 끊임없는 탐색인 동시에 가능성의 예술"이라고 할 수 있다.[45]

강력한 사회민주주의 노동운동에서 탄생한 보편적 복지국가라는 명제는 핀란드와 아이슬란드 사례 때문에 논란의 여지가 있다. 두 나라에서 사회민주주의는 다른 나라들과 같은 정치적 지배력을 갖지 못했다. 핀란

드의 정치에는 전후 광범위한 정치적 동맹과 강력한 공산당이 존재했다
는 특징이 있다. 반면에 아이슬란드 정치에서는 중도 우파인 독립당이 지
배력을 가졌다. 독립당은 아이슬란드 복지정책에서 개인주의적이고 시장
친화적인 이념의 흔적을 뚜렷이 남겼다.[46] 국내총생산 대비 공공지출 비
중은 다른 노르딕 국가들보다 여전히 낮았고, 게다가 사회적 지출은 불황
때문에 늘 취약했다. 제2차 세계대전 이후까지 아이슬란드에서는 정부가
복지 제공자로서 주역을 담당하지 못했다. 더욱이 1940년대 급속한 복지
확대에도 불구하고, 아이슬란드 복지국가는 다른 노르딕 국가들처럼 관
대하지 않았으며, 노르딕의 집산주의보다는 미국식의 자조와 개인주의의
영향을 더 많이 받았다.[47] 한편 핀란드에서는 1960년대까지 산재보상보
험이 국가가 운영하는 유일한 사회보험이었다. 제2차 세계대전 이후 약
20년 동안 사회정책은 경제적인 목표에 종속되어 있었다. 농업 부문의 압
도적 위상으로 인해 다른 스칸디나비아 국가에서는 유례가 없을 정도로
농업 보조금이 소득 재분배에서 주요한 역할을 담당했다.[48]

　이런 이유에서 핀란드와 아이슬란드 복지국가는 덴마크, 노르웨이, 스
웨덴보다 뒤떨어진 것으로 여겨졌다. 그리고 이러한 지체는 상대적으로
가난한 농업사회에서 현대화된 산업사회로 발전이 늦어진 것과 관련된
것으로 묘사되었다. 핀란드에서 복지국가 발전이 지체되는 양상은 1960
년대부터 급변했다. 야심 찬 사회보장 입법 프로그램은 사회적 지출을
1960년 기준으로 국내총생산 대비 7%에서 1980년대 중반에 22~23%
까지 끌어올렸다. 이때부터 핀란드 복지 체계에는 다른 노르딕 국가들에
서 발견되는 여러 특성들이 나타나기 시작했다. 이런 이유에서 몇몇 학
자들은, 핀란드와 아이슬란드가 노르딕 모델의 '핵심'에 근접하게 되는
1980년대까지 진정한 노르딕 복지국가를 식별해 내는 것이 사실상 불가

능하다고 보았다.[49]

이와 반대로 파울리 케투넨(Pauli Kettunen)은 핀란드와 아이슬란드 사례가 노르딕 표준에 반대되고 예외적이라고 보는 접근이 환원주의라고 비판했다. 그는 대신 복지 개혁에 관한 정치적 결정이 우연히 이루어졌다고 지적했다. 케투넨은 핀란드의 사회보험법을 사례로 들었다. 사회보험법이 1963년에야 통과된 것은 핀란드의 후진성을 보여 주는 사례로 간주되었다. 하지만 핀란드에서 사회보험에 관한 논쟁은 이미 19세기 후반부터 이루어졌고, 1920년대에는 사회보험법이 의회(Edukskunta)에서 거의 통과될 뻔했으나 공산당의 반대로 마지막 순간에 실패한 경험이 있다. 더욱이 다른 스칸디나비아 국가보다 사회민주주의의 정치적 지배력이 약했음에도 핀란드는 다른 국가들보다 먼저 강력한 노동보호법을 도입했다. 노동보호법은 어느 정도는 노동조합 운동이 요구한 결과였다.[50] 아이슬란드 노동운동은 전후 경제성장기에 강력한 지위를 확보하게 되면서 다른 스칸디나비아 국가들과는 달리 의회에서 영향력을 행사하지는 못하더라도 이 지위를 노동시장에서의 교섭에 복지 개혁을 이끌어내기 위해 활용할 수 있었다.[51]

결론적으로 노르딕 복지 모델 발전에 정해진 경로나 어떤 모습으로 만들어져야 한다는 청사진은 없었다. 개혁 가능성은 때로는 복잡한 사회보험 제도를 도입할 국가 행정력의 한계 때문에, 때로는 19세기 후반이나 그 이전에 만들어진 법 제도의 유산 때문에 제약을 받았다. 더욱이 강력한 정치력을 갖춘 덴마크, 노르웨이, 스웨덴의 사회민주주의 정당들은 분명히 1930년대 이후 복지 개혁을 추동한 힘이었으나, 최선의 개혁 방식에 대해 노동운동이 꼭 단일한 대오를 이루고 있었던 것은 아니다. 다양한 가능성들은 때때로 열띤 논쟁들을 불러일으켰다. 연금 문제는 1950

년대 내내 스웨덴 정치를 지배했지만 소득비례연금을 조직하는 방식에 관한 견해 차이는 전통적인 정당의 구분선을 넘어서는 것이었다. 구스타브 밀레르를 비롯한 급진적 사회민주주의 개혁가들은 우파와 연합하여 강제가입 방식의 보충연금(소득비례연금)에 반대하기도 했다. 결국 연금 개혁안은 의회에서 단 한 표 차이로 통과되었다. 한편 노르웨이에서는 거의 비슷한 연금개혁안이 의회에서 광범위한 지지를 얻어 별다른 논쟁 없이 채택되었다.[52]

성장과 안정의 전제 조건

복지국가 비교 연구들은 특히 사회보험 제도의 세부 내용에 초점을 맞추는 경우가 많다. 사회보험의 역사적 발전에 관한 구체적 분석은 제도 배열의 복잡성과 국가의 (정치적·경제적) 맥락에 따른 차이를 드러냈다. 그러나 만약 노르딕 복지 모델을 넓은 의미의 용어로 받아들이고 정책 담당자들이 개혁 시도를 정당화하는 데 도움을 주는 영향력 있는 담론이라고 이해한다면, 노르딕 지역 전체에 걸쳐 적용될 수 있는 공통된 특성을 판별해 낼 수 있을 것이다.

넓게 보면, 물론 노르딕 복지국가의 역사적 발자취는 복지정책이 경제성장이나 위기의 영향을 받았다는 점에서 다른 유럽 국가들과 크게 다르지 않다.[53] 유럽 복지국가에는 세 차례의 중요한 팽창기가 있었다. 첫째, 19세기 후반에서 20세기 초에 걸쳐 공업화와 도시화의 영향을 억제하고 성장하는 노동계급을 통합하고자 하는 의도에서 부르주아 정부의 기본적인 사회보험 제도 도입이 이루어졌다. 둘째, 제1·2차 세계대전 사이 대공황 국면에서 대량 실업과 빈곤에 대응하기 위해 복지정책이 확대되었다. 복지국가의 주요 발전은 높은 경제성장 시기와 제2차 세계대전 이후의 완전고용 국면에서 이루어졌다. 마지막으로 1970년대 초 석유 위기와 불황 이후 여러 국가의 정부들은 앞다투어 복지 지출을 줄이려고 했다.

어떤 학자들은 노르딕 복지정책의 현저한 특징의 기원은 19세기 후반 복지 입법들의 시초까지 거슬러 올라간다고 주장한다. 보편적인 초등교육 체계가 일찍이 발전했고(덴마크는 1814년 세계 최초로 보편적인 초등교육 체계를 발전시킨 국가였으며 노르웨이는 1824년, 스웨덴은 1842년에 그 뒤를 따랐다) 루터교회의 교구망을 통해 지역 차원의 개입이 유난히 잘 작동했다는 점 등이 그런 사례로 거론되었다.[54] 그러나 노르딕 국가들은 대공황에 비교적 성공적으로 대응한 1930년대 이후에야 비로소 사회정책의 성공 사례로 국제적인 주목을 받게 되었다.

1920년 사회민주주의자 스테인케(K. K. Steincke)의 사회 개혁안인 《미래를 위한 유지보완 서비스》(fremtidens forsørgelsevœsen)*가 출간되면서, 덴마크는 앞서 가는 근대국가의 모범 사례로 인식되었다. 덴마크의 사회민주주의 개혁안은 1933년 의회(Folketing)에 제출되었는데, 이는 당시 유럽의 사회개혁 입법안 가운데 가장 넓은 영역을 아우르는 것이었다.[55] 1919년부터 이루어진 노르딕 국가 사회부 장관들의 정기적 회합과 공무원들 사이의 비공식 네트워크를 통해 정책 아이디어들이 노르딕 지역에서 공유되었다.[56] 이런 교류가 확대됨에 따라 특히 핀란드에서는 노르딕 모델(특히 스웨덴으로부터 도출된)이라는 명제를 신생 독립국

---

* 고용, 실업, 공적 지원, 질병보험, 산재보험 체계에 대한 개혁을 제안한 문건.

의 미래를 향한 청사진으로 여겨졌다. 하지만 클라우스 페테르센(Klaus Petersen)이 말한 것처럼 '노르딕'이라는 용어는 그 지역에서 특히 1945년 이후 국가 개혁을 정당화하는 중요한 담론적 수단이 되었다.[57]

그렇다면 노르딕 복지국가 이면에 존재하는 사고의 공통된 특징은 무엇일까? 무엇보다도 노르딕 복지국가는 그들이 목표로 삼고 있는 수준이란 면에서 특별하다. 19세기 후반의 초기 사회 입법은 개인들의 사회적 위험을 경감시키려는 의도가 있었다. 그러나 이런 소극적인 목표는 제1·2차 세계대전 사이에 더 높은 수준으로 확대되었다. 사회정책을 예방 차원의 것으로 만들고자 했던 것이다. 이것은 국가로 하여금 좋은 사회를 건설할 수 있는 수단을 제공했다.[58] 이렇듯 20세기 초부터 노르딕 사회정책은 국가 경제의 효율성이라는 관점과 밀접하게 연관되었다.

물론 이런 생각은 여러 사회민주주의 사상의 근간을 형성했다. 그러나 어떤 학자들은 이런 생각을 더욱 뿌리 깊은 노르딕 가치와 문화적 전통의 일부로 이해했다. 첫째, 노동운동은 자유 루터교회 및 국가 루터교회와 마찬가지로 좋은 시민을 만드는 데 필요한 지도와 가부장적 온정주의의 역할, 신중함, 교육, 상호 존중 등을 통해서 사회복지에 대한 개인 스스로의 책임을 강조했다.[59] 이런 흐름은 특히 알코올이나 약물 남용 같은 개인적 일탈에 대한 치료 등의 조처를 의무화하는 복지국가의 태도나, 보건의료 부문에서 예방 정책의 당위성을 강조하는 자세 등에서 발견되었다. 모든 노르딕 국가들은 20세기 초 강력한 절주운동의 영향 아래 알코올 소비에 대한 일정한 형태의 국가 통제를 경험했다.[60]

둘째, 많은 학자들은 스칸디나비아 발전 초기의 중앙집권적인 국가와 위로부터의 개혁(대표적으로 18세기의 토지 대개혁)을 촉진하는 국가의 역할에 주목했다. 시민들에게 국가는 우호적인 권력으로 인식되었고, 자신들의 삶에서 대체로 국가의 존재를 관용적으로 받아들였다.[61] 이런 관념은 20세기 초부터 합리적 계획이나 기술의 역량에 대한 강한 신뢰, 사회를 더 나은 방향으로 변화시키고 경제적 효율과 번영을 증진하는 사회공학으로 연결되었다.

사회공학(social engineering)에 열광한 가장 유명한 사례는 1930년대 인구 논쟁에서 발견할 수 있다. 20세기 초 스칸디나비아는 출산율 감소와 '신세계'를 향한 대량 이민 때문에 인구가 재생산이 불가능한 수준으로 떨어질 것이라는 깊은 비관주의에 휩싸여 있었다. 그래서 유럽의 다른 지역과 마찬가지로 가족생활을 초기 여러 사회 개혁 과제의 중심에 놓게 되었다. 그러나 제안된 정책은 프랑스, 독일을 비롯한 유럽의 가톨릭 지역에서 출산을 촉진하던 발상과는 매우 중요한 차이가 있었다. 이 논쟁에 가장 큰 영향력을 끼친 것은 알바 뮈르달(Alva Myrdal)과 군나르 뮈르달(Gunnar Myrdal) 부부가 함께 집필한 《사회문제의 위기》(Kris i befolk-ningsfrågan, 1934)라는 책이다. 이런 생각은 노르웨이의 마가레테 본네비(Margarete Bonnevie)가 쓴 《가족의 위기와 대응책》(Familiekrisen og botemidler mot den, 1935)[62]과 같은 다른 노르딕 국가들의 문헌에서도 찾아볼 수 있다.

뮈르달 부부는 공공 영역과 가족생활을 사회화하자는 근본적인 제안을 했다. 이 제안은 가족에게 현금과 현물 형태로 실질적인 도움을 주고 공동 육아를 지원하여 어머니들을 노동시장에 참여할 수 있도록 하자는 것이었다.[63] 이런 정책들은 아이를 갖는 일이 합리적이고 계획된 행동이어야 한다는, 출산 통제에 관한 교육 개선과도 결합하도록 되어 있었다. 이러한 발상과 당시 널리 퍼져 있던 '주부 계약'(husmorskontrakt)에 대한 뮈르달 부부의 급진적 도전이 1960년대 이후까지는 완전한 효과를 거두지 못했다. 그러나 1920~30년대 스칸디나비아 국가들은 노동계급 가족에 대한 경제적 지원과 기혼 여성의 취업, 피임, 낙태 등에 대해 다른 유럽 나라들보다 눈에 띄게 관대했다.[64]

이와 관련해서 노르딕 예외주의의 또 하나의 예는 1934년까지 아이슬란드를 제외한 노르딕 4개국에서 통과된 우생학적인 법에서 찾을 수 있다. 우생학의 지지자들은 20세기 초 유럽 전역과 북아메리카에도 있었지만, 이런 법안을 통과시킨 나라는 스위스, 나치 독일, 노르딕 국가들을 포함한 몇 나라에 지나지 않았다. 덴마크는 1929년에 유럽 최초로 우생학적 불임을 위한 법적 장치를 도입했다.[65] 1934년 법은 우생학에 근거를 둔 비자발적 불임을 허용했다. 여기서 개인들은 주로 정신적 무능함 때문에 스스로 법적인 동의를 할 능력이 부족한 것으로 여겨졌다. 법 제정의 의도는 유전적 정신장애나 질병이 유전되는 것을 막는 것이었다. 의학적인 이유로 불임수술을 지시할 수도 있었다. 반복된 출산으로 지친 여성의 추가 임신을 막는 것이다.

바로 이 법에 따라 1935년부터 1975년까지 수많은 불임수술이 시행되었는데, 스웨덴만 해도 약 6만3천여 건에 이른다.[66] 우생학적 지표는 입법 초기에 광범위하게 활용되었다. 1942년 스웨덴에서 행해진 불임시술의 82%는 우생학적 이유로 이루어졌는데, 시술받은 사람들 거의 대부분이 지적장애인으로 간주되었다.[67] 이들 가운데 강제로 이루어진 시술, 즉 환자의 동의 없이 얼마나 많이 시술되었는지 확인하기는 더 어렵다. 나치 우생학자들과 달리 스칸디나비아 의료 당국은 강제력보다 설득을 통해 시행했지만 때때로 이 둘 사이의 경계는 모호했다. 불임시술은 흔히 요양소나 특수학교 같은 기관에서 퇴소하는 조건이 되거나, 파트너 가운데 하나 또는 둘 모두가 유전적 이유로 고통받고 있다고 여겨지는 상황에서 결혼을 허용하는 조건(1968년까지 스웨덴에서는 간질 환자의 결혼이 금지되었다는 사실에 주목할 필요가 있다)이 되었다.[68] 많은 여성들에게 불임수술은 흔히 낙태와 연관되어 허용되었다. 일부 여성들은 이를 피임의 효과적인 방법으로 감사히 받아들였지만, 젊고 허약한 환자들의 경우 이 논리의 의미를 제대로 이해하지 못한 채 살면서 나중에 후회하게 될 동의를 했다는 증거도 있다.[69]

　나치 독일과 달리, 스칸디나비아에서 우생학은 사이비 과학적인 인종주의와는 전혀 다르다는 점을 짚고 넘어갈 필요가 있다. 우생학적 불임시술 이면에 있는 것으로 생각되는 목적은 경제적 효율성과 생산 능력이지 인종이 아니었다. 즉, 낮은 출산율을 극복하고자 한다면 건강하고 효율적이고 생산적인 인구를 창출해 내는 것이 중요해지는 것이다.[70] 그럼에도, 특정한 사회집단이 불임시술 인구에서 지나치게 많은 비중을 차지했던 사실을 부정할 수 없다. 이들 가운데에는 노동계급, 여성, 집시나 떠돌이들이 포함되어 있다. 집시나 떠돌이에 대해서는 의심할 여지 없이 대부분 유럽 사회에서 제1·2차 세계대전 사이에 만연했던 인종주의가 부분적인 원인이라고 할 수밖에 없다. 이런 사실은 무엇보다도 이 법이 가장 빈곤하고 가장 주변으로 내몰린 사람들에게 영향력을 행사했다는 점을 보여 준다. 최소한 스웨덴의 경우 "사실상 불임시술법은 '타인들'로 인식되는 사람들에게 초점을 맞추어 시행되었다"는 스웨덴 학자 군나르 브로베리(Gunnar Broberg)와 마티아스 튀덴(Mattias Tydén)의 평가에 동의하지 않을 수 없다.[71] 유전적인 정신질환으로 고통받는 사람들보다는 당시의 기준에 따라 사실상 사회규범에 도전하는 사람들에게 정신장애 진단이 자주 적용되었으며, 이는 특히 여성의 성욕을 통제하는 수단으로 이용되었다.[72]

우생학적 불임시술 조처는 1990년대 들어 논쟁을 불러일으켰지만 시행 당시엔 논쟁이 그리 활발하지 않았다.[73] 이 법을 시행할 때 가톨릭 소수 그룹과 정치적 보수주의자만 반대했을 뿐, 다양한 정치 세력이 여기에 지지를 했다.[74] 강제 불임시술을 지지했던 스테인케, 뮈르달 부부, 구스타브 묄레르 등 사회민주주의자들에게 우생학적 정책은 가족의 삶을 좀 더 존중받고 인간적인 것으로 만드는 사회 개혁과 결합될 때에만 명분을 얻을 수 있었다.[75] 좋은 사회를 만들어 내기 위한 국가의 계획이나 개입이 가지는 새로운 가능성을 조절해 내고자 하는 그들의 열망과, 개인의 자유에 관한 자유주의적 고려 사이에 존재하는 모순을 인식한 사람은 별로 없었다.

스테인케는 복지 시스템에 대한 자신의 전망을 이렇게 표현했다. "인간적이지만 부드럽지만은 않은 것, 민주적이지만 선동적이지는 않은 것, 우리가 볼셰비즘이나 반동으로 귀결되지 않기 위해 필요한 급진주의와 보수주의 사이의 혼합." 이 언급은 너무 뜨거운 감상주의와 차가운 얼음 같은 이성 사이에서 스스로를 구별하고자 한 것이다.[76] 제1·2차 세계대전 사이에 등장한 복지국가는 무엇보다도 근대성, 즉 효율성, 합리성, 그리고 위생처럼 새로운 특징적 방식으로 조직된 사회를 위한 것이었다. 이러한 열망은 당시 건축이나 디자인의 현대적 기능주의 운동에서 미학적으로 표현되었다. 무엇보다도 모범적인 사례는 1930년 스톡홀름 박람회였다. 정부는 우노 오렌(Uno Åhren), 군나르 아스플룬드(Gunnar Asplund), 스벤 마르켈리우스(Sven Markelius) 등 기능주의를 주도하던 건축가들을 선정하여 새로운 '인민의 집'(folkhem)을 건설하도록 하여 밝고 편안하고 합리적인 디자인을 갖춘 새 주택을 공급했다.[77]

사회정책과 경제적 효율성의 연계라는 전제는 1945년 이후 스칸디나비아 복지국가 확대에 여전히 중요한 문제였다. 엔뉘 안데르손(Jenny Andersson)이 보여 준 것처럼, 1950년대 스웨덴 사회민주주의 정책의 특징은 좋은 사회를 만들어 낼 수 있는 국가의 능력에 대한 놀랄 만한 신뢰와, 복지국가와 자본주의 경제의 성공적인 조절 사이의 밀접한 연관성을 인식하고 있다는 것이다. 높은 수준의 안정적인 경제성장은 높은 수준의 복지를 위한 전제 조건이었지만 그 반대 또한 진실이다. 안정적인 경제를 유지하기 위해서는 포괄적인 복지국가가 필요했다.[78] '강력한 사회'(det starka samhället)라는 은유는 신세대 사회민주주의자들이 대중적 풍요의 시대에 적응하도록 인도하는 불빛으로 여겨졌다.[79] 아마 이런 발상을 보여 주는 가장 훌륭한 본보기는 스웨덴 노동시장위원회가 줄곧 추구해 온 적극적 노동시장 정책일 것이다. 이 정책은 실업에 대응하는 주요 정책 수단이 되었다.[80] 그러므로 스웨덴 복지국가는 이른바 '기록적인 시기'(rekordåren)*에 얻은 운 좋은 부산물에 그치는 것이 아니라, 스칸디나비아가 빈곤에서 풍요로 접어드는 과정에 중요한 역할을 한 것이 된다.

이와 같이 복지국가는 정치 프로젝트로서 사회민주주의뿐만 아니라, 좀 더 일반적으로 노르딕 국가라는 사고와 밀접하게 연관시켜 그 정체성을 인식할 필요가 있다. 복지국가를 '인민의 집'으로 표현한 스웨덴식 개념은 가장 널리 알려진 형태이다. 이 말은 보수주의 진영이 20세기 초 노동 진영의 국제주의를 공격하기 위해 처음 사용했다. 그러나 사회민주당 당수 페르 알빈 한손이 1928년 의회 연설에서 이 용어를 채택하여 사용

---

* 제2차 세계대전 이후부터 1970년대 초 오일쇼크가 일어나기 전까지의 고도 성장기를 가리킨다. 특히 스웨덴 경제는 1968년부터 1970년 사이에 기록적인 경제성장을 이룩했다.

한 뒤로, 이 연설은 아주 유명해서 자주 인용된다.[81]

가정의 기초는 공동체와 연대이다. 좋은 가정에는 특권이나 무시, 편애
와 의붓자식 따위가 존재하지 않는다. 좋은 가정에서는 어떤 사람도 다른
사람을 깔보지 않으며, 어느 누구도 다른 이를 희생시켜 이득을 얻어 내
고자 하지 않으며 강자가 약자를 억압하거나 강탈하지도 않는다. 좋은 가
정에서는 평등, 배려, 협동, 지지가 넘쳐난다. 이를 '위대한 인민과 시민
의 집'에 적용하자면, 특권층과 박탈당한 사람들, 지배자와 피지배자, 부
자와 가난한 자, 가진 자와 못 가진 자, 빼앗는 자와 빼앗긴 자로 구분하
는 모든 사회적 경제적 장벽을 무너뜨리는 것을 의미한다. 스웨덴 사회는
지금까지는 시민에게 좋은 집이 아니었다. 만약 계급 격차를 없애려고 한
다면 사회적 돌봄을 발전시키고, 경제적 평등을 실현하고, 노동자들이 경
제 운영에 일익을 담당하도록 해야 할 것이며, 민주주의를 사회경제적 삶
에 받아들여 적용해야 할 것이다.[82]

다른 노르딕 국가들이 '인민의 집'이라는 표현을 그대로 사용하지는
않았지만, 복지국가와 국가 정체성 사이의 관련성은 스웨덴 못지않았다.
이 장 끝 부분에서 검토하겠지만, 20세기 후반부터 제기된 복지국가에
대한 도전은 필연적으로 어느 정도는 '노르딕 국가군'(Nordic nation-
hood)이라는 사고에 대해 직접적인 도전으로 여겨졌다.

복지 모델의 도전과 개혁

전후 복지국가에 대한 첫 번째 주요한 이념적 도전은 정치적 우파가 아닌 좌파 쪽에서 제기되었다. 이른바 신좌파의 비판에 따르면 1960년대 후반 무렵 사회민주주의 정당들은 "20년 동안의 지체 없는 경제성장과 보편적 복지 시스템을 갖추었는데도 어째서 불평등은 여전한가?" 하는 역설을 토해 내고 있었다. 즉, 경제성장이 복지 확대의 필요조건으로 여겨지기보다는 오히려 사회적 배제, 환경 악화, 파괴 등 새로운 용어들로 표현되는 새로운 사회문제들의 원천으로 비쳤다.[83] 스웨덴의 '100만 가구' 프로그램을 통해 새로 설계된 도심과 새로운 기능을 갖춘 주택 단지들은 합리적이고 효율적이고 안락한 인민의 집이 아니라 사회적 소외의 구체적이고도 야만적인 상징이 되었다. 이러한 불만을 단적으로 보여 주는 상징은 덴마크의 커뮤니티와 1971년 코펜하겐 옛 병영지에 설립된 크리스티아니아의 자칭 '프리타운'(free town)*이었다.[84]

사회민주주의자들은 1970년대 선거 패배 뒤 잇따른 비판에 대응하지 않을 수 없었다. 젊고 급진적인 새 세대의 지도자들이 등장한 가운데 사회민주당은 불평등 문제를 해결하겠다고 약속했다.[85] 이는 양성평등, 새로운 사회정책의 채택, 특히 여성의 보육과 유급노동 모두를 결합할 수

---

* 크리스티아니아 프리타운은 코펜하겐에서 1971년 군사 지구를 불법 점유해 만든 반자치구로서, 처음 만들 때부터 그 법적 지위를 두고 계속 논쟁거리가 되었다. 프리타운은 덴마크 정부로부터 독립된 법, 통화, 깃발을 갖고 있으며, 약 34헥타르에 850명이 거주하고 있다. 2004년까지 대마초 거래가 공공연하게 허용되었으나, 법으로 헤로인이나 코카인 등은 금지되었다. 이 지역은 오늘날 덴마크풍의 자유롭고 진보적인 삶의 양식을 대표하는 관광 명소가 되었다. 중도 우파 정부가 2000년대 중반부터 계속 프리타운에 대한 법적 지배권을 가지고자 시도를 했으나 저항에 부딪치고 있다.

있도록 설계된 공공보육, 그리고 관대한 모성급여를 강조하는 데에서 가장 뚜렷이 드러난다.[86] 이런 약속은 스웨덴에서 1960년대부터, 덴마크에서는 1970년대부터, 그리고 노르웨이에서는 1986년에 선출된 그로 할렘 브룬틀란의 노동당 정부에 의해 이루어졌다. 이 영향으로 확대된 공공 부문에서 많은 여성들이 일자리를 찾았다. 1990년대 노르딕 노동시장은 여성의 노동시장 참여율이 세계에서 가장 높았다. 여러 학자들은 이런 현상을 노르딕 복지 모델의 고유한 특징으로 묘사했다.[87] 스칸디나비아 복지국가는 가족의 지위를 사실상 뿌리부터 바꾸어 낸 것으로 여겨졌다. 과거에는 가족 영역에 속한 것으로 여겼던 어린아이와 노인을 돌보고 부양하는 책임을 국가가 떠맡게 되었기 때문이다. 그렇게 함으로써 복지국가는 몇몇 비평가들이 말하는 바와 같이 개인의 자율성을 밑에서부터 흔든 것이 아니라, 시민들을 시장의 속박과 가족의 의무에서 해방시킴으로써 오히려 개인의 자율성을 강화하도록 지원했다.[88]

그렇다고 새로운 가족 정책이나 보육 정책의 영향이 지나치게 강조되어서는 안 된다. 유급고용에 대한 여성 참여 증가는 1960년대 이후 복지국가 확대 이전에 이미 이루어졌다는 증거가 있기 때문이다.[89] 노르딕 국가의 여성들은 사실상 20세기 초에 결혼법의 입법과 함께 이미 경제적 시민권을 위한 진보를 이루어 냈다. 결혼법은 여성의 권리에 대한 인식에 기초하여 유럽의 기준을 가지고 발전된 것이었다.[90] 양성 생계부양자 모델(dual breadwinner model)을 용인한 것은 20세기 초에 낮은 출산율과 높은 이민율 탓에 노동시장에 심각한 공급 부족 상태가 발생함으로써 국가가 여성 경제활동의 필요성을 느꼈기 때문이었다.[91] 농경 사회에서 전통적으로 남성과 여성은 힘든 농사일을 함께 했다. 따라서 이중 생계부양자 모델은 복지국가 이전부터, 특히 핀란드와 아이슬란드에서는 이미 제도화되어 있었다.[92] 다만 노르웨이는 예외였다. 노르웨이에서는 성 차이에 대한 관념이 다른 나라들보다 강하고 공고했기에 1930년대까지도 기혼 여성의 유급 고용이 금지되었다.[93] 임금노동자 중심의 사회보장 체계를 채택한 것은 노르딕 국가들에서 젠더의 유형이 제도화되는 데 기여했다. 왜냐하면 이런 시스템 속에서 기혼 여성들이 아내와 어머니라는 지위보다는 시민권에 기초하여 사회보장 수급권을 가지기 때문이다.

임금노동자 중심의 사회보장 급여 체계와 포괄적인 가족정책 등 구조적 환경의 조합이 실제로 전통적인 사회적 성별 관계를 얼마나 허물고 양성평등을 증진했는지는 여전히 논쟁거리이다.[94] 여성의 노동시장 참여율이 높은 수준임에도 노르딕 노동시장의 성별 분리 현상은 매우 심각하다. 여성과 남성은 여전히 특정한 직종으로 진입하고 있는데, 이런 현상은 남성과 여성 사이에 지속되는 임금 불평등에도 반영되어 있다.[95] 소득보장에 기초한 사회보장 급여 체계를 채택한 것이 원칙적으로는 남성과 여성 사이에 격차를 만들어 내지는 않는다. 하지만 실제로는 이미 노동시장에 존재하는 임금 격차가 사회보장 영역에서도 재생산된다.[96] 아이슬란드에서 유급 노동에 종사하는 여성 수가 많은 것은 무엇보다도 시간제 노동의 확대 현상과 관련이 있다.[97] 더욱이 가족정책이 육아와 고용이라는 이중 부담을 중심으로 여성들의 삶을 재편했지만, 이것이 전통적인 사회적 성별 관계를 허물지는 못했다.[98] 1990년대 이후에 와서는 돌봄과 가족 책임에 관한 논쟁은 남성의 역할이란 관점에서 이루어졌다. 그러나 여기에서조차 구체적인 실천보다는 수사적인 논쟁이 더욱 많았다.[99] 21세기 초에 모든 노르딕 국가들은 유급 육아휴직을 제도화했고 육아휴직의 일부를 아버지들이 사용하도록 요구하기까지 했다. 하지만 스웨덴에서만 부모 양쪽이 육아휴직을 의무적으로 동등하게 분할할 것이 제안되어 이를 두고 논쟁할 만큼 진전이 이루어져 있었다.

복지국가에 대한 좌파의 비판은 쉽게 흡수될 수 있는 것이었기 때문에 상대적으로 영향이 적었다. 더 중요한 것은 우파가 제기한 정치적 도전이었다. 우파의 도전은 두 가지 형태를 띠었다. 하나는 복지국가에 대한 도덕적 비판으로 복지국가가 고무시키는 이른바 '죄악에 가득 찬' 행동들과 관대한 가치에 대한 것이었다.* 이런 상황에서 1958년부터 1970년까지 스칸디나비아 국가들에 기독교 정당이 창당되었다.[100]

또 다른 하나는 새로울 것은 없지만 더 중요한 도전이었다. 늘 우파는 포괄적인 복지국가가 개인의 자유를 어느 정도 축소시킨다고 비판했다. 이러한 비판들은 1950년대 '강력한 사회'라는 사회민주주의적인 개념에 대한 부르주아들의 대응이기도 했다. 이런 생각은 스웨덴에서 소득 비례 연금을 도입하려는 연금 개혁에 대한 부르주아 정당들의 반대를 불러오기도 했다.[101] 그러나 1970년대 초기부터 이런 생각은 새로운 우파 정당이 출현하면서 그 정치적 표현을 발견했다. 덴마크와 노르웨이의 진보당은 1970년대 초에 조세 개혁과 반관료주의라는 정강을 가지고 선거운동에 뛰어들었다. 신우파들은 스칸디나비아 복지 체계가 시민들을 순응하도록 할 만큼 과도한 권력을 가진 통제된 조직체라고 비판했는데, 이런 인식은 언론인 롤런드 헌트퍼드(Roland Huntford)의 《새로운 전체주의자》(The New Totalitarians, 1971) 같은 외국 출판물에도 반영되어 있다.[102]

특히 덴마크에서는 유가 급등으로 야기된 경제적 어려움 때문에 복지

---

* 복지급여 덕분에 이혼, 비혼 출산 등 전통적인 가부장적 가치에 반하는 행위가 더욱 용이해진 것을 가리킨다.

국가에 대한 우파의 비판이 더 큰 영향력을 끼쳤다.[103] 그 결과 엔뉘 안데르손이 보여 준 바대로 정치 담론에서 성장과 복지 사이의 연결 고리가 훼손되었다.[104] 1950년대와 1960년대에는 사회민주주의자들이 복지국가와 '강력한 사회'가 경제성장과 효율성을 위한 전제조건이라고 드러내 놓고 주장할 수 있었다. 그러나 오늘날 복지국가는 경제적 효율을 저해하는 것이라고 비난받고 있다. 경제적으로 어려운 시대에 복지국가는 감당할 수 없는 사치인 데다가 경제성장을 실제로 가로막는 방해물이라는 것이다. 특히 영어권에서 동력을 얻고 있는 신자유주의 경제학에 따르면, 거대한 공공 부문과 관대한 사회복지 급여 체계는 노르딕 복지국가에서 생산성·효율성·유연성을 제대로 높이지 못하도록 하는 역할을 한다고 한다.

하지만 스칸디나비아 국가들에서 1970년대의 경제적 어려움은 그다지 오랫동안 영향을 미치지는 않았다. 그 가운데 가장 큰 영향을 받은 덴마크에서 신자유주의는 1982년부터 1992년까지, 사실상 부르주아 정부 10년 동안 맹위를 떨쳤다. 덴마크 정부는 1973~1974년에 완전고용이라는 목표를 버리도록 압박을 받았다. 스웨덴과 핀란드에서 경제개혁(스웨덴에서는 사회민주당의 '제3의 길' 아래에서 이루어진 개혁)은 1980년대에 금융 부문의 탈규제화로 나타났다. 하지만 복지국가를 붕괴시키고자 하는 '대처리즘'과 같은 시도는 없었다. 오히려 반대로 복지국가 지출은 1970년대에 증가했는데, 이 가운데 상당 부분은 육아휴직이나 공공보육 등 앞서 말한 새로운 정책의 결과이기도 하다.[105]

이런 이유에서 1990년대 이후에 이루어진 노르딕 복지 모델에 대한 다양한 평가는 놀랍게도 노르딕 모델이 여전히 건재하고 있다는 결론에 의견이 일치한다. 더욱 놀라운 것은 이러한 분석 대부분이 1990년대 혹

독한 경제위기를 겪은 핀란드와 스웨덴에서 나왔다는 점이다. 당시 복지
국가는 정말로 근본적으로 개혁되어야 하거나 또는 제거되어야 할 것으
로 비쳤지만, 대부분의 학자들은 이런 변화가 나타나지 않았다고 결론짓
고 있다. 정책의 세부 내용에 대한 몇 가지 어설픈 땜질이 있었으나 스칸
디나비아 복지 모델의 기본 특성은 그대로 유지되었다.[106]

　복지의 관대함이 줄어들고 있다는 몇 가지 증거가 있는 것은 사실이
다. 복지급여 수준이 낮아졌고 수급권을 가질 수 있는 기간도 짧아졌다.
수급 요건은 강화되었고 재활과 훈련은 훨씬 더 강조되었다. 그러나 이
러한 삭감은 대체로 전반적인 개혁이라기보다는 경제적 어려움에 대한
단기적이고 실용적인 차원의 대응이었다. 사회보장 급여에서 보편적 급
여, 소득비례 급여, 자산조사 급여 사이의 균형은 변화했으나, 공공복지
급여 전반은 다른 나라보다 상대적으로 관대한 편이었다.[107] 불평등과 생
활수준에서도 실질적 변화는 없었다.[108]

　복지국가는 정치권과 정책 집단, 학자들 사이에서 끊임없이 수많은 논
쟁의 원천이 되고 있다. 사실상 복지국가 연구 분야는 1990년대 이후로
노르딕 국가에서 어마어마한 규모의 산업 분야가 되었다. 1990년대 초
에 복지국가에 관한 학문적 논의는 매우 비판적이었는데, 특히 스웨덴에
서 그러했다. 경제위기 속에서 사회민주주의 프로젝트가 눈에 띄게 붕괴
해 버리자, 사람들은 복지국가가 21세기 사회민주주의의 바람직한 전형
이라고 더 이상 눈속임을 할 수 없게 되었다는 느낌을 갖게 되었다. 미셸
푸코(Michel Foucault, 1950년대 스웨덴 웁살라대학 학생으로 불우한 시절을
보내면서 권력 작동에 관한 사상을 발전시켰다)의 몇몇 영향력 있는 연구들
은 복지국가를 사회통제 기구로 보고 비판했으며, 정상과 비정상 같은
명목적 범주 구분을 만들어 내는 데 복지국가가 수행한 역할을 지적했

다.[109] 이런 문제들은 우생학적 불임수술과 이 정책의 영향을 받은 사람들 일부에 대한 정부 보상을 두고 공공의 논쟁이 격화되면서 전면에 부각되었다.[110]

하지만 논쟁의 폭풍은 우생학적 불임수술 논쟁으로 고조되었다가 급격하게 사라졌다. 2007년 무렵 정치 담론의 두드러진 특징은 복지국가의 정당성에 대한 어떠한 도전도 없다는 점이다. 오늘날 스칸디나비아에서는 어떤 정당도 복지국가에 반대하지 않는다. 오히려 정당 대다수는 스스로 나라 안팎의 새로운 위협에 맞서 복지국가를 지키는 수호자라고 주장한다.

우리가 살펴본 노르딕 복지국가의 변화를 이렇게 요약할 수 있겠다. 첫째, 유럽의 다른 국가들과 마찬가지로 노르딕 국가들의 가장 심각한 문제 가운데 하나는 인구 노령화와 그에 따른 부양비의 증가이다. 특히 보건의료 서비스 비용이 계속 상승하기 때문에 노르딕 정부들은 복지 서비스를 민간 부문을 통해 제공하거나 할당하는 방식을 도입하는 문제를 고려하지 않을 수 없게 될 것이다. 둘째, 실업자 상당수가 장기 질병급여나 장애급여 수급자 형태로 존재하는 장기 실업에 대해, 일부 경제학자들은 관대한 사회복지 급여를 삭감하고 재활 및 훈련 요소를 대폭 강화하는 것이 유일한 치유책이라고 주장한다. 실제로 이런 주장은 2006년 9월에 스웨덴 선거에서 승리를 거둔 새 부르주아 정부의 선거 공약 가운데 일부이기도 했다. 셋째, 세계화라는 명제는 국민국가의 자율성 축소를 의미하며, 광범위한 복지 체계는 다른 무엇보다 유연성을 선호하는 국제화된 경제에서 사치품이 될 수도 있다. 그러나 세계화의 영향력은 그대로 지나치게 과장되어 있을 수 있다. 즉, 노르딕 복지국가가 살아남은 것은 세계화 시대에도 이데올로기와 정부 정책이 여전히 중요하다는 점을 보여 주는 것으로 해석되기도 한다.[111] 스칸디나비아 경제는 전통적으로 수출에 의존하는 소규모 개방경제였다.[112] 더욱이 정부는 변화된 새로운 조건에 자신들의 사회정책을 적응시키겠다고 천명했다. 그 예로 덴마크 정부가 적극적 노동시장 정책과 관대한 사회권을 '유연안정성'(flexicurity)으로 조합하고자 한 시도를 들 수 있다.[113]

마지막으로 가장 논쟁적인 문제가 있다. 어떤 이들은 노르딕 복지국가를 유럽 통합과 이민 등 외부 압력에 취약하다고 본다. 노르딕 국가들의 유럽연합 가입을 둘러싼 1990년대 중반의 논쟁은 이러한 공포감을 반영한다. 유럽 통합이 노르딕 모델을 약화시킬 것인가? 최근에는 정치 현상으로서 '복지 민족주의'(welfare nationalism)에 초점을 맞추게 되면서 문제를 이민과 다문화주의로 전환시키는 효과가 나타나기도 한다. 덴마크 인민당(Danish People's Party)과 노르웨이 진보당(Progress Party)은 대량 이주민 유입은 복지국가에서 감당할 수 없는 짐이라고 가장 소리 높여 주장한 우파 정당들이다.[114]

더욱 놀라운 것은 이런 경향이 학문적 담론에도 그대로 반영되고 있다는 점이다. 최근 복지국가 연구의 '역사적 전환'(문화적 전환이라고도 할 수 있겠다)은 복지국가의 기원을 국가 역사의 특수성(즉, 국가 형성, 루터주의, 근대 이전의 사회구조 및 문화적 가치 등)으로 덧칠하려는 경향이 있다. 이런 경향을 가장 뚜렷이 보여 주는 사례는 헨리크 베르그렌(Henrik Berggren)과 라르스 트레고르드(Lars Trägårdh)의 제목부터 논쟁적인 《스웨덴 사람들은 인간적인가?》(Är svensken människa?, 2006)이다. 이 책은 스웨덴 복지국가의 근거가 평등의 강조와 개인의 자조에 대한 존중으로 규정되는, 스웨덴 특유의 '사랑 이론'(theory of love)에 있다고 주장한다.[115]

노르딕 복지 모델은 지속 가능한가

복지모델 유형을 창출하고자 하는 모든 시도는 불가피하게 이념형에 관심을 둘 수밖에 없다. 어떤 분류 방법을 사용하더라도 특정 유형에만 해당하는 모든 특징들을 갖고 있는 복지국가는 없다. 복지국가들 대부분은 혼합적이다. 유형을 만드는 작업은 여러 사례를 일반화하고 사례들 사이의 중요한 차이를 무시할 수 있는 결정론적 사고로 귀착될 수도 있다.[116] 이런 결함이 있긴 하지만, 노르딕 복지국가들 사이에서는 차이보다 유사성들이 더욱 중요하다. 따라서 노르딕 복지 모델을 거론하는 것이 가능하다는 점에는 광범위한 합의가 이루어져 있다. 물론 '다섯 가지 예외가 있는 하나의 모델' *이라고 말하는 것을 더 선호할 수도 있겠다.[117] 아마 노르딕 복지 체계가 갖는 가장 중요한 차이는 노르딕 복지국가가 진정으로 복지 '국가' 들이었다는 점일 것이다. 노르딕 지역에서는 20세기 대부분 동안 이론(異論)의 여지 없이 국가가 가장 큰 복지 제공자로서 역할을 했다. 가족, 자원기관, 자선기관 등은 보조적인 역할을 했을 뿐이다.

더욱이 노르딕 복지 모델의 역사적 발전에는 중요한 유사성이 존재한다. 다른 지역과 마찬가지로 노르딕 국가들에서 복지국가의 성쇠는 경제 성장이나 위기와 관련이 있다. 또한 스칸디나비아 복지국가의 성장은 영국을 비롯한 다른 나라보다는 제2차 세계대전이나, 국제정치 사건에 영향을 받았다. 복지국가는 냉전 기간에 일종의 이데올로기적 '무기' 이기도 했다. 노르딕 5개국은 저마다 대외정책에서 중요한 차이가 있지만, 노

---

* 노르딕 모델에 속하는 5개 국가들 사이의 차이가 매우 커서, 노르딕 모델에 속하지 않는 국가들과의 차이보다 적지 않음을 의미한다. 즉, 노르딕 국가들 사이의 차이를 강조한 표현이다.

르딕 모델이라는 개념을 공산주의와 자유시장 자본주의 사이의 '중도'로 발전시켰음을 인정해야 한다.[118]

　거듭 말하지만, 노르딕 모델이란 용어는 두 가지 차원으로 이해해야 한다. 노르딕 모델이란 용어는 몇 가지 비교 사회과학을 위한 분석 범주로 중요한 활용 가치가 있지만, 그 용어가 갖는 힘의 대부분은 담론의 역할, 즉 세계의 어떤 분야를 상상하고 서술하는 수단이라는 점에서 나온다. 바깥 세계 관찰자에게 특히 스웨덴은 여전히 탁월한 사회정책 모델로서 매력적으로 비치고 있다. 이런 역할이 과거처럼 진실로 정보에 기초한 관점이라기보다 지금은 유토피아적 전망에 기초한 것으로 보이기는 하지만 말이다. 더욱이 노르딕 복지 모델이 한때 보편적인 가치에 기대고 있는 것으로 보였고, 그래서 바깥 세계로 수출될 수 있는 것으로 보였지만 최근에는 점점 더 노르딕 지역에 고유한 것이라는 관점에서 논의되고 있다. 모두가 시민의 복지 급여에 대한 자격 요건을 집단별로 차별화해야 한다고 하는 것은 아니지만, 몇몇 정치인들, 특히 덴마크에서는 복지국가가 동화(assimilation)를 촉진해야 할 것인지 아니면 다문화주의(multi-culturalism)를 촉진시켜야 할지, 또 어떤 방식으로 그렇게 할 것인지에 대해 상당한 논쟁이 벌어졌다. 이것은 노르딕 복지국가의 미래에 대한 가장 큰 도전임이 분명하다.

　그렇다고 하더라도 많은 사람들은 노르딕 모델을 유토피아로 삼을 수 있다는 점에 동의할 것이다. 복지국가를 사회 통제의 도구라고 비판하는 것이 어느 정도 타당성은 있지만 과장되어서는 안 될 것이다.[119] 스칸디나비아 복지 체계의 부정적인 측면과 함께 매우 인상적인 성과도 눈여겨보아야 한다. 노르딕 국가들은 건강, 교육, 기대수명, 사회 평등과 같은 지표의 국제 비교 조사에서 항상 맨 윗자리를 차지했다.

오늘날의 문제는 이러한 성과가 과연 지속가능한 것인가 하는 점이다. 복지국가와 이를 지탱하던 이념과 사상이 점점 근대성의 기획으로 비치기 시작했으며, 복지국가가 포스트모던 시대, 세계화 시대에도 가능할 것인지에 대해 의문이 제기되고 있다. 아마 이 모든 것 가운데 가장 중요한 변화는, 복지국가가 '좋은 권력'으로 비치던 신뢰를 현격히 잃어버렸다는 점과, 좋은 사회를 만들어 내는 데 혁신적인 복지정책을 활용하고자 하는 열망을 상실했다는 점인지도 모른다. 복지국가의 정당성에 대한 도전은 별로 없지만, 복지국가의 미래에 대한 충분한 신뢰 또한 별로 보이지 않는다. 대신 스칸디나비아 사회에서 복지를 지지하는 정당들의 언술은 이미 신화가 되어 버린 과거의 '좋았던 날'에 대한 그들만의 향수처럼 보이기도 한다. 그러나 여전히 복지국가는 스칸디나비아에 필연적으로 포함할 통합적 일부로 여겨지고 있다.

국제 관계와
중도 노선

노르딕 지역은 20세기 내내 국제 관계에서 지정학적 실체로 당연시되었다. 1920년대부터 덴마크·노르웨이·스웨덴 정부는 외부 세계에 대해 공동전선을 형성하려는 노력을 해 왔다. 이 때문에 외부 세계는 그들을 한 블록으로 인식하기 시작했다. 이런 경향은 국제연맹을 비롯한 국제기구에 스칸디나비아가 참여하면서 더 강화되었다. 이들은 국제연맹 이사국이 되었고, 노르딕 네 국가들은 차례로 국제연맹의 다른 위원회들에 참여했다.[1]

1949년부터 1991년까지 스칸디나비아는 세계에서 가장 독특한 지역으로 자리매김했다. 이러한 지위는 냉전이라는 양극 구조 내에서 또 다른 중요성을 획득했다. 그 결과, 동과 서 냉전체제 중간에서 특별한 지위를 차지하는 것으로 여겨지게 되었다. 혁신적인 사회정책을 가진 스칸디나비아의 명성은 '안보 공동체'라는 지위에 반영되었는데, 이것은 공통의 제도, 동질감, 무엇보다 평화로움이라는 특징을 갖는다. 노르딕 국가들 사이에 전쟁은 생각조차 할 수 없었다. 실제로 최근에 나온 연구에 따르면, "노르딕 지역은 19세기와 20세기를 통틀어 유럽에서 분쟁 가능성이 가장 낮은 지역이었다."[2] 1957년 정치학자 카를 도이치는, 스칸디나비아가 대서양 지역에서 더 큰 안보 공동체를 창설하는 데 모델 역할을 할 수 있다고 평가했다.[3] 노르딕 정부들은 유엔과 같은 국제 조직들에 꾸준히 참여하고, 소국으로서의 지위를 이용해 국제 관계에서 초강대국 간의 긴장감을 줄이고 평화적 분위기를 조성하고자 노력함으로써 이러한 생각을 활성화시켰다. 이런 열망은 올로프 팔메와 그로 할렘 브룬틀란 같은 저명한 노르딕 정치인들을 통해 구체화되었다. 냉전의 이념적 양극화 역시 이런 분위기를 강화했고, 자본주의와 공산주의 양극단에서 스칸디나비아는 이념적 '중도 노선'을 대표했다.

하지만 1989~1991년 냉전이 끝난 뒤 노르딕 안보 공동체라는 발상에 의문이 제기되었다. 1949~1991년 시기 스칸디나비아 국가들에서 인상적인 것은 노르딕 협력과 통일성을 증진시키려는 노력이 사실상 '실패'했다는 점이다. 적어도 '높은' 수준의 정치와 경제에 비추어볼 때 그러했다. 스칸디나비아 국가들은 특히 두 가지 모험을 시도한 바 있다. 1940년대 후반에 결성된 스칸디나비아 방어동맹(Scandinavian Defense Alliance) 방안과 스칸디나비아 관세동맹을 이루기 위한 수차례 시도가 그런 사례이다. 이 시기 스칸디나비아 국가들의 외교정책은 협소한 민족주의적 이해관계에 따라 추진되었다. 페트리 요엔니미(Petri Joenniemi)에 따르면, 노르딕 지역의 평화는 의도한 게 아니라 우연히 발생한 것이었기 때문에 세계 다른 지역들이 본받을 만한 성공적인 모델이 아니었다.[4] 이렇듯 '노르덴'이라는 지정학적 개념은 유럽연합의 '유럽'과는 근본적으로 달랐다.[5]

이 장에서는 공식적인 노르딕 협력이 명백히 실패한 이유에 관해 검토할 텐데, 이 문제는 다음과 같은 광범위한 의문과도 관련이 있다. 즉, 지정학적 의미에서 '노르덴'의 중요성은 어느 정도인가? 노르딕 국가들은 국제 관계의 측면에서 저마다 무엇을 공유하고 있었는가? 노르딕 역사를 살펴보면 통일보다는 분리를 지향한 것으로 보인다. 실제로 한 노르딕 역사학자는 제1·2차 세계대전 사이를 노르딕 국가들의 관계에서 '빙하기'라고 묘사할 정도였다.[6] 1814년 이후 이 지역은 평화로웠지만, 적어도 20세기 전반에는 스칸디나비아 국가들 사이에 전쟁이 일어날 가능성이 늘 존재했다. 스칸디나비아 국가들의 관계에서 나타난 여러 차례의 위기가 이를 증명해 준다. 1905년 스웨덴-노르웨이 (왕권)동맹의 해체, 1920년대 올란드 제도를 둘러싼 핀란드-스웨덴 분쟁, 1930년대 덴마크-노르웨이 북극 분쟁.

제1·2차 세계대전 사이 스칸디나비아 국가들은 작은 중립국이라는 불리함 때문에 긴밀한 관계를 더욱 발전시켜 나갔다. 하지만 궁극적으로 국가 간 차이는 해소될 수 없는 것으로 판명되었고, 이 때문에 더 긴밀한 노르딕연맹은 창설되지 못했다. 덴마크 정부는 독일의 팽창 위협에 압도되었고 핀란드는 주로 소련으로부터 위협을 받았다. 스웨덴의 경우 소련과의 사이에 핀란드 영토가 존재해 위협이 덜하기는 했지만, 그럼에도 핀란드와 마찬가지로 위협을 느꼈다. 한편, 노르웨이 정치인들에게 스웨덴의 지배는 1905년 이래 수년 동안 여전히 위협으로 남아 있었다. 그래서 노르웨이는 국제 관계와 대외무역 관계의 방향을 영국과 북대서양 쪽으로 전환하게 되었다.

제2차 세계대전이 남긴 유산

19세기 덴마크·노르웨이·스웨덴을 하나의 국가로 통일하려는 범스칸디나비아 열망은 20세기에 접어들면서 가라앉았고, 이와 함께 유럽에서 패권을 쥐고자 했던 야망마저 사라졌다. 제1·2차 세계대전 사이에 스칸디나비아 국가들의 주요 과제는 불안정한 국제 관계에서 소국이라는 취약한 위상에 적응하는 일이었다. 1910년대 노르딕 국가들의 관계는 다소 얼어붙어 있었으나 1930년대부터 국가 협력을 증진하고자 하는 시도가 이루어졌다. 실제로 스칸디나비아는 지역 분쟁을 해결하기 위해 국가를 넘나드는 제도를 활용하는 선도적 지역이 되었다.[7] 제1차 세계대전 이전부터 스칸디나비아 정부 대표들은 공통 관심사를 논의하기 위해 정기적으로 만났다. 심지어는 자신들의 중립적 지위에 관한 공통 지침을 협의하기도 했다.[8] 1930년대 악화된 국제 상황은 이들의 논의를 더욱 활성화시켜, 실현되지는 않았지만 노르딕 방어조약 체결의 가능성까지 논의될 정도였다.[9] 1917년 러시아로부터 독립한 뒤 핀란드도 점차 노르딕 영역으로 들어왔다.[10]

하지만 노르딕 통합을 위한 이런 열망에는 한계가 있었다. 스웨덴 총리 페르 알빈 한손은 1934년 연설에서 다음과 같이 말했는데, 이는 전후 노르딕 협력의 특성을 암시한다.

우리는 마찰이 일어날 수 있는 모든 요인을 제거하는 (스칸디나비아 국가들 사이의) 융합에 관해 어떤 환상도 가져서는 안 됩니다. 우리는 일반적인 의미에서 스칸디나비아를 강대국으로 만드는 새로운 연합을 꿈꾸지 않습니다. 우리는 방어협정과 같은 것에 대해 생각하지 않습니다. 우리가 얻고자 했고 지금 얻고자 하는 것은, 다양한 국가의 독립성을 절대 침해하지 않으면서도 신뢰할 수 있고 실용적인 협력뿐입니다.[11]

더욱이 노르딕 통일에 대한 이러한 제한적인 열망조차도 1939~1940

년에 벌어진 사건들 때문에 시험대에 올랐다. 유럽에서 전쟁이 발발하자 스칸디나비아 네 나라는 중립을 결정했다. 하지만 노르웨이와 아이슬란드의 지리적 위치는 전략적으로 북대서양 쪽에 민감했고 스웨덴의 철광석 같은 자원은 독일의 전시경제에 중요했다. 이런 상황은 분쟁에 휘말릴 수밖에 없음을 의미했다.[12] 1939년 11월, 소련의 핀란드 침공으로 스웨덴 정부는 둘로 나뉘어졌다. 외무장관 리카르드 산들레르(Rickard Sandler)는 핀란드를 지원하기 위해 방어동맹 결성을 주장했지만, 페르 알빈 한손 총리를 비롯한 다른 이들은 전쟁으로부터 스웨덴을 지키기 위해서는 불간섭 정책이 유일한 전략이라고 주장했다.[13] 그럼에도 핀란드의 이른바 '겨울 전쟁'은 스웨덴 국민들 사이에 광범위한 동정심을 불러일으켰다. 스웨덴 정부는 인도주의 차원에서 지원을 했고 스웨덴 가정은 핀란드 난민 아이들 수천 명을 받아들였다. 또한 "핀란드의 문제는 우리 문제다!"라는 슬로건에 자극받아 참전을 결정한 스웨덴 자원봉사자 8천여 명이 핀란드로 갔다. 핀란드 전쟁에 대한 이러한 반응은, 그 뒤 1940년 4월 나치가 노르웨이와 덴마크를 침공했을 때 보여 준 소극적 대처와는 사뭇 대조적이었다.

이렇듯 제2차 세계대전은 1930년대에 나타나기 시작한 미약한 노르딕의 단결심을 굳건하게 하는 데 그다지 영향을 끼치지 못했다. 오히려 1939~1945년의 경험은 정반대로 강력한 민족적 단결심과 각국의 전시 정책에 대한 충성심을 고취시켰다. 스웨덴이 1940년 노르웨이 전투에 개입하지 않음으로써 곧 많은 노르웨이 국민들은 쓰디쓴 고통을 당했다. 게다가 독일 군대와 군 장비가 스웨덴을 거쳐 노르웨이로 이동한 것 즉, 스웨덴이 독일(의 행위)을 어느 정도 용인했기 때문에 노르웨이 국민들의 고통은 더욱 악화되었다. 3년 동안 독일군 2백만 명가량이 스웨덴에 통

행 허가를 얻어 노르웨이 영토로 들고 났다.[14]

프란시스 세예르스테드(Francis Sejersted)가 지적한 대로, 제2차 세계 대전은 1905년 (왕권)동맹의 해체 다음으로 20세기 스웨덴-노르웨이 관계에서 중요한 위기 가운데 하나로 여겨져야 했다.[15] 점령된 덴마크와 노르웨이의 경우, 전쟁은 주로 나치에 대항하는 도덕적 투쟁으로 여겨지게 되었다. 나라마다 소수의 적극적인 레지스탕스 투사들은 영웅으로 추앙 받았다. 하지만 다른 점령지역들과 마찬가지로 '저항'은 폭넓은 의미로 사용되어 소극적이든 적극적이든 모든 비타협과 불복종 형태들을 포함했다. 따라서 저항의 범주 속에 인구 대다수가 포함될 수도 있다. 노르웨이에서 그런 현상이 특히 두드러졌다. 비드쿤 크비슬링(Vidkun Quisling, 1887~1945)*과 민족단일당(Nasjonal Samling)은 노르웨이를 나치 지배 아래에 두려고 했다. 투쟁의 양상이 덴마크보다 노르웨이에서 훨씬 이데올로기적으로 치열하게 나타났음을 의미했다.[16]

하지만 이러한 차이가 있음에도 전쟁에 대한 즉각적 대응은 덴마크, 노르웨이, 스웨덴에서 비슷하게 나타났다. 첫째, 덴마크와 노르웨이는 점령을 당했지만 상대적으로 헌법 제도나 일상생활이 장기간 혼란 상태에 빠지지는 않았다. 한 덴마크 역사학자는 "우리가 문명이라 부를 수 있는 형태와 규정된 행동 패턴 가운데 중요한 것들은 살아남을 수 있었다"고 적고 있다.[17] 돌이켜보면 전쟁은 국내에서 큰 분기점이 될 정도는 아니었고 오히려 1930년대에 시작한 거대한 사회민주주의 프로젝트에 불필요한 방해물 정도로 여겨지게 되었다. 둘째, 전쟁 경험을 통해 각국은

---

* 나치 점령 아래서 노르웨이 총리에 취임해 교회, 학교 등의 나치스화, 유대인 박해, 대독 협력부대 편성 등을 실시했다.

강력한 합의와 국민의 단결을 이루었다. 노르웨이와 덴마크에서는 레지스탕스의 영웅적 행위, 스웨덴에서는 중립이라는 실용주의가 나타났다. 이러한 단결심으로 노르웨이와 스웨덴의 사회민주당은 비교적 젊은 지도자들이 주도하는 새로운 세대 아래 자신들의 입지를 공고히 할 수 있었고, 1930년대 이후 시작된 야심 찬 사회개혁 프로그램을 확대할 수 있었다.[18] 노르웨이 노동당 지도자들 상당수는 전쟁 기간에 망명 중이었는데, 1945년 정부에 들어가 전쟁을 과거사로 돌리기로 결정하고 사회민주주의 사회 건립이라는 과업을 진행했다.[19]

한편 전쟁 시기를 통해 역사의 주요 경로에서 이탈한 것으로 여겨진 나라는 무엇보다 교전국이 아니었던 스웨덴이었다. 정부의 위기 정책 아래 단결의 필요성에 따라 변칙적으로 '정당 사이 휴전'이 결정되었고 정상적인 정치 활동이 중단되었다.[20] 오사 린데르보리(Åsa Linderborg)의 지적에 따르면, 전후에 나치 협력자가 아니라 오히려 반파시스트 인사가 추방 위협을 받았다는 점에서 스웨덴 사회민주당은 독특했다. 반전 잡지인 《모든 것에도 불구하고!》(Trots Allt!)*의 편집장 투레 네르만(Ture Nerman)과 같은 사람은 정부의 실용주의를 비판한다는 이유로 당에서 고립되기도 했다.[21]

핀란드와 아이슬란드에서 전쟁 시기는 단순한 분기점 이상의 의미를 갖게 되었다. 핀란드는 1939년부터 1944년까지 소련에 맞서 두 차례나 전쟁을 치렀는데, 결국 전쟁에서 패해 영토를 상실하고 소련에 배상금을 지불해야 했다. 전쟁은 세 가지 측면에서 영향을 미쳤다. 첫째, 전쟁을

---

* 1939년 10월 첫 발간 이후 대중적으로 굉장한 인기를 얻었으나, 스웨덴 정부는 이를 허용하지 않았다.

통해 국민적 단결심이 형성됨으로써 1918년 내전에서 생겨난 적개심이 완화되었다. 둘째, 특히 겨울 전쟁은 핀란드에 대한 국제적 인식을 높였다. 셋째가 가장 중요한데, 핀란드 정치 엘리트들은 전쟁 경험을 통해 독립성을 유지하기 위해서는 소련이 가진 힘이나 소련과의 우호관계를 수용할 필요가 있다는 인식을 갖게 되었다.[22]

아이슬란드에게 제2차 세계대전은 곧 점령을 의미했다. 안보를 위해 정부는 처음에는 영국, 그다음에는 미국 군대의 주둔에 동의했다. 점령은 강제적이라기보다는 자발적인 것이었다. 그럼에도 외국 군대 주둔 때문에 아이슬란드 문화가 훼손되지 않을까 하는 우려가 나타났다.[23] 한편, 1940년 나치의 덴마크 침공은 사실상 아이슬란드에게 독립을 가져다주었다. 1944년 7월 17일에 아이슬란드 공화국은 공식적으로 출범을 선포했다. 정치 엘리트들은 7백 년 동안의 투쟁이 완성된 결과라며 환호했고, 6만 명의 인파가 독립을 축하하기 위해 국회의사당이 있는 팅벨리르 국립공원에 운집했다.[24]

냉전 시기의 스칸디나비아

제2차 세계대전 시기 노르딕 국가들은 저마다 다른 경험을 했고, 이 때문에 전쟁 전에 미약하게나마 획득했던 노르딕 단결심이 와해되었다. 전쟁 직후에 발생한 사건들은 이러한 긴장을 완화하는 데 어떤 역할도 하지 못했다. 스웨덴에서 중립성은 제2차 세계대전의 경험을 통해 정당화되는 듯했고, 스웨덴 정부는 자칭 노르딕 블록의 리더로 나서게 되었다. 하지만 노르웨이는 스웨덴을 리더로 환영하지 않았다. 할바르 랑에

(Halvard Lange)의 말을 빌리면, 노르웨이가 볼 때 스웨덴의 입장은 "이를테면 자기 길을 가기 시작해 더 이상 말을 듣지 않는 아이 격인 노르웨이에 대한 통제권을 입증하려는 노력"으로 여겨졌다.[25] 1948년 5월, 베를린 봉쇄와 국제적 긴장 고조에 대항해 스웨덴 총리 타게 에를란데르(Tage Erlander)가 스칸디나비아 방어동맹 안을 제출했다. 이 방어동맹 안은 노르딕 국가들이 뿔뿔이 갈라지는 것을 막고 스웨덴 정부가 내건 중립정책의 신뢰성을 지키기 위한 수단이었다. 1948년에서 1949년으로 넘어가는 겨울에 협정을 두고 협상이 이루어졌지만 1949년 1월 오슬로 회담 이후 무산되었다.[26]

스칸디나비아 방어동맹을 수립하려는 시도가 실패한 것은 스칸디나비아 국가들의 저마다 다른 전쟁 경험 때문이었다. 스웨덴에서는 중립 원칙이 적절하지 않은 성공으로 입증되었을지 몰라도 덴마크와 노르웨이의 경우는 달랐다. 오히려, 제2차 세계대전은 "결과적으로 노르딕 국가들이 자국의 약소국 지위를 입증하게 되었고, 고립 가능성이 사라졌으며 국제 체제에 편입하게 되었음을 나타내게 되었다."[27] 덴마크에서는 전쟁의 효과로, 1864년 프로이센 전쟁 패배 이후 줄곧 외교정책의 추진력으로 작용해 왔던 '패배에 대한 두려움'이 부활했다.[28] 침공과 점령은 고립과 중립이 더 이상 불가능하다는 것을 입증했다. 노르웨이는 1948년 북대서양 동맹의 발전에 관한 어니스트 베빈(Ernest Bevin: 1881~1951, 전후 영국 노동당 정부의 외무부 장관 — 옮긴이)의 연설을 긍정적으로 받아들였다. 그해 말 덴마크와 노르웨이 두 나라가 새로 북대서양조약기구 가입 요청을 받을 것임이 분명해졌다.[29]

하지만 바버라 해스컬(Barbara Haskel)에 따르면, 스칸디나비아 방어동맹이 궁극적으로 실패한 주된 이유는 서로 다른 전쟁 경험이나 노르웨이가 (외교 관계의 방향을) 영국 쪽으로 전환한 것 때문이 아니라, 핵심 사안에 대해 세 나라의 지도자들이 지닌 근본적인 입장 차이를 해소할 수 없었기 때문이었다. 스웨덴 정부는 협정을 방해하는 영향력을 강조한 반면, 노르웨이 정부는 미국을 더 신뢰했다. 더욱이 세 나라 모두 국내 정치 환경이 달랐다. 스웨덴 정부는 중립에 대한 강력한 국민적 지지를 얻을 수 있었지만, 덴마크와 노르웨이의 집권 사회민주당은 외교정책의 방향을 둘러싸고 국내의 반대에 직면했다.[30] 덴마크와 노르웨이는 오슬로 회담을 통해 스칸디나비아 방어동맹 체결 노력을 포기하는 데 동의했고, 1949년 3월 북대서양조약기구 가입에 서명했다.

한국전쟁이 끝난 뒤 국제 관계가 안정되자 곧 스칸디나비아가 분열된 지역임이 드러났다. 분열은 세 방향으로 이루어졌다. 덴마크, 노르웨이, 아이슬란드는 1949년 북대서양조약기구의 창립 멤버가 되었다. 하지만 북대서양조약기구 가입은 정치적으로 논란의 여지가 있었는데, 세 나라 모두 자국에 외국군이 주둔하는 것을 금지하는 최소한의 조건에만 서명했다.

노르웨이 노동당은 이 쟁점을 둘러싸고 크게 양분되었는데, 중앙위원회의 대다수와 영향력 있는 오슬로 지부는 찬성했지만 국회의원들과 기층 활동가들은 서명에 반대했다. 노르웨이와 덴마크의 공산주의자들 역시 북대서양조약기구에 반대했다. 하지만 그러한 결정은 노동당 당수이자 총리인 에이나르 게르하르드센(Einar Gerhardsen)의 도덕적 권위에 따라 이루어졌다. 일단 북대서양조약기구 가입을 공식적으로 결정하자 당원 대다수가 그를 지지했고 1949년 2월 전당대회에서 만장일치로 통과되었다.[31] 하지만 조약에 대한 반대는 간단히 사라지지 않아 1961년 새로운 사회인민당이 창립되면서 다시 표면화되었다.

전후 덴마크에서 사회민주당은 전쟁 전의 중립 상태를 유지하는 것을 선호하면서 대체로 외교정책 문제를 무시했다. 1945년에 통과된 강령인 '덴마크의 미래'에도 외교정책에 대한 언급은 전혀 없었다. 주된 관심사는 노동계급의 신뢰를 다시 획득함으로써 노동운동에서 공산주의자들의 영향력을 줄이는 것이었다. 하지만 1947년 6월 사회민주당 정부가 덴마크 경제의 심각한 국제수지 악화에 대한 필수적인 처방책으로 마셜플랜을 받아들인 것은 이러한 태도를 변화시키는 데 일조했다. 이런 결정은 중립 원칙에서 벗어난 첫걸음으로 여겨진다.[32]

아이슬란드의 경우, 북대서양조약기구 회원국이라는 점보다 1951년 미국과 체결한 양자 방어협정과 직접적인 관련성이 더 큰 것으로 드러났다. 그 협정에 따라 미국은 공식적으로 아이슬란드 방어를 책임지기로 하는 한편, 아이슬란드 정부는 케플라비크 공군기지를 유지함으로써 전략적으로 민감한 지역인 북대서양에 미군이 쉽사리 주둔할 수 있게 했다. 아이슬란드에 미군이 주둔하기로 한 결정은 두 나라 사이에 이루어졌다. 따라서 이 방어협정은 평화 시기 자국 영토에 외국 군대의 주둔을 금지하는 북대서양조약기구 조항보다 우선했다.[33] 덴마크와 노르웨이의 북대서양조약기구 가입 반대 흐름을 반영하여, 아이슬란드가 미국과 공식적으로 연합한 것은 얼마간 정치적 논쟁을 만들어 냈다.[34] 아이슬란드의 중도 우파인 독립당은 지속적으로 북대서양조약기구 가입과 미군 주둔을 찬성해 온 반면, 좌파 정당들은 계속 이를 반대했고, 온건파인 진보당은 양분되었다. 1953년 스탈린이 사망한 뒤에 찾아온 긴장 완화(데탕트) 시기 이후에야 미군 주둔 반대가 지지를 얻었다. 친미 성향의 독립당은 고립되었고, 1956년 공산당 대표들을 포함한 광범위한 연합정부가 아이슬란드 안보정책에 대해 철저한 재평가를 단행하겠다는 공약과 함께 취임했다. 1956년 가을 소련의 헝가리 침공 이후 또다시 여론은 빠른 속도로 역행하게 되고 주둔에 대한 반발은 약화되었다.[35] 미국과의 특별한 관계는 경제적으로도 강화되었다. 미군은 아이슬란드 경제에 중요한 기여를 했고 아이슬란드는 대규모 마셜 원조를 받았다. 이런 현상은 1950년대까지 계속되었다.

핀란드는 소련과 바로 붙어 있고 긴밀한 관계를 맺고 있었기 때문에 북대서양조약기구 가입은 애초에 불가능한 일이었다. 1944~1948년 시기는 핀란드에게 '위기'로 묘사되어 왔다. 내부적으로, 1948년 체코슬로바키아에서 발생한 것처럼 공산주의자들의 쿠데타에 취약하다는 현실적 두려움이 존재했다. 실제로 1948년 봄에 급진 좌파든 우파든 쿠데타를 매우 심각하게 검토했다는 근거는 물론 없다.[36] 전후 핀란드의 혼란과 사회적 불안은 아마도 같은 시기 유럽의 다른 대부분 지역에서 팽배했던 것만큼 심각하지는 않았다. 외부적 위협은 핀란드가 1944년 소련에 패배한 뒤에 점령당할 것이라는 예측에 따른 것이었다. 영토 상실이나 경제적 배상과 관련한 정전협정 조건을 감당하기 어려웠지만 핀란드는 점령당하지 않았고, 전쟁 이전의 헌법을 비롯한 여러 제도 역시 훼손되지 않고 유지되었다.

전후 시기 핀란드 외교정책의 초석은 1948년 4월 소련과 체결한 우호협력상호원조조약(YYA)이었다.[37] 이것은 군사조약은 아니지만 핀란드가 독일이나 독일 동맹군의 공격을 받았을 경우 소련이 핀란드에 군사적 지원을 하고, 반대로 소련이 핀란드 영토를 통해 공격받았을 경우 핀란드가 소련을 지원해야 한다고 명기되어 있었다. 이러한 조건 아래에서 전후 핀란드 외교정책은, 중립을 지키기 위한 투쟁 또는 적어도 조약의 전문에 명시된 대로 명목상의 중립적 지위를 국제적으로 인정받기 위한 투쟁과,

적대적인 열강들의 이해관계 바깥에 머물고자 하는 열망이라고 해석할 수 있겠다. 실제로 이런 내용을 조약에 삽입한 것은 소련이 다른 동유럽 국가들과 체결한 유사한 조약들과 큰 차이를 보이고 있다. 이렇게 볼 때 소련이 1955년 포르칼라 군사 기지를 핀란드에 반환하기로 결정한 것은 획기적인 사건이었다. 서방의 관점에서 볼 때 이런 변화는 핀란드의 중립적 입지를 강화하는 사건이었다.[38] 이제 핀란드 외교정책의 핵심은 이른바 파시키비-케코넨 라인(Paasikivi-Kekkonen line)*이 되었다. 이 '라인'은 핀란드 안보를 확실하게 보장하기 위해서는 소련과 우호 관계를 유지해야 한다고 했던 두 대통령의 이름을 따서 만든 것이었다. 이런 점에서 두 대통령은 제1·2차 세계대전 시기 그들의 전임자들이 가졌던 야망에서 벗어났다고 할 수 있다. 파시키비(Juho kusti Paasikivi, 1946~56년 재임) 대통령이 내건 실용주의의 뿌리는 대공국 마지막 시기 러시아 제국과의 타협을 지지했던 자신의 입장에서 출발했다고 볼 수 있다.[39]

케코넨 대통령은 소련의 흐루시초프 서기장과 사적으로 긴밀한 관계를 발전시켜 나가면서 이러한 타협 정책을 계속 유지했다. 1960년대 케코넨의 '예방 외교'는 서방 관찰자들한테서 노골적인 비판을 받았다. 이들은 핀란드 정부의 자치권이 실제로 심각하게 제약받고 있으며, 핀란드는 국민국가로서 주권을 갖지 못할 정도로 소련의 영향력 아래 놓여 있다고 지적했다. 경멸적인 의미로 '핀란드화'(finlandization)**라는 용어

---

* 동서 진영 어느 한쪽에 의존하지 않고 철저한 중립정책 아래서 모든 국가, 특히 인접국과 우호 관계를 발전시켜 국가안보를 유지한다는 친소 중립정책을 말한다.
** 강대국이 주변 약소국들의 정책에 미치는 영향력을 뜻하는 말로, 1960년대 후반과 1970년대 이루어진 서독 정치 논쟁에서 유래했다. 독일과 다른 북대서양조약기구 국가들의 관계를 설명하기 위해 사용되었다.

가 사용되었다. 다른 유럽 국가들의 외교정책에 관한 국내 논쟁에서도 빗대어 사용되었는데, 서독 총리 빌리 브란트(Willy Brandt)의 '동방정책'에 대한 비판이 그런 예이다.[40] 이에 대해 핀란드 정치인들은 서방 관찰자들이 핀란드-소련 사이 위태로운 관계의 특성을 이해하지 못한 것일 뿐이고, 핀란드가 소련의 요구를 묵인한 것은 실용주의에 따른 자발적인 결정이라는 입장을 고수했다.[41]

냉전이 끝난 뒤 핀란드에서는 독립이 어느 정도의 타협을 통해 얻어낸 것인지를 두고 광범위한 논쟁이 이루어졌는데, '핀란드화'라는 용어가 핀란드 말로도 쓰일 정도였다.[42] 케코넨이 전임 대통령 파시키비와 다른 점은, 핀란드 외교정책이 불가피하게 국내 정치와 얽혀 있음을 인식한 것이었다. 그는 외교정책 사안들을 자국의 정치적 이해관계에 맞추기 위해 교묘하게 조종했다는 비판을 받았다. 그 예로 이른바 1961~1962년의 '문서 위기'(Note Crisis)*를 들 수 있다. 소련의 개입으로 케코넨은 대통령 선거에서 반대 세력을 확실하게 막아낼 수 있었다.[43] 어떤 사람들은 핀란드 정치 엘리트들이 소련의 안보 전략에 순응하고 있으며 진실로 독립적이고 비판적인 언론이 없다고 지적했다. 1970년대까지 대중매체에 대한 광범위한 자체 검열이 실시되었는데, 참견과 경고의 수준을 넘어 아첨, 윤색, 진실 왜곡까지 하기에 이르렀다.[44] 하지만 핀란드의 정치·언론 엘리트들이 권력에 순응했다 하더라도 나머지 핀란드 사회는 '핀란드화'되지 않았다. 핀란드는 결코 철의 장막 아래에 놓여 있지 않고, 검열받지 않는 문화적·정신적 생활을 유지했다. 오랫동안 대공국으

---

* 소련이 케코넨의 재선을 위해 1961년 10월 전쟁 위험을 언급한 외교문서를 보낸 사건을 일컫는다. 이 사건의 결과로 케코넨의 반대세력이 사라졌고, 케코넨은 강력한 정치적 지위를 획득했다.

로 존재했음에도, 핀란드는 문화적으로 러시아와 소비에트의 영향을 거의 받지 않았다. 실제로는 핀란드에서도 다른 노르딕 국가들과 마찬가지로 미국의 대중문화와 소비 패턴이 더 큰 영향력을 발휘했다.[45]

평화 시기에는 비동맹을, 전쟁 시기에는 중립정책을 고수해 온 스웨덴의 전통적 스칸디나비아 정책에는 얼핏 보아 논쟁의 여지가 없는 듯하다. 실제로 중립 원칙은 공식적 독트린을 능가하게 되었을 정도로, 정책을 지지하는 대중적 합의가 형성되어 있었다. 그것은 스웨덴의 정체성을 구성하는 중요한 일부분으로 여겨졌다. 그 덕분에 스웨덴은 백 년이 넘도록 평화와 안정을 구가할 수 있었고 두 차례의 세계대전을 피할 수 있었다. 따라서 중립 원칙에 의문을 제기하는 것은 반역과도 같았다.[46]

이러한 일관성은 물론 신화라 할 만했다. 최근 연구에서 입증되었듯이 스웨덴의 중립성은 국제 상황에 적응하고 다시 적응하는 유연한 정책이었다.[47] 전후 스웨덴 중립성에 관해 두 가지 사실을 지적할 수 있다. 첫째, 스웨덴의 중립성은 스위스 사례와 같이 어떠한 법적 보증을 받지는 못했다. 즉, 독립적 지위를 유지하고 공격을 방어할 국방이 필요하다는 믿음에 기초한 '무장된 중립성'이었다. 이러한 태도에 대해 공산주의자들은 전면적으로 반대했지만, 여러 사회민주당 당원들은 무장해제에 대해 갖고 있는 강력한 정신적 지지를 굽히는 것도 필요하다고 생각했다. 국방 산업은 스웨덴 경제에서 큰 비중을 차지했고 1970년대 중반까지 국내총생산 대비 국방비 지출은 서유럽 국가들 가운데 프랑스 다음으로 높은 수준이었다.[48]

핀란드와 마찬가지로, 냉전의 종결은 스웨덴 안보정책 재평가에 불을 붙였고, 스웨덴에서는 중립성 정도에 대한 의문이 제기되었다.[49] 스웨덴의 중립성은 동쪽(소련을 가리킴 ─ 옮긴이)으로부터 어떠한 공격도 없을 것이고, 만일 공격해 올 경우 미국과 북대서양조약기구가 지원하러 올 것이라는 암묵적 가정에 입각해 있었다는 것이다. 이것은 1994년 공식 조사를 통해 확인되었다. 이 조사는 스웨덴의 군사·외교 엘리트들이 이웃 나라인 덴마크, 노르웨이뿐만 아니라 영국, 미국을 비롯한 북대서양조약기구 국가들과 광범위하고 은밀하게 접촉해 왔음을 밝혔다.[50] 게다가 외교정책에 대한 언론의 감시가 핀란드에서보다 더 강력했다고 하더라도, 다른 많은 서유럽 국가들과 마찬가지로 스웨덴은 공산주의라는 내부의 적과 자체적인 냉전을 벌였다. 공산주의자들은 일상적으로 배제되고 감시를 받았다.[51]

여기에서 서술된 안보 체제(북대서양조약기구 회원국인 덴마크, 노르웨이, 아이슬란드와, 중립적이지만 암묵적으로 유사 동맹 체제를 갖춘 스웨덴과 핀란드)를 일컬어 '노르딕 밸런스'(Nordic Balance)라고 한다.* 이는 19세기식 권력 균형을 의미하지는 않았지만, 노르딕 지역의 안보 체제를 단순히 기술한 것 이상을 의미했다. 그것은 두 가지 의미에서 규범적이었는데, 첫째 노르딕 밸런스를 유지하는 것이 노르딕 국가들에게 최대의 이익을 보장하는 것으로 이해된다는 점에서 그러했다. 둘째 북대서양조약기구 국가들에게 대항 세력의 역할을 하는 핀란드-소련의 우호협력상호원조조약과 함께 노르딕 안보체제가 왜 그와 같은지 그 이유를 설명한다는 점에서 규정적이었다. 일부 바깥 지역 관찰자들은 노르딕 밸런스 역시 노르딕 모델의 연장으로 여겼다. 스칸디나비아는 '안보 공동체'의 사

---

* 노르웨이 외무장관이었던 할바르 랑에가 처음 쓴 표현이고 브룬틀란(A. O. Brundtland)이 이론화했다. 랑에는 노르딕 국가들이 각기 독립적인 안보정책을 추구해 나가면서 전체적으로는 균형을 이루고 있다는 의미로 이 용어를 사용했다.

례로 인용되었는데, 국제 관계의 특성상 전쟁 가능성이 희박하거나 전혀 없는 지역, 상호 의존성과 '우리 의식'이 지역의 긴장감을 압도하는 지역이라고 정의되었다.[52]

노르딕 정부들 역시 자신들이 세계평화 수호자이자 양심이라는 생각을 자리 잡게 하려고, 때로는 공동으로 때로는 단독으로 활동하면서 이러한 생각을 알리는 노력을 지원했다.[53] 냉전 시기 모든 노르딕 국가들의 외교정책은, 소국이 국제 문제에서 적극적인 역할을 수행해야 한다는 확신에 차 있었다.[54] 이러한 목표는 부분적으로 유엔을 통해 추진되었는데, 1946~1952년에 노르웨이의 트뤼그베 리(Trygve Lie)가, 1953~1961년에는 스웨덴의 다그 함마르셸드(Dag Hammarskjöld)가 유엔 사무총장으로 임명되면서 스칸디나비아 국가들은 더욱 큰 명성을 얻었다. 아이슬란드를 제외한 노르딕 정부들은 또 해외 원조 프로그램에 폭넓은 지원을 아끼지 않는다는 평판을 확립했다.[55] 정치학자 크리스틴 잉게브릿센은 노르딕 국가들이 '규범을 창안하는 자'로서 활동한다고 주장했는데, 이들은 소국이라는 지위를 활용해 세 가지 영역(환경정책, 국제안보, 전 지구적 복지)의 국제 정책에서 도덕적 영향력을 확보하고자 했다. 이는 스칸디나비아가 실천한 국내의 사회연대 정책을 논리적으로 연장한 것이며, 동시에 국제분쟁에 관여하지 않았던 역사적 전통 덕분에 그러한 전략을 성공할 수 있었다.[56]

스칸디나비아 외교정책이 국제사회주의(Socialist internationalism)와 이상주의 전통에서 많은 영향을 받았고, 이러한 전통이 특히 스웨덴에서 집권 사회민주당 외교정책의 전망을 제시했다는 것은 틀림없는 사실이다.[57] 그러나 외교정책의 경우 종종 '현실 정치 상황'의 영향을 많이 받았는데, 심지어 스웨덴 사회민주당 총리인 올로프 팔메의 '적극적 중립'

정책에서도 그러했다. 팔메는 미국의 베트남 정책에 대해 거침없이 비판한 것과 마찬가지로, 소련 쪽에도 정치적 · 이념적으로 개입했다. 이는 사회민주당 내부에서 급진 좌파의 비판을 진정시켰을 뿐만 아니라, 서방세계와의 문화 · 경제 · 군사 관계에서 균형추 역할을 했다. 스웨덴의 중립성은 직선 코스를 따르지는 않았지만, 대신 "노련하게 반박을 관리하는 것으로 여겨졌고, 누군가는 극도로 노련하다고 말했다."[58] 핀란드에서 케코넨 대통령은 유럽안보협력회의(Conference on Security and Cooperation in Europe)를 위한 여러 차례 대화를 시도함으로써 초강대국들 사이에서 중재자 역할을 자임했다. 이는 '핀란드화' 라는 비판에 대응하고 국제적으로 전례 없이 핀란드를 중립국으로 확고히 인식시키는 구실을 했다.[59]

냉전 종결 이후 노르딕 외교정책에 대한 재평가들 역시 스칸디나비아가 어느 정도로 독일식의 안보 공동체를 구축한 것으로 이해될 수 있는지에 대해 상당히 회의적이었다. 노르딕 밸런스 개념은 안보 공동체를 달성하기 위한 청사진이라기보다는 기존 안보 체제를 '사후에' 합리화한 것이었다.[60] 초기의 유럽공동체와 달리, 스칸디나비아 안보 공동체는 그들이 공유한 분쟁의 역사를 극복하고자 하는 열망에서 탄생한 것이 아니라(물론 스칸디나비아 지역에는 그러한 역사가 실제 존재하지도 않았다), '전쟁의 부재' 에서 생성된 것이라는 점을 누구도 부인할 수 없다.[61] 노르딕 평화는 '의도하지 않은 평화' 였다. 이런 평화는 노르딕 국가들 내부 관계에서 안보 문제가 주요 관심사에서 부차적인 것이 되고, 안보 정책 시행에서 국가 자율성을 유지하는 것을 전제로 한다.[62] 1948~1949년 스칸디나비아 방어동맹 결성이 실패한 뒤, 냉전 기간에 노르딕 내부의 안보 협력을 꾀하기 위한 어떠한 추가 시도도 없었다.

노르딕 국가들 간의 협력

국제 관계에서 '안보 공동체' 라는 용어는 분쟁의 부재뿐만 아니라, 상호 가치에 대한 인정과 연대감 또는 '우리 의식' (we-feeling)에 기초한 일체감을 의미한다. 나아가 안보와 방어뿐만 아니라 다른 정책 영역에서도 협력과 통합을 포함하는 것이 일반적이다. 앞에서 살펴본 바와 같이, 제1 · 2차 세계대전 사이에 스칸디나비아 국가들 간의 협력을 증진시키기 위한 여러 차례의 시도가 있었다. 스칸디나비아 방어동맹 협상이 붕괴된 뒤 덴마크 사회민주당 정치가 한스 헤드토프트(Hans Hedtoft)가 좀더 전반적인 협력을 위한 포럼의 창립을 제안해 1952년에 우선 덴마크, 스웨덴, 노르웨이로 구성된 노르딕이사회가 창설되었다.

비평가들 대부분은 노르딕이사회의 목표가 가진 한계를 강조했다. 이 사회의 권한은 문화 · 법률 · 사회적 관계를 증진시키고 이들 영역 안에서 정책과 여러 규제를 조화시키는 것이었을 뿐, 국가의 수준을 뛰어넘는 야망은 없었다. 엄밀히 말하면, 노르딕이사회는 회원국의 주권을 공식적으로 제한할 만한 결정권이 없는 자문 기구에 지나지 않았다.[63] 1971년 노르딕각료이사회(Nordic Council of Minister)의 창설도 노르딕 협력의 한계를 뛰어넘는 데 어떠한 역할도 하지 못했다. 이러한 이유로 '주저하는 노르딕 국가들' 이라고 묘사되기도 한다.[64] 이런 모습은 어느 정도 노르웨이와 스웨덴 사이에 남은 긴장감 때문이다. 하지만 노르딕 국가들의 협력이 제한적이었던 가장 큰 이유는 냉전 정치와 더 관련성이 높았다. 소련은 처음부터 노르딕 협력에 대해 핀란드를 서방 세계로 끌어들이기 위한 구실이라고 보고 매우 의심스럽게 여겼고, 이 때문에 1955년까지 핀란드가 노르딕이사회에 가입하는 것을 막았다. 1953년 이후 '1차 데탕트'(1970~1974년 — 옮긴이) 시기에 이러한 태도는 유연해져 소련 지도부는 노르딕이사회를 노르딕 문제에 영향력을 행사하기 위한 수단으로 여기기 시작했다. 따라서 핀란드의 가입은 노르딕이사회가 외교정책상 어떠한 영향력도 확대하지 않겠다는 것을 보증하는 것이었고, 실제로 그러했다.[65]

오랫동안 냉전 정치는 경제 영역에서 노르딕 협력을 발전시켜 가는 데 제동장치 역할을 했다. 핀란드는 주로 서유럽 국가들과 자본주의 경제 교역을 통해 얻게 되는 경제적 이익을 보호하기 위해, 1961년 유럽자유무역연합(EFTA)과 협정을 체결하고 1969년에는 경제협력개발기구에 가입했다. 소련은 핀란드의 대외무역에서 최혜국 지위를 유지한다는 조건 아래 유럽자유무역연합(EFTA) 협정에 동의했다. 핀란드는 노르덱(Nordek)으로 알려진 노르딕관세동맹(Nordic Customs Union) 창설을 위한 협상에도 참여했다. 이 동맹은 1968년 덴마크의 첫 제안에 따른 것이었다. 그러나 합의에 대한 승인 준비가 이루어질 때까지 노르덱이 당연히 노르딕 국가들의 경제적 협력을 위한 포럼 수준을 넘을 것이고, 유럽경제공동체에서 회원 자격을 획득하기 위한 첫 번째 단계가 될 것은 분명했다.[66] 이것은 소련을 직접 자극하게 되었고, 결국 핀란드 정부는 1970년 봄 갑자기 협상에서 빠질 수밖에 없었으며 그 결과 전체 계획이 무산되기에 이르렀다.[67] 핀란드 정부의 이런 행보는 자국 안에서나 다른 노르딕 정부들한테서 비판을 받았다. 그렇다 하더라도 핀란드가 노르덱 협상에 완전히 참여했다는 사실이 갖는 중요성은 협상 무산의 부정적인 결과들을 어느 정도 뛰어넘었다. 핀란드의 노르덱 협상 참여는 노르딕 국가로서 핀란드의 지위를 분명하게 확인시켰다.[68]

안보정책의 제약 말고도, 긴밀한 통합을 위한 강력한 경제적 동기가 없다는 것이 더 큰 장애로 작용했다. 노르딕 시장은 너무 협소해서 노르딕 국가들 사이의 무역 발전을 위해 특별한 조처를 취할 만한 가치가 없었다. 따라서 스칸디나비아의 개방경제라는 특성 탓에, 거대한 서유럽 시장이 늘 더 중요한 영역이 되었다. 물론 스칸디나비아 국가들은 국가 간 경쟁 구도와 제국주의 때문에 긴밀하게 협력하지 못한 측면이 있다. 그렇다고 해도 이 국가들 사이에 유지되어 온 오랜 적대감을 극복하기 위해 긴밀한 연합이 필요하고, 이를 위해 (경제적) 동기를 제공하는 것이 중요하다는 공감대가 서유럽만큼 충분하게 형성되어 있지는 않았다.[69] 따라서 유럽공동체에서와 같이, 노르딕 협력은 항상 국가들의 이익을 결합하기보다는 자국의 이익을 보호하는 수단으로 작용했다. 노르딕의 긴밀한 협력 관계에 지속적으로 큰 지지를 보낸 국가가, 과거 이 지역 안에서 패권을 잡아 온 스웨덴과 덴마크라는 사실은 주목할 만하다. 노르웨이는 지속적으로 협력에 머뭇거렸다. 한편, 아이슬란드와 스칸디나비아의 작은 자치 지역들에게 노르딕 협력은 자국의 주장을 피력할 수 있는 장을 제공하게 되었다. 올란드 제도와 페로 섬은 1970년부터, 그린란드는 1984년부터 노르딕이사회에 대표를 파견했다.

이러한 한계를 안고 있긴 했지만, 노르딕 협력은 1945년 이후 여러 가지 다른 방식으로 활성화되었다. 첫째, 스칸디나비아 국가들은 외부 세계에 대해 지역적 통일성을 보여 줄 필요가 있다는 데 합의했다.[70] 이는 '노르딕 필터'(Nordic filter)의 작용으로 설명할 수 있는데, 각 정부는 특정 상황에 대응하기 전에 그것이 다른 스칸디나비아 국가들에 미칠 영향을 평가한다.[71] 이런 모습은 유엔과 같은 국제 조직에서 비공식적인 노르딕 의원 모임을 운영하는 모습에서 가장 뚜렷하게 확인된다. 공식적으로 논의해야 할 의무는 없지만, 그렇게 협의하는 것은 거의 윤리적 원칙에 따른 것으로 불가침성을 갖게 되었다. 예를 들면, 1965년 덴마크 외무부 장관인 페르 헤케루프(Per Hækkerup)는 남아프리카공화국의 인종차별 정책에 대해 유엔이 더 강력한 방침을 채택해야 한다는 제안을 하기 전에 미리 논의하지 않았다는 이유로, 다른 스칸디나비아 국가의 외무부 장관들한테 비판을 받았다.[72)]

둘째, 노르딕이사회는 노르딕 내부의 접촉과 네트워크 발전을 지원하는 조직을 설립함으로써 지역 통합을 증진시켰다. 이들 가운데 가장 중요한 것은 노르딕 시민들의 자유로운 활동을 촉진하기 위한 제안들이었다. 1954년 노르딕 노동시장(1983년 아이슬란드 가입)이 수정되었고, 그 결과 노르딕 국가의 시민들은 다른 국가에서 일을 하기 위해서 고용 허가를 받을 필요가 없게 되었다. 1955년 사회보장연합(social security union)이 수정됨에 따라 이 지역의 시민들은 사회보험 급여를 서로 연계하여 받을 수 있는 자격을 획득했다. 그리고 1957년에는 노르딕여권연합이 수립되었다. 이러한 변화가 가져온 가장 눈에 두드러진 성과는 1960년대 핀란드 노동자 수십만 명이 스웨덴으로 이주한 일이다. 또 다른 성공 사례로는 1951년 스칸디나비아항공(SAS, 덴마크·노르웨이·스웨덴 세 나라가 공동으로 운영하는 항공회사 — 옮긴이)의 설립, 1976년 노르딕투자은행 창설, 1976년의 환경보호 관련 법률조정 합의 등이 있다. 법률조정은 노르딕이사회의 주요 활동 영역 가운데 하나였으며, 주로 가족, 사업, 저작권, 운송처럼 논쟁의 여지가 없는 영역의 법률에 영향을 미쳤다.

셋째, 문화적 수준에서도 비공식적으로 노르딕 국가의 협력을 증진시키기 위한 노력들이 어느 정도 성공을 거두었다. 대학생들이 문화·교육 영역에서 교류할 수 있도록 정부가 후원하는 '노르드플러스'(Nordplus)

제도가 실시되었고, 문학·음악·영화 부문에서 '노르딕 상'(Nordic Prizes)이 제정되었다. 이들 예술 영역의 통합은 덴마크, 노르웨이, 스웨덴 언어 사이에 상호 의사소통이 가능했던 덕분이다. 물론 1945년 이후 이들 언어들의 갈래가 나뉘어졌다는 근거들은 존재한다.[73] 20세기 초 각 나라에서 설립된 노르딕 연합들을 포함한 자발적 조직들도 공동의 노르딕 정체성을 증진하려 노력했다. 사회민주주의 노동운동에서 '노동자 스칸디나비아주의'(arbetarskandinavism) 전통의 영향도 컸다. 이 표현은 1972년 공동 노동조합 기구인 노르딕노동조합위원회(Nordens Fackliga Samorganisation)의 창립 당시 사용되었다.[74]

유럽 통합과 노르딕 외교정책

1940년대에 찾아온 냉전은 노르딕 국가들의 안보 체제에 중요한 전환점이 되었다. 냉전의 시작은 덴마크, 노르웨이, 그리고 신생 독립국인 아이슬란드에서 지난 한 세기 반 동안 유지해 온 중립과 비동맹 원칙의 종결을 의미했다. 하지만 국가들 사이의 차이를 너무 강조해서는 안 된다. 알고 있는 바와 같이, 덴마크와 노르웨이는 최소한의 조건이긴 하나 북대서양조약기구 회원국이었고, 스웨덴 정부는 중립을 선언했지만 실제 소련이 침공한다면 북대서양조약기구가 방어할 것이라는 암묵적인 기대를 하고 있었다. 한편, 전쟁 기간에 처음 수립된 노르딕 내부 협력을 위한 네트워크가 계속 발전했으나, 유럽공동체가 밟은 경로를 따라 국가를 뛰어넘는 통합을 추진하고자 하는 야망은 없었다.

1989~1991년 시기는 일반적으로 유럽 역사의 중요한 전환점으로 인

식된다. 베를린 장벽이 붕괴되고 1989년 가을 동유럽에서 공산주의 체제에 대항한 혁명들이 일어났고, 이어서 독일 통일, 소련 붕괴, 냉전 종식이 뒤따랐다. 핀란드와 스웨덴에서, 그들의 중립 원칙과 안보 정책에 중대한 함의를 가진 이런 변화들은 1990년대 극심한 경기침체와 함께 나타났다.[76] 특히 스웨덴에게 1990년대 전반기는 갑작스럽고 충격적인 변화의 시기였는데, 이전 시기에 유지되었던 정치·사회·국가 정체성에 대한 확실성이 근본적으로 흔들렸다. 핀란드 역시 1990년대 동안 냉전 시기 외교정책에 대한 집중적인 조사와 공공 논쟁이 이루어졌는데, 소련 붕괴 이후 공개된 새로운 문서 자료들이 여기에 일조했다. 그러나 유럽의 다른 국가들과 마찬가지로 모든 노르딕 국가들에게 1989~1991년에 발생한 사건들은 역사적으로 큰 분기점이 되었다. 이 때문에 유럽은 마침내 기나긴 '전후' 시기에서 빠져나오게 된다. 한 역사학자는 1990년대를 이렇게 설명했다. "우리가 현재 목격하고 있는 것은 …… 일종의 공백기다. 이제는 불필요하거나 받아들일 수 없게 된 과거의 낡은 버전과 앞으로 나타날 새로운 버전 사이에 서 있다."[77]

우리는 이 시기에 일어난 영향들의 많은 부분을 지나치게 단절적인 것으로 만들어서는 안 된다. 특히 1991년 이후에 나타난 실제 경향들을 명백하게 식별해 내는 것은 여전히 시기상조이다. 게다가 우리가 현재 '1949~1991년 냉전 시기'로 알고 있는 것에 불변의 동질성을 부과하는 것 역시 위험하다. 이런 생각은 이 시기에 지속적으로 변화하고 발전해 온 안보 상황의 특성을 정확하게 담아 내지 못하기 때문이다. 돌이켜 보면 이러한 해석은 아마도 예측 가능한 시대에 대한 향수에서 나온 것이라고 할 수 있는데, 물론 사실과도 거리가 멀다.

노르딕 외교정책은 냉전 시기의 국제 관계 변화에 역동적으로 대처했다. 스탈린 사망 후 찾아온 1953년 '1차 데탕트' 때문에 스칸디나비아 정부들은 소련에 더욱 낙관적이고 동정적인 태도를 취했지만, 이러한 희망은 1956년 가을 소련의 헝가리 혁명 진압 뒤 곧 좌절되었다. 마찬가지로, 독일 총리 빌리 브란트의 동방 정책은 1970년대 초 어느 정도 긴장 완화를 가져왔으며, 1975년 헬싱키에서 열린 유럽안전보장협력회의(CSCE)의 합의에서 절정에 이르렀다. 하지만 이는 브레즈네프와 레이건 시기에 부활한 이른바 '2차 냉전'에 자리를 내주어야 했다. 1981년과 1982년 소련 잠수함이 스웨덴 영해를 침범한 사건이 발생했는데, 이 사건은 심각한 충격을 불러와 새로운 안보 문제를 일으켰다.

그럼에도 1990년대 소련의 붕괴와 냉전의 종식은 스칸디나비아의 모든 나라에 큰 영향을 끼쳤다. 동서 대립이 끝남으로써 두 중립국의 정책은 재검토되어야 했지만, 새롭고 예측하기 어려운 안보 도전들에 대한 두려움을 촉발시키면서 안보 환경 역시 다른 방식으로 변화했던 것이다. 여기에는 환경 이슈, 북대서양 어류 보유량과 같은 희소 자원 관리 문제(물론 이런 문제들은 이미 냉전이 종식되기 오래전에 나타났다),[78] 소련의 막대한 무기고(상당수가 스칸디나비아 지역 가까이에 있었다)를 안전하게 처리하는 문제, 과거 소련 사회의 불안에서 나타난 초국적 범죄 활동, 분쟁으로 추방된 난민들, 특히 과거 유고슬라비아 난민들의 입국 문제들이 포함되었다.[79]

21세기 벽두부터는 에너지 문제(특히 북해와 바렌츠 해의 석유, 천연가스 매장과 관련)와 국제 테러리즘이라는 두 가지 문제가 분쟁의 근원으로 추가되었다. 덴마크 신문에 실린 마호메트 풍자 만평을 둘러싼 논쟁은 많은 스칸디나비아 사람들에게 언짢은 기억이 되었고, 이 사건이 일어남으로써 자신들이 전 세계의 분쟁에서 분리된 존재라고 생각할 수 없게 되었다. 실제로 이 때문에 2006년 1월 심한 폭동이 일어났고 중동 지역에서 덴마크의 이권이 공격을 받았다.

마지막으로 유럽 통합에 관한 문제도 있었다. 그 어떤 노르딕 국가도 로마 조약(Treaty of Rome)*에 서명하지 않았다. 하지만 덴마크와 노르웨이는 1960년대 초부터 가입 문제를 두고 논쟁을 벌였고, 덴마크는 1973년 조약에 가입했다. 핀란드의 경우는 서방 세계와 밀접하게 관련된 조직의 회원국이 된다는 것을 생각할 수도 없었고, 이 문제는 논의조차 되지 못했다. 스웨덴 역시 중립 원칙의 제약을 받았지만, 1960년대 수출에서 유럽경제공동체 시장의 중요성이 커지자 정치적 통합 의무에 공식적으로 응하지 않은 채 이 기구에 가입할 수 있는지를 둘러싸고 논쟁이 일어났다. 이 문제는 스웨덴 정부가 공식적으로 유럽경제공동체에 가입하지 않을 것이라고 선언한 1971년에야 잠잠해졌다.[80]

그러나 철의 장막이 유럽 통합을 둘러싼 상황을 변화시켰고, 그것은 또한 노르딕 지역의 정체성에 중대한 영향을 끼쳤다. 노르딕 모델이라는 개념이 그동안 기대어 온 이데올로기적 구분이 사라지자, 이제 더 이상 나머지 유럽 국가들보다 '더 나은' 것으로 여겨지지 않았다. 1986년 단일유럽의정서(Single European Act), 1991년 마스트리흐트 조약(Treaty of Maastricht)이 체결됨으로써, 유럽공동체는 새롭고 역동적인 통합 국면에 접어들었다. 스칸디나비아, 특히 스웨덴이 적어도 1990년대 초반 한때 현대성의 상징이 되었으나, 갑자기(유럽 통합 논의 이후—옮긴이) 이러한 역할을 떠맡게 된 것은 유럽이었고, 유럽이 대표하는 정치적 자유

---

* 유럽경제공동체 설립을 위해 1957년에 체결된 기본 조약으로 프랑스, 서독, 이탈리아, 네덜란드, 벨기에, 룩셈부르크 6개국이 참여했다.

와 권리, 자유시장 개혁과 통합이 그 역할을 떠맡게 되었다.[81]

이러한 이유로 1990년 가을, 스웨덴 정부는 유럽연합에 가입할 의향이 있다는 충격적인 선언을 했다. 이 결정은 경제위기 정책의 일환이었지만, 유럽연합 가입이 중립 원칙에 위배된다는 전통적 노선을 고수해 온 사회민주당 총리 잉바르 칼손(Ingvar Carlsson)이 실질적으로 패배를 시인한 것이었다. 1991년 선거에서 사회민주당이 패배한 뒤 보수 정부가 집권함으로써 가입 신청 안은 열광 속에 채택되었다.[82] 한편, 핀란드는 소련과 맺은 우호협력상호원조조약의 효력이 끝나자마자 1992년 3월 유럽연합 가입 결정을 발표했다. 스웨덴과 핀란드는 유럽연합 가입안을 국민투표에 부쳤고, 1995년 1월 1일 두 나라 모두 중립국 오스트리아와 함께 유럽연합에 공식 가입했다.

상황이 변화되고 스웨덴과 핀란드가 유럽연합에 가입함에 따라, 가입하지 않은 노르웨이와 아이슬란드는 자신들의 위치를 되돌아보게 되었다. 북대서양조약기구 회원국으로서 이 두 나라는 외교정책에 따라 1960년대 동안 유럽경제공동체 가입을 강요받지 않았다. 영국과 긴밀한 교역 관계를 맺고 있던 덴마크와 노르웨이는 경제적 문제가 가장 중요하게 고려되었다. 두 나라는 스웨덴과 함께 유럽자유무역연합의 창립 멤버가 되었다. 특히 덴마크의 경우 스웨덴과 달리 새로운 무역기구 가입을 궁극적으로는 유럽경제공동체에 도달하기 위한 발판으로 여겼다. 1961~1962년 노르웨이와 덴마크는 영국과 아일랜드를 따라 가입 신청을 했지만, 프랑스의 드골 대통령은 이때도, 그리고 1967년 신청 때에도 거부권을 행사했다. 1972년 세 번째로 가입 신청을 한 끝에 승인되었고 그 결정은 두 나라에서 국민투표에 부쳐졌다. 덴마크는 64%라는 과반수의 찬성(94% 투표)을 이끌어 냈지만, 노르웨이는 53.5%가 반대해 부결되었다.

노르웨이의 국민투표는 덴마크와 달리 헌법상 요구되는 권고 성격이 다분했지만 정부는 가입 신청을 철회할 수밖에 없다고 결정했다.

1972년 국민투표 결과로 노르웨이의 여론은 전통적인 정당 구분에 따라 분열되었고, 그 뒤로도 20년 동안 이 쟁점은 쉽게 공론화될 수 없었다. 1990년까지도 여론은 여전히 분열되어 있었는데, 유럽경제구역(EEA; European Economic Area, 1990년 10월 체결해 1994년 1월 발효된 EU와 EFTA 사이 경제협력 협정 — 옮긴이)을 둘러싸고 벌어진 협상에 중앙당이 이의를 제기하면서, 1990년 보수당 연합정부가 사퇴할 수밖에 없는 지경에 이르렀다. 변화된 안보 환경과 확장된 유럽연합에서 노르딕 블록의 등장 가능성이 커짐에 따라, 유럽연합 가입 지지자들은 다시금 가입에 노력을 기울였다. 결국 새로운 가입 조약에 대한 협상이 이루어졌지만 또 다시 국민투표에서 부결되고 말았다.

한편, 아이슬란드에서는 유럽연합 가입이 진지하게 고려된 적이 없었다. 하지만 이 문제가 1990년대 들어 논의되기 시작했다는 사실은 그 자체로 중요한 변화를 의미한다. 의회에서 가입 안건이 가까스로 통과됨으로써 1992년 아이슬란드는 유럽경제구역의 회원국이 되었다. 가입은 몇 가지 편익을 가져다주었다. 시장의 범위가 단일 시장에서 유럽경제구역 모든 회원국을 포괄할 수 있는 정도까지 확장되면서, 노르웨이와 아이슬란드는 주권을 훼손하지 않고 유럽 통합의 경제적 이익을 얻을 수 있었다. 이를테면 아이슬란드는 어업에서 어획 할당량과 영해 한계의 엄격한 규정을 피할 수 있게 되었다. 여기에 반대하는 것은, 유럽연합 바깥에 머무름으로써 주권에 점차 영향을 미치는 문제들에 대한 의사결정 과정에 참여할 권리를 포기하는 것을 의미했다. 국경 감독 문제를 포함한 셍겐 조약(Schengen Agreement)*의 체결이 바로 그런 사례라고 할 수 있는

데, 노르웨이와 아이슬란드 두 나라가 여기에 해당한다.[83]

그리하여 1995년 유럽연합의 확대는 노르딕 지역을 분리된 채로 두었다. 현재 유럽연합 가입이 완료된 스칸디나비아 3국(덴마크, 스웨덴, 핀란드) 가운데 두 나라는 여전히 '유럽연합에 대해 회의적인' 성향을 드러냈다. 덴마크는 사회·정치 연합에 관한 마스트리흐트 조약(1991) 비준을 두고 1992년 국민투표를 진행했고, 그 결과 반대 의견이 가까스로 과반수를 얻어 조약을 비준할 수 없었다. 그리고 조약의 일부 조항들의 적용 면제를 두고 재협상할 수밖에 없었다. 그 뒤 2000년 국민투표에서는 단일 통화 가입에 대다수가 반대했다. 덴마크에서 '유로 회의주의'가 널리 퍼진 것은 부분적으로 헌법상의 요구 조건 때문이었다. 덴마크는 유럽연합 가입 문제를 국민투표에 부친 횟수가 유럽에서 가장 많았다(2007년까지 여섯 차례).[84] 스웨덴에서는 1994년 국민투표에서 절반을 조금 넘는 사람들이 유럽연합 가입을 지지했는데, 이는 가입을 둘러싼 국론 분열을 계속 상기시켰고, 2003년 국민투표에서는 단일 통화에 대해 대다수가 반대했다. 핀란드만이 유럽 통합을 열광적으로 환영하는 듯했다.

이러한 국민투표의 결과들은 노르딕 국가들이 '마지못해 선택한 유럽인'이라는 별칭을 갖게 된 데 그만한 이유가 있음을 말해 주었다. 하지만 유럽 통합에 대한 스칸디나비아 국가들의 대응은 저마다 달랐기 때문에, 유로 회의주의를 설명해 주는 노르딕 공통의 이유를 발견하기는 어렵다. 더욱이 노르딕 국민들은 자체적으로 분열되어서 국민투표 결과 찬성이든 반대든 어느 쪽도 절반을 조금 넘는 정도였기 때문에 양쪽으로 나뉘

---

* 소속 국가 국민들의 통행에 제한을 없앤 국경 철폐 조약. 1985년 6월 14일 6개국으로 출발했으나 현재는 24개 유럽 국가들이 포함되어 있다.

어 논쟁이 가열되었다.

그럼에도 몇 가지 공통점을 꼽을 수 있다. 1973년 1차 확대 이전에 해당하는 유럽 통합의 첫 번째 국면에서, (스칸디나비아 국가들에서는) 경제적·정치적 고려 사항들로 인해 가입 반대 입장이 지지를 얻었다. 소규모 개방경제 상황에서, 큰 유럽 국가들과 유리한 교역 조건을 유지해야 할 필요성은 강력한 가입 동기를 제공했다. 하지만 스웨덴과 핀란드는 중립성에 대한 정치적 요구 때문에, 아이슬란드나 노르웨이, 덴마크의 경우는 국가 주권에 침해를 우려한 국내 여론 탓에 경제적 동기는 곧 시들해졌다. 덴마크에서만 교역 이익과 같은 경제적 동기가 가입을 반대하는 정치적 이유를 능가할 정도로 강력했다. 이는 주로 덴마크 경제의 특성과 수출의 주요 부문이 농업에서 제조업으로 전환한 것 때문이었다.[85]

중립 원칙이라는 제약이 제거됨으로써 핀란드와 스웨덴에서는 논쟁 내용이 변화했지만, 이 시기 유럽연합은 매우 다른 기구가 되었다. 노르딕 국가들이 유럽연합 가입을 지지하는 가장 큰 이유는 여전히 경제적인 문제 때문이었다. 영국과 마찬가지로, 스칸디나비아 국가들은 대체로 정치적 연합을 위한 초국적 야망보다는 가입에 따른 경제적 이득 때문임을 인정했다. 따라서 유럽 통합에 대해 좀 더 제한적이고 기능주의적인 접근을 지지했다. 아마도 핀란드만이 독일식의 초국가적 연방주의를 어느 정도 지지했을 것이다.[86] 이러한 기능주의적 입장은 노르딕 국가들의 경우 소국이라는 위치 때문에 유엔과 같은 국제기구에 참여하는 것을 일반적으로 더 선호하는 것으로 해석할 수 있다.

노르딕 국가들에서 유럽연합 가입을 지지하는 가장 강력한 세력은 기업을 대표하는 조직들, 특히 주로 수출품 생산 부문의 기업 집단들이었다. 1991년 집권한 스웨덴 우파 정부는, 과도하게 규제되고 조세 부담이 과중한 경제를 소생시키는 데 필요한 신자유주의적 개혁을 도입하는 수단으로 유럽연합 가입을 추진했다. 스웨덴 사용자연합은 유럽연합 가입을 위한 캠페인을 벌였다. 이는 1990년대 초 경제위기 상황에서 위태로운 사회민주주의적 스웨덴 모델에 대한 전반적인 공격이라는 맥락에서 이해할 필요가 있다.[87] 그러나 유럽연합 가입의 경제적 편익에 대한 사용자연합의 주장을 두고 사회민주당과 노동조합총연맹의 지도부 역시 지지 입장을 보였다. 그들에게 유럽연합은 스웨덴 복지 모델을 유지하는 데 필요한 번영을 확보하는 최선의 수단으로 여겨졌기 때문이다. 하지만 이러한 관점이 노동운동 진영의 일반 노동자들과 공유된 것은 아니었다. 가입을 결정하는 국민투표에서 '찬성' 쪽에 선 다수는 아마도 잉바르 칼손(Ingvar Carlsson) 총리가 사회민주당 당원들을 설득한 결과였을 것이다.[88] 이것은 그가 유럽연합 문제를 경제 문제로 다시 정의함으로써 여전히 만만치 않은 중립 문제를 피했기 때문에 가능했다. 이와 비슷한 경제적 위기의식을 배경으로 덴마크가 1973년 유럽경제공동체에 가입했다. 반면에 2000년과 2003년 덴마크, 스웨덴에서 이루어진 단일 통화에 대한 국민투표에서 '반대' 표는 두 나라의 강력한 경제적 성과를 배경으로 던져진 것이었다.

　일부 학자들은 노르딕 국가들 사이에 존재하는 차이를 설명하는 요인으로 이 국가들 내의 경제적 이익집단들이 가진 상대적 힘을 꼽을 수 있다고 주장했다.[89] 핀란드와 스웨덴에서 유럽연합 가입에 압력을 가한 쪽은 주로 경영자 집단의 대표체들이었다. 그러나 노르웨이에서는 그에 견줄 만한 로비가 없었다. 1990년대 노르웨이 경제가 석유 수출로 강력한 성과를 얻고 있었기 때문이기도 하다. 하지만 노르웨이의 '반대' 표는 공공 부문 노동자들과 연합한 전통적인 농어업 부문의 반(反)유럽연합 운동이 조직화에 성공한 결과이기도 했다. 이러한 반대 요소는 스웨덴과 핀란드에도 존재했지만, 노르웨이의 운동은 훨씬 잘 조직되어 있었고 높은 대중성을 확보하여 의회를 뛰어넘는 저항운동으로 결집될 수 있었다.[90]

실제로 모든 노르딕 국가에서 헬싱키, 스톡홀름, 오슬로 주변의 수도권 거주자들(유럽 통합 지지)과 농어촌, 특히 북부 주민들(유럽 통합 반대) 사이에 의견이 분열되는 것으로 나타났다.[91] 비록 거의 모든 주요 정당들이 유럽연합 가입을 지지했지만, 내부적으로는 의견이 분열되었고 기층 당원들은 대개 지도부보다 더 회의적인 태도를 취했다. 노르웨이와 스웨덴 사회민주당의 경우 특히 그러했다. 하지만 아이슬란드에서는 이러한 분열이 반대로 나타났는데, 정치 엘리트들보다 일반 국민들이 오히려 유럽연합 가입에 더 많은 지지를 보냈다.[92] 발두르 토르할손(Baldur Thorhallsson)에 따르면 이런 현상이 나타나는 이유는 부분적으로 아이슬란드의 의회 체계 때문이다. 수도인 레이캬비크보다 농어촌 지역구의 의원 비중이 지나치게 높았고, 의회 대표와 정부 권력의 주요 기반도 농어촌 지역에 있었다. 어업은 모든 지역에서 어업 종사자 규모에 비례하여 거대한 정치적 힘을 꾸준히 행사했다(이런 상황은 노르웨이에서도 마찬가지였다). 그러나 아이슬란드의 유로 회의주의는 외교정책에 대한 정치·행정 엘리트들의 현실주의적 관점에서 나온 측면도 있다. 그들은 아이슬란드가 주요한 국제적 개입을 책임질 수 있는 자원이 부족하다는 점과 다른 노르딕 국가들과 달리 그런 국제기구에 참여했던 경험이 전혀 없었음을 잘 알고 있었다.[93]

유로 회의주의를, 경제적·정치적 이해관계의 문제보다는 문화적이고 국가 정체성과 관련된 문제로 바라봐야 한다는 시각도 있다. 노르딕 국가주의 담론에서 일반적으로 유럽은 '다른 존재'라고 생각되었고, 국가 정체성은 역사적으로 유럽과 반대되는 개념을 나타냈다.[94] 노르웨이의 유럽경제협력기구 대사인 아르네 스케우(Arne Skaug)는 통합을 증진하려는 '유럽 대륙의' 노력에 회의적이었는데, 이러한 태도를 1950년에 쓴 글에서 이렇게 표현했다.

> 영국-스칸디나비아의 관점은 유럽 대륙의 관점과 완전히 다르다. 완전 고용과 사회정의를 유지하는 게 다른 어떤 과제보다 앞서고 나머지 목표는 그다음 문제다. 이러한 탁월한 목표에 따라 국가의 책임이 생성되는 특성은 대륙의 철학과는 맞지 않는 것이다.[95]

유럽 통합의 주된 동력은 가톨릭기독민주당(Catholic Christian Democrats)이었던 반면에, 노르딕 국가들에서는 가톨릭이 아닌 프로테스탄트였다. 1951년 파리 조약에 서명했던 외무부 장관 여섯 명 모두 기독민주당원이었다. 당시 스웨덴 총리 타게 에를란데르만이 이에 해당되지 않았다.[96] 긴밀한 노르딕 협력이 성공하지 못했던 사실이 보여 주듯이, 노르딕 국가들은 역사적으로 대단히 중앙집권적이었던 만큼 국가를 뛰어넘는 연방주의에 대해 회의적인 태도를 공유하고 있었다. 더욱이 스칸디나비아 국가들은 제2차 세계대전이 불러온 통합에 대한 욕구가 부족했다. 프랑스, 독일과 달리 스칸디나비아는 의식적인 통합 과정을 통해 극복돼야만 하는 증오의 역사를 공유하고 있지도 않았다. 어느 정도 공유된 역사가 있었지만, 전후 시기 동안 충분히 감추어지고 잊혀져 중요하지 않게 되었다.[97] 마지막으로 1930년대 이후 스칸디나비아는 평등주의와 연대를 추구해 왔다. 이는 서유럽 자본주의와 구별되는 복지 모델,

즉 '평등하고 사회민주주의적인 독특한 운명 공동체' 와 관련이 깊다.[98] 이러한 '복지국가주의' 는 정치적 성향을 뛰어넘는 것이었다. 예컨대 스웨덴 좌파 정당과 우익 성향의 덴마크 인민당들은 복지국가주의를 분명하게 표방했다.[99]

이와 반대로 유럽연합 가입을 지지하는 사람들, 특히 스웨덴 사회민주당원들은 유럽연합에 가입함으로써 유럽 기구들이 사회민주주의적인 노르딕 방식으로 형성될 수 있다고 주장했다. 이런 주장은 좀 지나친 희망사항이라고 할 수 있는데, 냉전이 종식됨으로써 이 지역에서 생겨난 일반적인 두려움, 즉 새로운 유럽에서 배제되는 것에 대한 두려움을 숨기는 것이었다.[100]

확대되는 유럽연합 안에서 상대적으로 작은 국가들인 '노르덴' 의 영향력을 유지하기 위해 어떤 가능성이 존재했을까? 1990년대 초 스칸디나비아 국가들은 돌연 발트 해를 재발견하게 되었다. 발트 해는 더 넓고 잠재적으로도 영향력 있는 지역으로 주목받게 되었다. 1992년 발트해연안국이사회(The Council of Baltic Sea States)가 설립되었고, 발트 해 연안 국가들과 새로운 계약을 체결하려고 갑자기 소동이 벌어졌다.[101] 스웨덴 총리 칼 빌트(Carl Bildt, 스웨덴 보수당 당수로서 1991~1994년에 총리를 지냈다 — 옮긴이)는 1993년 연설에서, 제2차 세계대전이 끝나고 발트 해 난민들을 추방한 일 등 스웨덴-발트 관계에서 일어난 특정 사례를 언급하면서 후회와 양심의 가책을 표명했다. 이렇듯 속죄를 위한 시도들이 있었음에도 발트에 대한 스웨덴의 관심에는 분명 선교적인 요소가 존재했다.[102] 노르딕 기업들한테 새로 독립한 발트 국가들은 풍부한 투자 기회도 제공했기 때문에 분명히 이익 추구가 동기였던 것이다. 더구나 그 이익은 다소 일방적이었다.

한편 라트비아, 리투아니아, 에스토니아의 목적은 노르덴에 통합되는 것이 아니라, 유럽연합 가입이라는 더 큰 목표에 다가가는 것이었다. 2004년 이들 세 나라가 유럽연합의 회원국이 됨으로써 목표는 달성되었다. 아마도 이런 이유로 지역 정체성의 원천으로서 발트 지역에 가진 노르딕 국가들의 관심은 1990년대 후반부터 다소 약해진 듯했고, 이는 '북방'에 대한 새로운 관심으로 바뀌었다. 이런 관심은 1997년 4월 핀란드 총리가 '북방협력사업'(Northern Dimension)*을 발표하면서 생성되었고, 그 이전인 1993년 노르웨이 정부는 바렌츠해유럽–북극협력기구 (Barents Euro-Arctic Region)를 설립한 바 있다.[103]

대안으로서 지역 정체성이 갖는 중요한 의미는 이 책의 맺음말 부분에서 좀 더 논의할 것이다. 새로운 경향을 예측하는 것은 물론 이러한 경향성을 평가하는 것도 지금으로서는 시기상조이다. 그렇게 하기에는 냉전 이후 격변기로부터 얼마 지나지 않았다. 그러나 여러 가지 방식으로 노르딕 지역에서 유럽연합 회원국과 비회원국을 구분하는 것은 냉전 시기 북대서양조약기구 회원국과 비회원국들을 구분하는 것보다 수월한 것 같다. 실제로 냉전 종식은 이 지역에 안보 협력의 가능성을 높여 주었다. 이는 유럽연합, 북대서양조약기구, 유엔과 같은 국제 조직의 재량에 맡겼을 경우에는 생각할 수 없을 정도로 빠르게 진행되었다. 2000년 노르딕 국가들이(아이슬란드 제외) 북유럽군사공동체(NORDCAPS)라는 공동의 노르딕 여단을 설립하는 데 동의할 정도였다.

한편, 유럽연합 내부의 긴밀한 통합은 모든 노르딕 국가들에게 현실이 되었다. 노르웨이와 아이슬란드조차 유럽경제구역 회원국으로서 여

---

* 러시아, 발트 해, 북해를 포괄해 이들 사이의 경제적 협력을 목적으로 한 사업을 말한다.

러 영역에서 자국의 법률을 유럽연합에 맞출 수밖에 없었고, 2005년까지 노르웨이는 유럽연합 지침들을 스웨덴보다 더 많이 따랐다. 리 마일스(Lee Miles)가 지적했듯이, 스웨덴의 관료와 정치 엘리트들은 스웨덴과 유럽연합 정책을 무의식적으로 '융합' 함으로써 점차 유럽화하고 있다. 유럽연합에 반대한다는 표정을 유지하고는 있지만, 스웨덴 정부는 유럽연합을 자국의 정책 목표를 달성하기 위한 실용적인 도구로 활용하고 있다.[104]

국제연대, 분쟁의 조정자

이렇게 우리는 1945년 이후 국제 관계에서 나타난 노르딕 독특성의 기반을 검토했다. 알려진 바와 같이 제2차 세계대전 기간 동안의 다소 상이한 경험에 따라, 스칸디나비아 국가들은 냉전 시기에 서로 다른 냉전 체제를 추구했다. 덴마크, 노르웨이, 아이슬란드는 북대서양조약기구에 가입한 반면, 스웨덴과 핀란드는 중립을 유지했다. 이런 체제가 지역을 양분했음에도, 그것은 일반적으로 노르딕 밸런스라는 개념으로 정리되었다. 대서양동맹(Atlantic alliance)에 대한 (북대서양조약기구 회원국의) 공개적 지지와 (스웨덴의) 암묵적 지지는 소련과 긴밀한 관계를 유지하는 핀란드 때문에 균형이 맞추어졌다. 이 체제는 1991년까지 도전받지 않고 유지되었으며, 냉전의 최전선에 위치해 전략적으로 민감한 지역에서 평화를 유지할 수 있도록 했다. 일부 비평가들은 스칸디나비아를 안보 공동체의 사례로 인용하면서 한 발 더 나아갔다. 즉, 공통된 제도와 상호간의 '우리 의식' 이 평화를 증진시켰고, 심지어 다른 지역에서는 평화 구축을 위해 노력하는 모델로 여겨질 수 있었다. 하지만 대다수는 노르딕 평화가 '우연한 평화'였다는 점에 동의할 것이다. 이 지역이 분쟁의 역사를 공유하고 있다는 점, 공식적인 노르딕 협력의 범위가 매우 제한적이었고 대부분 문화 영역에 한정되었다는 점을 감안한다면, 아마도 이런 점은 더 분명해질 것이다.

그러나 스칸디나비아 국가들 사이에는 우리가 살펴본 것처럼 정부·정치·정책에서 강력한 유사성이 존재했다. 따라서 외교정책에서 스칸디나비아 모델을 확인하는 것은 그리 어려운 일이 아니다. 크리스틴 잉게브릿센의 표현대로 스칸디나비아 국가들이 '규범을 창안하는 자' 역할을 했다는 견해에는 몇 가지 타당한 근거가 있다. 그들은 소국으로서 자신들의 위치를 이용해 강대국들 사이에서 조정자 역할을 하고자 했고 평화를 증진하고자 했다.

언제나 순수하게 이타적인 동기로 이러한 행동을 한 것은 아니다. 스칸디나비아의 개입은 국가의 이해관계와 특정 정치인의 개인적 이익을 위해서도 이루어졌다. 노르웨이와 아이슬란드 정부가 고래잡이 금지를 거부한 것, 스웨덴이 주요 무기 수출국이었다는 사실은 이러한 위선 행위를 잘 보여 준다. 하지만 이러한 결점이 있음에도, 이들의 조정자 역할은 냉전 종식 이후에도 사라지지 않았다. 노르웨이 외교관들은 1993년 이스라엘과 팔레스타인의 협상에서 중요한 중재 역할을 수행했고, 스리랑카 타밀 분쟁에도 개입했다. 마르티 아티사리(Martii Ahtisaari, 1994~2000년에 핀란드 대통령을 지냄. 2008년 노벨 평화상 수상 — 옮긴이)와 칼 빌트(Carl Bildt, 1991~1994년 스웨덴 총리를 지냄 — 옮긴이) 둘 다 발칸 분쟁 때 조정자 역할을 했고, 스칸디나비아 국가들은 유엔 조직 안에서 꾸준히 탁월한 역할을 수행했다.[105] 한편 피터 롤러(Peter Lawler)는, 덴마크 정부가 전통적으로 국제주의와 국제연대에 기여해 온 상황에서, 논쟁의 여지가 다분한 미국 주도 이라크 전쟁까지 개입하고자 했다고 말했다.[106]

스칸디나비아 국가들이 이런 역할을 선택하고 다소 성공적으로 이루어 낸 요인으로 세 가지를 들 수 있다. 첫째, 대부분의 다른 유럽 국가들과 달리 스칸디나비아 국가들에는 식민지 역사와 제3세계 침략의 역사가 없었다. 스칸디나비아 국가들이 식민 정책에 조금도 물들지 않았다고 말하는 것은 아니다. 예컨대 스칸디나비아인들은 선교사로서 유럽 제국의 팽창에 참여했고, 식민지 '타인들'에 대해 유럽의 우월성을 갖고 있었다. 그러나 북대서양과 카리브 해, 아프리카, 인도에 일시적으로 식민지를 갖고 있었던 덴마크를 제외한 나머지 스칸디나비아 국가들은 식민지를 가져 본 적이 없었다. 따라서 프랑스와 영국처럼 이 시기에 쇠퇴하는 식민 열강의 외교정책에 깃들었던 외상 경험(traumatic experiences)을 피할 수 있었다.

두 번째로, 스칸디나비아 외교정책은 종종 국제사회주의 배경을 가진 사회민주주의 정치인들의 손에서 그 틀이 형성되었다. 20세기에 접어들 무렵 스칸디나비아 사회민주당원들은 공동전선을 형성했고, 스웨덴-노르웨이 연합의 붕괴를 둘러싼 충돌 위협에 맞서는 운동을 펼치기 위해 스칸디나비아 노동조직을 결성했다. 수많은 이들에게 스웨덴 사회민주주의 외교정책이 가진 이상주의는 제2차 세계대전 시기의 타협으로 인해 되돌릴 수 없을 정도로 훼손되었지만, 올로프 팔메 총리가 취한 원칙적이고 이상적인 외교정책이 나라 밖에서 존경받았다는 사실을 부인할 수는 없다.

마지막으로, 사회정의와 연대라는 스칸디나비아 모델의 이념은 21세기에도 여전히 전 세계의 주목을 받고 스칸디나비아 정치인들에게 도덕적으로 유리한 입지를 제공했다. 스칸디나비아 외교정책의 이상주의적 비전에 대한 가장 큰 위협이 결코 과거에 있었던 위법 행위나 잘못된 외교정책을 폭로하는 것에서 나오는 것은 아닐 것이다. 그것은 대량 이민에 대한 대응에서 발생하는 사회 갈등의 등장과, 이 때문에 관용과 사회정의의 본고장이라는 스칸디나비아의 자기 인식에 던져진 도전에서부터 출현할 것이다.

6장

© Nicho Södling

평등과 다문화주의

노르딕 국가들에 존재할 것이라고 추정되는 민족적 · 언어적 · 문화적 동질성은 스칸디나비아가 '역사적 지역'이라는 가정에 따른 것이다. 많은 사람들의 상상 속에서 스칸디나비아는 언제나 서로 언어가 통하고 금발에 푸른 눈을 가진 사람들이 살아가는 지역이었다. 이러한 민족적 고정관념은 스칸디나비아 안팎에서 스칸디나비아인이 누구인지에 관한 인식을 만들어 갔다. 19세기 노르딕에서 농민이 자유와 민주주의의 화신이었다고 한다면, 쇠렌센(Øystein Sørensen)과 스트로트(Bo Stråth)가 설명한 것처럼 농민은 바이킹까지 거슬러 올라가는 언어와 문화의 상징이자 민족문화의 전통을 체득하고 있는 사람이었다.[1] 스칸디나비아에서 탈계몽주의나 '독자 노선'이라는 사상은 자유와 평등 사이의 긴장을 조정하는 데 바탕을 두고 있으며, 민족의 독특성과 동질성이라는 관념과 뚜렷한 연관성을 가졌다.

물론 역사적으로 이 지역의 동질성은 지나치게 과장된 측면이 있다. 근대 초기에 출현한 스칸디나비아의 두 왕국은 언어와 문화 다원주의에 대체로 관용적인 다민족 국가였다. 스칸디나비아가 민족이라는 관점에서 정의되기 시작한 것은 19세기에 민족주의가 싹트고 국민국가가 세워지면서부터였다. 1814년의 노르웨이 헌법은 유대인에게 노르웨이 시민권을 부여하지 않는다는 조항을 명시하고 있다.[2] 19세기 범스칸디나비아 운동은 어느 정도는 개혁을 위한 자유주의 운동이기도 했지만 한편으로는 언어학 · 민족지학 · 문학적 연구에 영향을 받았다. 따라서 이 운동은 스칸디나비아의 세 나라 사이에 존재하는 일반적 유대와 이러한 유대의 언어적 · 민족적 뿌리를 강조했다. 스칸디나비아의 세 나라는 공식적으로 단일한 문화와 언어를 갖고 있고, 여러 유럽 국가들을 괴롭힌 종교적 · 언어적 · 민족적 분열이 존재하지 않았다. 북부 노르웨이, 스웨덴, 핀란드의 사미족(Sami)과 같은 소수민족들이 존재하는 곳에서는 동화주의 정책이 추구되었다. 이런 정책은 당시의 사회다윈주의(Social Darwinism)와 '인종적 위생'(race hygiene) 사상에 따라 추동된 것이었다. 1940년 이전 스칸디나비아 국가들은 유럽에서 가장 민족적으로 동질적인 곳이라고 평가되어 왔다.[3]

지리학자 앨런 프레드(Allan Pred)가 제시한 바와 같이, 민족적 동질성이란 신화가 널리 퍼져 있다는 생각이 1990년대 초 경제위기 이후 스웨덴에서 증명되었다.[4] 경기후퇴와 높은 실업률, 유럽연합 가입에 나서기로 한 결정, 냉전의 종식, 정치 체제의 격동 등 이 모든 것들이 전후 스웨덴 정치와 사회에 관해 오랫동안 유지된 수많은 가정에 의문을 던졌다. 이런 변화에 따른 상실감과 길 잃은 느낌은 스웨덴 사회에 비유럽인들이 늘어나면서 더욱 심화되었다. 이는 주로 1980~1990년대에 급속도로 이루어진 이주의 결과였다. 급속하게 이주민이 증가함에 따라 '타인들'에 대한 인종차별적 대응이 나타났다. 학자들은 스칸디나비아에서 특히 문화적 인종차별주의가 두드러진다는 점에 주목하고 있다.[5] 인종차별주의가 존재하는 것은 그 자체로 정체성 위기를 더욱 부채질한다. 이런 사실은 사회정의와 연대라는 스칸디나비아의 자기 인식과 어긋나는 것이기 때문이다.

이 장에서는 1940년대 비교적 민족적 동질성을 갖췄던 스칸디나비아가 다민족 사회로 급격히 전환하는 과정을 살펴본다. 스칸디나비아 국가들이 민족적으로 얼마나 동질적이었는지를 간단히 짚어 보고, 특히 북부 지역의 토착민인 사미족과 국가의 관계 변화에 주목하려고 한다. 이어서 전후 시기 스칸디나비아로 유입되는 이주 문제로 관심을 돌려 이주의 다양한 형태를 살펴본다. 또 동화(assimilation)에서 통합(integration) 및 다문화주의(multi-culturalism)로 정책이 전환되는 모습을 살펴보고, 마지막으로 여전히 존재하고 있는 인종차별주의, 배타성, 민족적 긴장을 설명하고자 한다. 물론 이것은 스칸디나비아만의 현상이 아니라 유럽 전역에 비슷하게 존재하고 있는 쟁점이라는 맥락에서 바라보아야 한다.

스칸디나비아의 소수민족

근대 초기 덴마크와 스웨덴은 다언어 다민족 국가였다. 16세기 덴마크 왕국에는 오늘날 노르웨이 영토를 포함한 가지각색의 방언과 문화가 있었다. 덴마크 왕국의 영토는 유틀란트 반도와 발트 해 섬들뿐 아니라 독일 북부지역 일부, 북대서양의 페로 섬, 아이슬란드와 그린란드, 현재 스웨덴 남부에 속하는 고틀란드 섬, 스코네, 할란드, 블레킹에 지역까지 포괄했다. 한편 17세기에 전성기를 구가한 스웨덴 왕국도 마찬가지로 발트 해 남쪽의 넓은 접경지와 지금의 핀란드 전역을 아우르는 다양하고 광대한 왕국이었다. 왕국 전체로 볼 때 지방마다 사회 구조와 통치 제도는 매우 달랐다. 지방 귀족정치가 존재하지 않았던 노르웨이에서는 유틀란트나 덴마크에서보다 소규모 자영농이 훨씬 더 발달했다. 다른 한편으로 헌법에 다문화주의를 공식화한 조항을 담지는 않았던 반면, 두 나라 모두 루터교회를 국교로 삼고 중앙집권과 동화정책을 강력히 추구했다. 이런 예로, 스웨덴이 1658년 로스킬레 평화조약 이후 과거 덴마크 영토였던 스코네, 할란드와 블레킹에를 놀라울 정도로 신속하고 확고하게 자국 영토로 병합시키는 데 성공한 사실을 들 수 있다. 종교개혁이 완성되었고 루터주의가 강력했기 때문에 스칸디나비아 국가들에서는 유럽 다른 지역에서와 같은 종교적 분열을 찾아볼 수 없었다.

스칸디나비아인들을 범유럽 식민주의 정책의 참여자들로 보는 것이 더 적절하다. 그럼에도 그들은 인구가 적은 북대서양 지역의 영토를 차지한 덴마크를 제외하면, 식민지 주변부에서 다른 인종이나 다른 민족 집단의 존재를 직접 경험하지 않았다.[6] 그러나 역사적으로 꽤 많은 소수 민족이 전체 노르딕 국가에 살고 있었다. 거기에는 대체로 동화된 소수 유대인들과 그 수가 알려지지 않은 집시들이 있었다. 근대 초기 스웨덴 국가의 '방랑 금지' 규정을 위반했기 때문에 이 불행한 집단은 유럽 곳곳에서 겪은 것과 똑같은 적개심과 차별에 직면했다.[7]

19세기에 핀란드는 대단히 광활하고 복합적인 러시아 제국에 포함되어 있었다. 이러한 이질성이 거대한 영토의 민족 구성에도 어느 정도 반영되었음을 지적할 필요가 있다. 제국의 중요한 서쪽 관문이었던 19세기 헬싱키는 노르딕 도시 가운데 가장 국제적이고 언어가 다양한 곳이었다. 1870년 무렵 헬싱키에서는 인구의 12%가 러시아어를 사용했고, 전쟁과 평화가 교차함에 따라 수많은 러시아 군대와 공무원들이 머물렀다.[8] 중앙아시아에서 발트 해로 넘어온 모피와 직물 상인이던 소수의 타타르인들로 인해 헬싱키에서는 1830년에 벌써 이슬람협회가 만들어졌고, 1924년부터 상시적으로 이슬람교 예배가 행해졌다.[9] 물론 가장 중요한 사실은 스웨덴 왕국과 역사적으로 연결되어 있었기 때문에 핀란드에 꽤 많은 스웨덴어 인구가 남아 있었다는 점이다. 이 때문에 핀란드는 1917년 독립 이후에 공식적으로 이중언어 정책을 채택할 수밖에 없었다. 스웨덴어 인구가 감소하기는 했지만(2006년 현재 약 29만 명으로 전체 인구의 5.5%) 핀란드는 2000년 새로운 헌법 아래에서도 여전히 이중언어 국가로 남아 있다. 노르웨이에도 '보크몰'(bokmål, 표준어)과 나란히 특별한 위상을 가진 '뉘노르스크'라는 방언과 하위문화가 있었기에 언어 다원주의가 어느 정도 존재한다고 할 수 있다. 노르웨이에서는 다른 스칸디나비아 국가들처럼 중앙집권화 경향이 그렇게 강하지 않았다.

아마도 가장 특색 있는 소수민족은 노르웨이, 스웨덴, 핀란드 북부 지역에 사는 원주민 사미족이라고 할 수 있을 것이다. 사미족은 1990년대 후반 스웨덴에 17,000명, 핀란드에 5,500명, 러시아 북서쪽 콜라 반도에 2,000명, 노르웨이에 40,000명가량 살고 있었다.[10] 사미족의 영토를 스웨덴의 헤리에달렌과 옘틀란드 산악 지역까지 최대한 남쪽으로 확장시켜 바라볼 수 있지만, 사미족 인구가 다수를 차지한 지역은 스칸디나비아 최북단의 몇몇 지역에 국한된다. 하지만, 역사적인 관점에서 볼 때 사미족과 스칸디나비아 국가, 그리고 대다수 사람들 사이의 관계는 스칸디나비아 소수민족 정책의 더 광범위한 문제를 보여 주는 지표로 삼을 수 있다.

북극권에 있는 사미족의 고향이 너무 멀리 떨어진 곳이고 살기 어려운 환경이기 때문에 사람들이 거의 관심을 갖지 않을 것으로 생각하기 쉽지만 사실은 전혀 그렇지 않았다. 노르드칼로텐(Nordkalotten)이라는 지역은 적어도 중세 때부터 경제적으로 전략적으로 중요한 곳이었고 사미족은 노르웨이의 어업 공동체나 핀란드어를 사용하는 '크벤'(kven)* 농부들과 함께 살았다.

스웨덴과 덴마크-노르웨이 왕국은 근대 초기에 들어 그 지역에 대한 통치권을 주장했지만, 19세기 이전에는 사미족을 동화시키려는 시도를 거의 하지 않았다. 한편 여러 민족으로 구성된 덴마크-노르웨이 왕국 안에서는 사미족 전통의 권리는 어느 정도 보호되었는데, 이는 토착 문화에 대한 낭만적인 교감 때문이기도 했다.[11] 하지만 19세기 중반부터 사미족에 대한 국가의 공식 태도가 변화하기 시작했다. 당시는 경제와 인구가 팽창하면서 스칸디나비아에서 국가 건설이 새삼 강조되던 시기였다. 북극권은 바야흐로 무르익고 있던 탐험과 개발(자원 착취)을 위한 전진기지가 되었다.[12] 당시 북극권에 살던 토착민은 주류 문화와 사회에 동화되어야 할 뒤처진 미개인이자 노르딕 백인들이 짊어져야 할 무거운 짐으로 여겨졌다.

여기에서 핵심어는 '동화'인데 특히 언어와 종교의 동화까지 포함된다. 사미족들은 노르웨이어로 말하고, 루터주의 기독교인으로서 세례를 받고, 노르웨이의 가치와 풍습을 받아들인 '노르웨이인'으로 국가와 사회에 통합되었다. 심지어 1950년대 후반까지도 노르웨이 사회에 이들을 더욱 잘 동화시키기 위해 부모의 동의 없이 사미족 아이들을 노르웨이 남부의 위탁가정으로 데려간 사건도 있었다.[13] 1960년대 의회에서 사미

---

* 18세기와 19세기에 핀란드와 스웨덴 북부에서 살다가 노르웨이 북부로 이주한 어민과 농민들의 후손들로서 노르웨이의 소수민족이다.

족 문제를 토론할 때, 여러 노르웨이 정치인들은 이러한 국가의 행위에 대해 깊은 유감을 표명했다. 그러나 동화정책을 단순히 국가의 인종주의와 사미족이 열등하다고 보는 국가의 가설이 발현된 사례로만 보아서는 안 된다. 그 정책은 또한 문화나 민족적인 차이와 무관하게 '모든' 시민을 위한 평등권과 보편성에 기초한 복지국가를 수립한다는 목적과도 밀접한 관련이 있다. 복지국가에서 소수자의 '분리된' 권리 개념은 일종의 저주라고 할 수 있다. 이러한 논리적 모순은 노르딕 지역의 소수민족 정책에 관한 논의에서 끊임없이 발생하는 역설을 설명해 준다.

실제로, 1945년 이후 사미족은 자신들을 분리된 집단으로 취급하려는 시도에 저항하기도 했다. 일부 사미족은 '사미 언어로 말하는 노르웨이인'으로서 자신들의 정체성을 유지했으며, 소수민족이나 토착민으로서 권리에 대한 특별한 인식을 가지기보다는 복지국가 안에서 다른 노르웨이 시민들과 동등하게 살고자 했다.[14] 이러한 관점은 부분적으로 노르웨이 노동당의 견해에 큰 영향을 주어 사미족이 많은 핀마르크 지역에서 주류를 이루었다. 이 관점은 사미족 문제를 민족문제로 바라보기보다는 노르웨이 다른 지역의 경제문제를 다루는 방식과 같이 지역 발전정책 문제로 바라보도록 만드는 경향이 있었다.

1970년대 무렵 동화정책은 문화 다원주의와 민족의 자기 결정권을 증진시키는 정책으로 방향 전환이 이루어졌다. 사미족 문제를 다루는 노르웨이 국가위원회는 1959년 보고서에서 사미족의 정체성을 과거에 견줘 더욱 주체적인 것으로 규정했다. "사미족의 범주는 사미어를 모국어로 삼거나 그 자신을 사미족으로 여기는 모든 사람을 포함한다."[15] 특별히 사미어를 존중하여 1962~1963년에 정부는 사미어를 노르웨이어와 동등한 위상을 가진 언어로 인정했다. 또한 정부는 사미어와 사미족 문화가 번영할 수 있는 조건을 마련하는 것은 국가의 책임이라고 강조하고 사미어 교육, 사미어 라디오방송, 사미어 신문 등을 지원했다.

'사미 운동'의 발전에 결정적인 사건은 1970년대 후반에 일어난 알타 댐 사건이었다. 노르웨이의 노동당 정부는 알타-케우토케이노(Alta-Kautokeino)강 댐 건설이 핀마르크 지역에 충분한 전기 공급을 보장하고, 지역경제 발전에 기여하는 핵심적인 계획이라고 주장했다. 하지만 사미족은 환경운동 진영, 국가 주도의 대규모 기술에 대한 비판자들, 노르딕 바깥 세계의 토착민 권리를 옹호하는 운동 진영과 함께 정부 계획에 저항했다. 알타 사건은 이렇게 사미 정치의 '원형으로부터의 이탈' (aboriginalization)을 보여 주었다. 볼리비아 의회의 토착 원주민 의원들까지 댐 건설 반대 시위에 참여했다. 스칸디나비아 정부가 그동안 다른 나라 토착민의 권리를 옹호하던 태도는 자국에서는 이를 묵살하는 태도와 대조를 이루었다.[16] 무엇보다도 알타 사건은, 사미족의 이해관계가 노르웨이에서 통상적인 민주주의 절차로는 반드시 실현되는 것이 아니라는 점을 인정할 수밖에 없게 했다. 즉, 사미족 정책은 더 이상 복지 문제나 변방 정책 문제가 아니라 서로 다른 문화와 전통, 경제적 이해관계를 가진 두 민족이 한 국가 안에서 어떻게 함께 살 수 있는가 하는 문제와 관련된 것이다.[17]

알타 사건이 터질 무렵, 핀란드, 노르웨이, 스웨덴 정부는 언어와 문화에 대한 사미족의 자기 결정권을 지원하는 노력을 많이 했다. 1992년 세 나라의 언어 관련법은 북쪽의 일부 지자체 시민들이 정부를 상대로 한 민원 업무에 사미어를 사용할 수 있도록 했고, 학교에서 사미어의 지위도 높였다. 케우토케이노에 있는 사미 대학이 이러한 발전에서 아주 중요한 역할을 했다. 또한 1975년에 핀란드, 1989년에 노르웨이, 1993년에는 스웨덴에서 선거를 통해 지방의회(사미지역)가 만들어졌다. 2007년 무렵까지 지방의회들은 사미인에게 영향을 미치는 정책을 만들 권한이나 자원을 가지지 못했지만, 사미족 문제에 대한 실질적인 공식 권한을 점점 더 많이 가지게 되었고 관련된 정책 쟁점들을 정기적으로 논의했다. 2000년에는 핀란드와 노르웨이의 사미 의회들이 사미 범민족의회 (the cross-national Sami Parliamentary Assembly)를 구성했다. 2002년에는 여기에 스웨덴 사미인이 결합했고 참관인으로 콜라 반도의 러시아 사미족 대표들도 들어왔다. 노르웨이 국왕 하랄(Harald V)이 1997년 사미 의회가 개원할 때 사미어와 노르웨이어로 연설하게 되었을 만큼 큰 변화가 나타났다.[18] 국왕은 "노르웨이라는 국가는 사미인과 노르웨이인 두 민족의 영토로 구성되어 있다"고 강조했다.

하지만 오래된 모순은 여전히 해결되지 않은 채 남아 있다. 현재 인정된 주권에 뒤따르는 사미족의 자기 결정권, 보편적인 복지국가에 대한 요구, 민족을 막론하고 만인에게 동등한 권리를 부여해야 한다는 요구를 어떻게 조화시킬 것인가 하는 점이다. 비록 문화와 언어 정책에는 매우 중요한 변화가 있었지만, 토지와 물, 전통적인 생계 수단에 관한 권리와 관련해서는 더욱 어려운 쟁점들이 해결되지 않은 채 남아 있다. 이런 문제를 두고 노르딕 국가들 사이에는 몇 가지 중요한 차이가 있다.

스웨덴에서는 사미족의 고유한 토지권과 독립적인 사미 지역이라는 생각을 인정하는 문제를 놓고 노르웨이에서보다 더 많은 반대가 있었다.[19] 물론 노르웨이에서는 언제나 중앙집권화의 동력이 훨씬 약했고 국가는 지역 경제의 발전을 위해 자원을 투입했다. 아마도 이중언어 정책과 전통적이고 지역적인 대항문화의 중요성에 대한 인식은 스웨덴보다 노르웨이에서 더 많은 문화 다원주의 공간을 허락하게 만들었을 것이다.

따라서 이런 역설*은 노르웨이보다 스웨덴이 더 민감하게 경험했다. 또한 이 차이는 스웨덴에서 북부 지역의 영토와 자원에 대해 더 큰 경제적 압력이 가해졌기 때문인 것으로 보인다. 스웨덴에서는 해당 지역의 영토가 아주 넓었고 자원을 사용하기 위한 경쟁(광업회사, 임업, 농업, 관광)이 더 치열했다. 문제점 가운데 하나는 사미족 영토 문제를 순록 목축지 정도의 사안으로 이해하고 물, 낚시, 사냥 등에 대한 일반적 권리 문제는 회피하는 경향인 것 같다. 사미족 문제에 대한 좁은 이해는 문화 영역에서도 반영되었다. 한 국민국가 안에서 문화와 언어의 '차이'를 인정하도록 설계된 정책은 역설적으로, 엄청난 다양성을 역사적 특징으로 하는 사미 문화에 획일성, 특히 언어의 획일성을 강요하는 결과를 낳았다.[20]

밀려드는 이주의 물결

사미족의 상황은 언어, 문화, 정체성에 관한 중요한 문제를 제기하며, 소수민족 정책의 초점이 동화에서 통합 및 다문화주의로 변화했음을 구체적으로 보여 준다. 노르웨이와 스웨덴 정부가 국가 안에서 다른 민족 집단으로부터 도전에 직면하기 시작한 것과 거의 동시에 사미족 언어와 문화에 대해 포용적인 태도를 취하기 시작한 것은 우연이 아니다. 말하자면, 다른 소수민족 집단들 상당수가 문자 그대로 국가 안으로 들어옴으로써 사미인들이 스칸디나비아인들의 의식 속에 '도달한' 것이었다.

1930년대까지 노르딕 국가들은 대체로 순이민송출국이었다. 빈곤에

---

* 보편적 권리와 특수한 권리의 인정을 둘러싼 역설.

서 벗어나고자 새로운 삶에 대한 희망을 품고 주로 소작농이었던 수천 명이 스칸디나비아를 떠나 신세계로 향했다. 실제로 19세기 후반 스칸디나비아 국가들은 유럽에서 아일랜드 다음으로 이민 송출률이 가장 높은 국가들이었다. 1945년 이전에 이민자들이 대량으로 유입된 노르딕 지역은 핀란드밖에 없다.

소비에트연방과 국경을 맞대고 있던 핀란드는 두 차례의 피난 물결을 맞이했다. 하나는 볼셰비키 혁명이 일어난 뒤 1920년대 초에 3만 명이 넘는 사람들이 핀란드에서 일시적 또는 영원한 피난처를 찾은 일이다. 다른 하나는 1944년 핀란드가 소비에트연방에 영토를 넘기면서 동쪽 카렐리야에서 넘어온 난민 40만 명이 재정착을 해야 했던 일이다.[21]* 핀란드 전체 인구의 약 12%나 되는 카렐리야 난민 422,000명은 당시 유럽에서 가장 규모가 큰 이주 행렬을 이루었을 것이다.

1945년 이후 이민의 경향은 반전되었다. 핀란드와 아이슬란드를 제외하고 비교적 최근까지 북유럽 국가는 이민 순유입 사회가 되었다. [표 7]에서 볼 수 있는 것처럼 이주 형태는 지역에 따라 두드러진 차이가 있었

---

* 1939년 11월 30일 스탈린 치하의 소련은 핀란드 정부가 소련군 기지 건설 요구를 거절한 것을 구실로 핀란드를 침공함으로써 '겨울 전쟁' (제1차 소련-핀란드 전쟁)이 발발했다. 핀란드군은 강력하게 저항하며, 1940년 3월의 모스크바 평화협정 때까지 버텼다. 유럽 여러 나라가 핀란드를 지원했고 스웨덴도 초기에는 군수품과 현금, 신용, 인도적 지원을 해 주었다. 이에 1940년 1월 말 소련 지도부는 스웨덴 정부를 통해 예비 평화 제의를 했다. 1940년 2월 연합국들은 핀란드 지원을 계획했는데, 노르웨이와 스웨덴 정부는 연합국이 나르비크와 스웨덴 철광산지 장악을 목적으로 하고 있으며, 노르딕 지역이 연합군과 독일군의 각축장이 될 가능성이 높다고 판단하여 군대가 스웨덴 영토를 통과하는 것을 허락하지 않았다. 스웨덴 내각은 또 핀란드가 여러 차례 요청한 스웨덴 정규군의 지원을 거절했다. 2월 말 핀란드 정부는 군사적 상황이 불리해질 것으로 판단하여 평화 협상을 시작했다. 3월 12일 모스크바 평화조약을 통해 핀란드는 제2의 도시인 비푸리를 포함해 공업 중심지이자 핀란드 영토의 약 10%를 차지하는 카렐리야를 소련에 넘겼다. 이로써 핀란드 인구의 약 12%나 되는 카렐리야인이 거주지를 잃었다.

표 7 1940년 이래 스칸디나비아 나라들의 순이민자 수

기간(10년)	노르웨이	덴마크	스웨덴	아이슬란드	핀란드
1940~49		−19,467	122,595		−42,359*
1950~59		−58,438	10,024		−76,434
1960~69	3,181**	18,671	197,812	−2,749**	−150,388
1970~79	39,847	37,282	125,580	−4,870	−62,972
1980~89	59,171	34,774	147,395	1,066	32,984
1990~99	95,646	129,369	11,591	−682	55,761
2000~05	77,752	48,519	165,625	6,664	35,026

* 1945~49년 통계(그 이전의 자료는 전쟁 기간이라 확인하기 힘듦).
** 1961~69년 통계
출처: 노르딕 5개국 통계청

다. 1945년부터 1970년대 초반까지 덴마크, 노르웨이, 스웨덴 모두 개방
이민정책을 추구했는데, 이 정책의 영향은 노르웨이와 덴마크보다 스웨
덴에서 훨씬 크게 나타났다. 스웨덴은 1930년까지 순이민송출국이었지
만 1972년과 1973년을 제외하고 해마다 이민 유입량이 더 많은 국가가
되었다.[22] 이민자 유입량 증가에는 두 가지 이유가 있다. 첫째, 제2차 세
계대전 기간에 스웨덴은 중립국으로서 핀란드에서 온 약 7만 명의 아이
들을 포함해 전쟁 피란민들을 받아들였다. 휴전이 되자 이들 가운데 많
은 사람들이 고국으로 돌아갔지만, 꽤 많은 사람들이 남아 스웨덴 사회
에 어느 정도 동화되었다. 둘째, 1945년 이후 경제적으로 '기록적인 시
기'를 통해 완전고용의 조건이 만들어짐에 따라 노동력이 부족해졌고 많
은 스웨덴의 기업들은 해외에서 노동력을 충원할 수밖에 없었다. 독일
(서독) 같은 다른 유럽 국가와 대조적으로 스웨덴에서 이주 노동자는 '임

시 외국인 노동자'로 여겨지지 않았고 완전한 시민권 혜택을 받았다. 스웨덴을 향한 이주는 가난한 농업 지역인 남쪽으로부터 공업화되고 더 부유한 북쪽으로 이주하는 전후 유럽의 이주 패턴과 대체로 일치했다. 이주 노동자들은 주로 이탈리아, 유고슬라비아, 그리스, 터키에서 왔다.

영국이나 프랑스처럼 유럽 바깥의 옛 식민지에서 이주 노동자들을 끌어들일 수 없었기에, 스웨덴 경제는 노르딕 내부의 이주에 크게 의지했다. 새로 만들어진 노르딕이사회가 처음으로 거둔 성공 가운데 하나가 1954년 하나의 노르딕 노동시장을 만든 것이었다. 이사회는 노르딕 시민들이 다른 나라에서 취업하기 위해 고용 관련 노동 허가를 받아야 한다는 요건을 없앴으며, 모든 노르딕 국가의 사회보장 수급 자격이 서로 연계되도록 했다. 이 때문에 1968~1970년에 가장 많은 이주민이 스웨덴으로 유입되었다.

산업체에서 일자리를 얻기 위해 10만 명이 넘는 핀란드 시민들이 입국했다. 그들의 이동은 노르딕 지역 내부의 경제 발전 격차 탓에 더욱 촉진되었으며, 핀란드 시골 지역의 전반적인 인구 감소를 불러왔다. 이런 유입 과정에서 스웨덴에서는 이주민 집단에 대한 언어(스웨덴어) 교육이나 동화를 강조한 처우와 거주 형태가 자리 잡았다.[23] 말하자면, 여러 면에서 핀란드 노동자는 스웨덴의 공적 담론에서 계속 '타인들'이었고, 흔히 술을 많이 마시는 '거친' 문화를 가진 사람들로 그려졌다.[24]

덴마크와 노르웨이에서는 집단 이주 현상이 스웨덴보다 더 늦게 나타났다. 1945년 이후 스웨덴은 산업 부문에서 대체로 다른 나라들보다 우월한 지위를 갖고 있었다.[25] 1950년대 후반까지 덴마크는 비교적 실업률이 높았기 때문에 호주나 캐나다로 이주가 계속되었다.[26] 그러나 1950년대 후반, 산업이 팽창하면서 덴마크가 스웨덴처럼 완전고용 경제가 되자 남유럽에서 노동력을 충원하기 시작했다. 1960년대 후반까지 덴마크에 노동자들이 이민 오는 데 제한은 없었지만, 스웨덴과 달리 이주 노동자들의 지위는 독일의 '임시 외국인 노동자'에 더 가까웠다. 노르웨이도 사실상 1957년부터 개방 이민 국가가 되었으나 적어도 1960년대 후반까지는 스웨덴이나 덴마크보다 노동 이민의 유입 수준이 훨씬 더 낮았다.[27] 하지만 유럽 여러 국가에서 노동 이민에 제한을 둔 뒤인 1970년대까지도 노르웨이를 향한 노동 이민은 이어졌다.[28]

한편, 핀란드와 아이슬란드는 1970년대 첫 석유 위기가 발생하기 전까지 여전히 순이민송출국이었다. 핀란드인의 이민 행렬은 1969년 절정에 이르렀다. 당시 핀란드 국민 54,000명이 대부분 스웨덴에서 일하기 위해 고국을 떠났다. 그 결과 실제로 1969~1970년 사이에 핀란드 전체 인구가 감소했다. 1970년대 전반에 국내 유입률이 높았던 까닭은 대부분 과거에 고국을 떠났던 이민자들이 복귀했기 때문이다. 아이슬란드의 이동 흐름은 훨씬 적은 인구 때문인지 이동량은 적고 변동 폭은 더 컸다. 그러나 비율로 측정한다면 아이슬란드의 이민율은 최근까지도 매우 높다. 1961년부터 2005년까지 연평균 이민율은 1%에 약간 못 미치는 수준이다. 이런 수치는 1969년 정점에 이른 핀란드의 이민율이 1.17%였던 것과 비교된다.[29]

유럽 전역에 걸친 제한 없는 이주 노동의 시대는 1970년대 초 석유 위기가 닥치자 막을 내리게 되었다. 경기침체와 실업 증가 때문에 노르딕 국가들은 다른 유럽 국가와 마찬가지로 훨씬 더 제한적인 이민정책을 채택했다. 스웨덴(1972), 덴마크(1973), 노르웨이(1975)는 차례로 자유로운 이민정책을 사실상 포기했다.[30] 1972년과 1973년에 이주 노동자가 핀란드 등의 고국으로 돌아감에 따라 스웨덴은 1930년대 이후 처음으로 다시 순이민송출국이 되었다.

　그러나 장기적으로 볼 때 그 시기가 이주 시대의 끝으로 기록되지는 않는다. 다만 그 성격이 변화했을 따름이다. 노동 이민이 줄어드는 동시에 난민과 망명자들이 늘어났다. 1970년대 스칸디나비아의 정부들은 이민에 대해 이중 정책을 추구했다. 난민에게는 인도주의적 의무를 다하고자 하는 정책적 노력을 기울였지만, 노동 이민에는 매우 제한적인 정책을 폈다.[31] 중립국으로서 스웨덴은 난민들을 위한 안전한 피난처로 오랫동안 좋은 평판을 받았다. 1956년 헝가리 사태에 대한 소비에트의 억압, 1968년 프라하의 봄 등과 같은 동유럽의 정치적 분쟁에서 탈출한 개인 망명자들이 들어온 1950년대와 1960년대에 이런 경향은 강화되었다. 그러나 1970년대부터는 칠레의 피노체트 체제가 만들어 낸 정치적 망명자들을 포함한 대다수 난민들이 유럽 바깥에서 왔다. 1980년대에는 이란-이라크 전쟁과 에리트레아(Eritrea, 아프리카 북동부의 공화국), 에티오피아, 스리랑카, 동남아시아 등지에서 일어난 분쟁을 피해 난민들이 들어왔다.

　1970년대와 1980년대의 이주 국면에서 나타나는 일반적인 특징이 있다. 먼저 스웨덴, 덴마크, 노르웨이 모두 이주 노동자에게는 과거보다 강력한 제한 조치를 취했지만 비교적 자유로운 난민 정책을 계속 추구했다. 전형적인 예는 1983년에 덴마크 정부가 법적 요건이 충족되지 않아도 되는 '사실상의 난민'(de facto refugees) 개념을 채택한 것이다. 이는 억압받는 집단에 속한다는 이유만으로도, 예를 들면 압제가 존재하는 곳의 시민권을 가지고 있다는 이유만으로도 보호처가 제공되어야 한다는 취지였다. 또 한 가지는, 스웨덴 말고는 노르딕 국가들에 유입되는 난민 이민자의 수가 여전히 비교적 적었다는 점이다. 1980년대 전반에 세 나라 모두 이민 순유입률이 낮았고 심지어 덴마크에서는 그 유입률이 마이너스일 정도였다. 더욱이 이 기간에 일어난 이주의 대부분은 난민이 아니라, 초기 이주 노동자들이 정착하고 난 뒤에 가족을 불러들여 결합한 경우가 많았다.

망명자들과 정치적 난민의 이주는 1980년대 내내 꾸준히 증가해 오다가 1990년대 초에 이르러 급증했다. 옛 유고슬라비아, 이라크와 페르시아 만, 소말리아 반도 지역, 터키의 쿠르디스탄, 옛 소련 지역 등지에서 새로운 유혈 충돌이 발생하면서 난민 수가 급속히 늘어났다. 과거보다 교통망이 발달했기 때문에 노르딕 국가들은 난민들에게 망명지로 더 가까워졌다. 하지만 [표 8]에 보이는 바와 같이 지역에 따라 노르딕 국가에 들어오는 망명자 수는 상당히 다르다. 노르딕 국가에 유입된 망명자 수는 보스니아 분쟁이 절정에 이른 1993년에 정점에 이른다. 그 뒤로 망명자 유입 규모가 감소했는데, 감소 폭은 스웨덴이나 덴마크에 비해 노르웨이가 훨씬 컸다. 덴마크는 진보적인 정책을 유지했으며 1992~2002년에 다른 어떤 선진국보다 많은 사람들에게 보호처를 제공했다.[32] 다른 스칸디나비아 나라들보다 핀란드는 훨씬 적은 수의 망명자를 받아들였지만, 21세기가 시작될 무렵에 소말리아와 옛 소비에트연방에서 온 소수의 난민을 받아들인 것이 눈에 띈다.

1990년대 이후 노르딕 국가들이 유럽 바깥에서 들어오는 이민자의 급증을 경험한 것은 다른 서유럽 국가들의 상황과 마찬가지였다. 이주가 불러온 갑작스러운 변화는 익숙지 않은 것이었다. 우리가 살펴본 바와 같이 민족적으로 동질적인 스칸디나비아라는 개념은 대체로 신화에 불과하다. 하지만 1990년대에 유럽 바깥 세계에서 많은 이주민이 유입된 것은 그 규모에서 유례가 없는 새로운 현상이라는 점을 부정할 수 없다.

표 8 노르딕 국가로 유입된 망명 희망자 수(1993~2002)

(단위: 천 명)

	1993	1994	1995	1996	1997	1998	1999	2000	2001	2002
노르웨이	12.9	3.4	1.5	1.8	2.3	8.5	10.2	10.8	14.8	17.5
덴마크	16.5	8.0	10.1	7.4	5.6	6.1	7.1	13.0	10.3	6.7
스웨덴	37.6	18.6	9.0	5.8	9.6	12.5	11.2	16.3	23.5	33.0
핀란드	2.0	0.8	0.8	0.7	1.0	1.3	3.1	3.2	1.7	3.4

출처: OECD

덴마크로 이주한 1세대의 인구는 2002년에 10년 전의 두 배로 늘어났다.[33] 1990년대 전반 스웨덴에서 이민자 유입은 절정에 이르렀고, 마침 그 시기에 심각한 경제 불황과 정치적·문화적 위기가 발생했다. 이러한 시간적 일치는 대량 이민 유입이라는 변화에 대한 대중의 반응에 중요한 영향을 미쳤다. 이 시기 내내 이주의 가장 중요한 원인은 망명이 아니라 가족 상봉이었다. 이는 또한 단지 스웨덴으로 건너간 핀란드의 이주 노동자뿐만 아니라, 노르딕 국가 내부에서 이민자들 가운데 해외 출생 시민권자가 아주 높은 비율을 유지하고 있는 원인이 되고 있다.

이주자에 대한 대중의 인식이 1990년대 이후가 되면 상당한 변화를 보인다. 과거에는 이주자란 비교적 쉽게 동화되고 대개는 잠시 머물다 돌아가는 남유럽이나 핀란드 노동자계급 출신의 이주 노동자라는 인식이 있었다. 1990년대 이후 이주자들은 문화적 거리감 때문에 사회에 통합되기 어려우며, 가난에 찌들고 절망적 상태에 빠진 제3세계 난민이라는 이미지를 얻었다. 21세기에 들어와서는 이주자들을 무엇보다도 이슬람 지역 출신의 '타인들'로 보는 경향이 생겼다. 이런 경향은 스칸디나비아 사회가 대량 이민에 대응하는 방식에 중요한 결과를 가져오게 마련이다. 이 문제를 좀 더 논의해 보도록 하자.

대규모 이민과 스칸디나비아의 대응

스칸디나비아의 통합에 대한 역사적 접근에는 무언가 역설적인 면이 있다. 우선, 초기에 근대화된 두 민족국가인 덴마크와 스웨덴은 도시 국가주의의 훌륭한 사례라고 볼 수 있다. 이 두 나라는 중앙 국가에 대한 충성이 지역의 민족적 정체성을 압도하는 광범위한 다민족 군주국이었다. 한편, 두 국가는 모두 중앙집권과 동질성이라는 전통이 강했다. 이런 전통은 필연적으로 통합과 동화를 추구하게 마련이다. 어떤 국가도 다문화주의를 지지하는 역사적 전통을 가지고 있지는 않았다.[34] 이 점에서 새로운 스칸디나비아 국가들과 오래된 스칸디나비아 국가들은 첨예하게 대조된다. (새로운 국가들인) 핀란드와 노르웨이에는 역사적으로 이중언어 정책이 시행되었고 언어 소수자(각각 스웨덴어와 뉘노르스크 사용자)가 존재했다. 뿐만 아니라 어느 정도의 문화적 다양성과 심지어는 중앙에 대한 반문화적인 저항조차 허용하도록 할 만한 압력이 있었다.

스칸디나비아에서 전후 이주의 첫 번째 물결에 대한 국가의 반응은 대개 강력한 동화주의였을 것으로 생각된다. 어쩌면 이렇게 말하는 것이 과장일 수도 있겠다. 1940년대와 1950년대 스웨덴에서 새로운 이주자를 동화시키는 것이 당연하게 여겨지기는 했지만 공식적인 조처는 거의 없었다고 하는 것이 좀 더 정확할 것 같다.[35] 동화는 복지정책에서 보편주의와 평등을 강조하면서 추진력을 얻었다. 다른 유럽 국가들과 마찬가지로 이주 노동자는 (공식적 또는 비공식적으로) 대개 일시적인 거주자로 여겨졌으며, 앞서 설명한 바와 같이 그들 가운데 다수가 1970년대 초 경기 후퇴 이후 고국으로 돌아갔다. 1960년대에 이르러서야 노르딕 국가 가운데 유일하게 스웨덴이 대량 이민을 경험하면서, 국가가 재정을 조달하여 의무적인 언어 교육을 실시하고 이주 노동자들을 통합하고자 하는 체계화된 노력을 했다. 마찬가지로 이주 노동자뿐 아니라 이주민들의 가족 재통합을 돕기 위한 덴마크 정부의 포괄적인 노력은 1970년대에 마무리됐다. 이는 덴마크의 통합 정책을 향한 첫걸음으로 볼 수 있다.[36]

그러나 덴마크에서는 1980년대 이후에 정치적 망명을 원하는 사람들이 증가함에 따라 통합이 심각한 정치적 논쟁의 대상이 되었다. 1998년 통합에 관한 첫 입법이 이루어졌을 때 이주민은 이미 상당히 증가해 있었다. 1998년 통합법은 경제적인 관점에서 통합의 틀을 세웠다. 이 법은 경제적 자립이 가능한 인적 자본으로서 이주자와 그 후손들의 통합을 증진하려고 했던 것이다. 이것은 이주민 유입이 복지국가에 짐이 될지도 모른다는 광범위한 대중적 공포에 따른 것이었다. 따라서 통합의 열쇠는 이주민을 노동시장으로 통합하는 것, 즉 이들의 일자리 찾기를 도와주는 것이었다. 이에 정부는 무엇보다도 덴마크어 교육과 관용, 존중과 같이 다소 모호한 '기초적 가치'의 교육 필요성을 인식했다.[37] 정책 문서 〈만인을 위한 새로운 기회〉(En ny chance til alle, 2005)에 표현된 정부 제안들도 비슷한 주제에 바탕을 둔 것이었다. 통합이라는 것은 복지국가가 장기적으로 유지되려면 모든 사람이 유급 고용을 통해 기여해야 할 필요가 있다는 사실과도 관련되어 있었다. 초기의 통합 정책은 이주자들에게 수동적인 의존 문화를 조성했고, 이를 깨뜨리기 위해 정부가 개인적 의무와 책임을 강조하는 신자유주의적 방향으로 돌아서야 한다는 주장이 제기되었다. 즉, 외국인을 덴마크 사회에서 능동적인 자원으로 만드는

것이 정부의 목표가 되어야 한다는 얘기이다.[38]

이 보고서가 제시한 대로, 이주자의 경제적 통합을 증진시키고자 한 정부의 잇단 시도 이면에는 근본적으로 동화가 강조되고 있었다. 2001년 이래로, 중도 우파 정부는 문화적 공유에 기초한 동질적인 '덴마크적인 것'의 방어자로서 위상을 세움으로써 정부의 권위와 정당성을 이끌어내고자 했다.[39] 이는 어느 정도 우익 포퓰리즘 정당인 덴마크 인민당의 요구에 추동된 측면이 있다. 정부는 문화 다원주의 자체를 목적으로 삼기보다 오히려 문화에 대한 위계적 분위기를 조성했다. 덴마크 민족 대다수가 소수 문화를 이해하려고 노력해야 한다는 점은 받아들여졌지만, 자신의 문화적 행위를 다수에게 맞춰 적응시켜야 하고 어떤 근본적인 가치를 공유해야 하는 소수자들에게 부담이 컸다.[40] 물론 정부로서는 공유할 가치를 어떻게 규정하느냐가 문제였다. 덴마크 학자 울프 헤데토프트(Ulf Hedetoft)가 지적한 바와 같이 그러한 시도는 흔히 모순적이었다. 스스로 덴마크적인 것의 사소한 특성들로부터 거리를 두려는 시도 때문에(라스무센 총리가 "덴마크적인 것은 미트볼과 고깃국 이상의 것이다"라고 말한 것은 그 한 예이다) 정치인들은 본질적으로 덴마크적인 특징보다는 보편적인 가치로 해석될 수 있는 민주주의, 평등, 자유, 인간 생명에 대한 존중 등으로 후퇴하도록 압박을 받았다.[41] 이런 점에서 '덴마크적인 것'에 관한 논쟁은 프랑스, 영국 등 유럽 다른 곳에서도 진행된 국민의 정체성에 관한 최근의 논쟁과 다를 바 없었다.

언뜻 보기에 스웨덴의 경우는 통합 정책에서 매우 다른 방향을 추구했다. 1974년 스웨덴의 새로운 헌법에는 국가가 이주민 집단의 문화적 열망을 보호하도록 의무화하는 조항이 삽입되었다. 새로운 이주자와 소수민족 정책은 '평등, 선택의 자유, 협력'이라는 세 가지 목표를 세웠다. 협력은 이주민과 토착민 사이의 '관용과 연대'로 이해되었다. 선택의 자유는 원래의 문화적 정체성을 얼마나 보존하고 발전시킬 것인가에 관한 문제에서 소수자의 선택권을 보장한다. 여기에서 주요 쟁점은 언어였다. 1977년 '모국어 개혁'을 단행함으로써 소수민족 언어를 사용하는 신문과 단체, 그리고 모국어(토착어) 교육에 국가 기금을 제공하게 되었다.[42]

스웨덴은 다문화주의를 채택함으로써 역사적 전통에 상당한 단절을 가져왔으며, 노르딕 국가들 안에서 그리고 좀 더 넓은 범위에서 앞서가는 나라라는 이미지를 각인시켰다. 초기의 정책 전환은 어느 정도 실용주의에 따라 추진되었으며, 이주 노동자 다수, 특히 1960년대 후반과 1970년대 초반에 들어온 이주 노동자 가운데 대부분은 본국 귀환 이전에 잠시 머무는 것일 뿐이라는 가정에 기초했다. 실제로 그들 가운데 다수는 고국으로 돌아갔고, 다문화 정책은 핀란드 정부의 우려에 어느 정도 영향을 받은 것이었다. 핀란드 정부는, 핀란드로 되돌아오는 사람들이 많아지면 스웨덴에서 자란 아이들 세대가 돌아와서 언어 문제로 어려움을 겪으리라고 내다봤다.[43] 또한 정책의 전환은 1970년대 토착민 사미족의 주장이 강해지고 문화적 자기 결정에 대한 요구가 갖는 정당성을 점점 더 많이 인식하게 되면서 이루어졌다.

노르웨이의 소수민족 정책도 역시 1970년대 초부터 국가가 지원하는 다문화주의 정책으로 변화를 겪었다. 그에 따라 소수민족 아이들에게 모국어 수업을 제공했고 통합을 촉진하기 위한 기초로서 '문화적 자기실현'(cultural self-realization)의 원칙이 채택되었다.[44] 그러나 두 나라 모두 덴마크와 마찬가지로 소수민족 정책을 여전히 복지국가라는 틀 안에서 이해했다. 실제로 새로운 이주자들은 종종 그에 상응하는 정치적 권리를 획득하기 전에 완전한 사회적 권리를 먼저 얻었다. 이는 사미족의 경우와 마찬가지로 역설적이다. 국가가 개인의 선택의 자유(일례로 모국어 수업과 같은 특별한 권리)를 증진하는 것과 동시에 모든 시민이 동등하게 다루어져야 하는 복지국가 안에서 평등과 보편성 원칙 사이에는 늘 긴장이 존재한다. 노르웨이 역사학자 프란시스 세예르스테드(Francis Sejersted)에 따르면, 이러한 역설은 결과의 평등보다 기회의 평등을 의미하는 것으로서 좀 더 폭넓은 용어인 '공평'(jämlikhet)을 채택함으로써 얼마간 해소된다.[45]

이렇듯 다문화주의를 원칙으로 채택한 초기 시도들이 있었지만, 덴마크에서 1990년대 말까지는 통합에 관한 실질적인 문제들이 중대한 정치적 토론거리가 되지는 않았다. 덴마크와 마찬가지로 스웨덴에서도 정치적 논쟁은 유례없는 대량 이주민 유입과 인구 구성의 커다란 변화를 겪은 뒤에야 불거졌다. 그러나 덴마크에서 통합 정책이 동화주의에 따라 계속 지지된 것과 달리, 스웨덴에서 통합 정책의 공식 출발점은 민족적 다원주의와 문화 다원주의였다. 예컨대 2002년 통합에 관한 정부의 성명은 스웨덴이 다원주의 사회였고 '이른바 스웨덴식이라고 부르는 문화적 유산'은 항상 외부의 영향을 받은 것이라는 전제에서 출발했다.[46] 사실상 덴마크에서는 통합을 위한 기초로 경제적 자립을 강조하고 이를 달성해야 하는 부담이 이주자들에게 부과된 반면에, 스웨덴의 정책 입안자들은 노동시장과 사회에 흔히 존재하는 구조적 차별을 없애는 데 좀 더 초점을 맞추었다.

이러한 차이는 통합 정책과 이민이나 민족적 다양성에 대한 일반적 태도라는 측면에서, 스웨덴과 덴마크가 서로 반대되는 태도를 갖는 것으로 바라보기 쉽다. 이미 많은 사람들이 그렇게 하고 있다. 다문화주의와 차이에 대한 스웨덴의 관용적 태도는 동질성과 동화를 고수하는 덴마크의 모습과 대조를 이룬다. 따라서 스웨덴 사회는 덴마크의 폐쇄적이고 배타적인 특성과 비교되어 더욱 개방적이고 관대해 보인다.[47] 이런 점에서, 2001년 11월의 덴마크 총선거와 뒤이어 벌어진 '대규모의 노르딕 언어 전쟁'(store nordiske ordkrig)은 두 나라 관계에서 중요한 전환점이 된 것으로 보인다.

2001년 선거는, 경제정책을 비롯한 전통적인 정치적 논쟁거리에 관해서는 정당들 사이에 큰 차이가 없었던 반면, 이주정책이 초점이 되었다는 점에서 주목할 만하다. 부분적으로 이것은 덴마크 인민당과 진보당이라는 두 극우 포퓰리스트 정당이 부추긴 것으로서, 둘 다 노골적으로 외국인에 대한 혐오감과 반이슬람적인 정강을 가지고 선거운동을 전개했다. 하지만 중도 우파인 자유당 또한 정부가 이민정책의 통제에 실패했다고 비판하면서 이른바 '이주 위기'에 선거운동의 초점을 맞추었다. 자유당도 논쟁의 여지가 있다는 자세와 표현을 선택함으로써 역시 선동적이고 외국인 공포증을 유발한다는 비판을 받았다.[48]

선거 결과 사회민주주의자들은 역사상 유례가 없는 패배를 당했고 자유당의 정치인 아네르스 포그 라스무센(Anders Fogh Rasmussen)이 이끄는 자유당과 보수당 연립정부가 수립되었다. 덴마크 인민당은 형식상으로는 연립정부 성원이 아니었지만, 선거에서 큰 성과를 거두었기 때문에 정부는 의회에서 인민당의 지원을 받지 않으면 안 되었다. 2001년 선거는 해외 언론으로부터 적대적인 반응을 불러일으켰다. 많은 언론인들은 덴마크가 자유롭고 관대한 국가라는 고정관념과 뚜렷한 대조를 이룬 부분에 주목했고, 어떤 언론은 "북유럽 복지국가 진보주의의 아이콘이 선동적인 선거전 속으로 …… 빠져들었다"고 보도했다.[49] 2002년 5월에 새 정부가 새로운 이주 통제 정책을 도입했을 때 국제적인 비판의 폭풍우는 더 거세졌다. 새 법률에서 아마 논란이 가장 큰 조항은 외국인 배우자와 결혼할 수 있는 최소 연령 요건을 24살이라고 규정한 점이었을 것이다. 이는 유럽 전체에서도 가장 엄격한 법률 요건이라고 평가되었고 뤼트 뤼버르스(Ruud Lubbers) 유엔 난민고등판무관도 덴마크 정부를 비판했다.[50]

새로운 덴마크 정부와 그 이주 정책에 대한 가장 솔직한 비판은 스웨덴에서 나왔다. 덴마크의 2001년 선거운동은 스웨덴 언론의 큰 관심을 끌었다. 몇몇 비평가들은 언론을 통해 예전 같으면 입에 올리지도 못할 말로 다른 노르딕 국가 사람들을 향한 적대감을 노골적으로 드러냈다. 스웨덴 일간지《아프톤블라데트》(Aftonbladet)에는 이런 기사가 나왔다.

독일이 가늘고 길게 잡아 늘인 조각 위에 앉아* 너의 샌드위치나 홀로 우적우적 먹어라! 거기에 콧수염을 붙이고 앉아 암소가 집으로 돌아올 때까지 투로르 맥주를 마시고 있게나. 거기에 앉아 있어라, 이 타고난 원시인아! 하지만 완전히 고립되고 난 뒤에 애걸하며 외레순 다리를 건너 굽실거리며 기어오지는 말거라. 네가 구하는 동정을 여기에선 찾을 수 없을 것이기 때문이지. 덴마크 악당들아! (……) 인종차별적인 선언을 황제의 새 옷으로 차려입고, 역겹기 짝이 없는 라스무센은 자유당을 덴마크에서 가장 큰 정당으로 만드는 데 성공했다.[51]

스웨덴 정부도 2002년 채택된 덴마크의 새로운 이민정책을 공식적으로 비판했다. 사회민주당의 통합부 장관(integration minister) 모나 살린

---

* 덴마크의 지리적 위치에 빗댄 표현.

(Mona Sahlin)은 프랑스와 벨기에의 관련 주무 장관들과 공동으로 작성한 공개서한을 덴마크 정부에 보냈다.[52]

양국 관계는 덴마크 일간지 《윌란스 포스텐》이 마호메트를 그린 풍자화 12편을 실은 뒤 한층 악화되어 2005년 겨울에 위기가 발생했다.[53] 덴마크 정부와 스웨덴 정부의 반응은 눈에 띄게 대조를 보였다. 덴마크 총리 라스무센은 개인적으로 그 풍자만화와 거리를 두고 공식적인 사과 발표는 거부한 채 정부가 자유로운 언론의 활동까지 책임지는 모습은 적절하지 않다고 말했다. 《윌란스 포스텐》의 편집인은 이슬람교도에게 불쾌함을 준 점에 대해 사과했지만, 풍자만화를 출판하려는 자신의 결정을 항변하면서 이 행위는 종교적 관용, 자기 검열, 표현의 자유 등에 대한 공개 토론을 불러일으키려는 의도였다고 했다. 종교 집단 등을 멸시하거나 훼손하는 행위를 방지하기 위한 헌법 규정에 근거해 《윌란스 포스텐》에 반대하는 법률적 사건이 고소되었지만 검찰총장은 기각했다.

반면 스웨덴 정부는 풍자만화를 출판한 것으로 알려진 우파 스웨덴 민주당의 웹 사이트를 폐쇄했다.[54] 스웨덴 언론이 덴마크를 외국인 혐오증을 갖고 있으며 관용적이지 못한 것처럼 적대적으로 이미지화하는 것은, 그 반대의 측면에서 마찬가지로 부정적인 스웨덴의 모습(정치적으로 올바르고 자기 검열적인 스웨덴)을 비춰보였다.[55] 2006년 가을 스웨덴 신문 《다겐스 뉘헤테르》(Dagens Nyheter) 기자 스테판 욘손(Stefan Jonsson)이 덴마크 여론이 이슬람교를 괴롭히는 데 '집착하고 있다'고 비난하고 나서자 논쟁은 다시 불타올랐다. 그러나 문화적 영향에 관한 특성을 살린 섬세한 논쟁은 불가능했다. 이에 대응하여 덴마크의 평론가는 스웨덴의 정치적 '올바름'(meningstyranni)을 겨냥해 비판했다.[56]

고정관념이란 것이 대개 그렇듯이, 이주 정책에서 덴마크와 스웨덴의 차이를 바라보는 고정관념이 어느 정도 진실을 포함하고 있는 것은 사실이다. 그러나 논쟁이 격렬해지면 불가피하게 양쪽이 가진 복잡한 상황을 흐려 버리기도 한다. 비록 스웨덴에 대한 덴마크의 풍자는 '정치적인 올바름이 광기에 빠져 버렸다'는 식으로 과장되었지만, 사실 스웨덴의 다문화주의는 주로 세계시민주의를 지향하는 정치인 집단이 지지하는 엘리트적 현상이었다. 이들은 스웨덴 사회의 다른 영역에 존재하는 분열과 격리라는 진짜 문제를 무시했다.[57]

몇몇 비평가에 따르면 스웨덴에서는 이주와 소수민족 문제에 관해 공개적으로 비판적인 논쟁을 하는 것이 정말로 어려운 것처럼 보였다.[58] 지리학자 앨런 프레드가 제시한 대로, 인종차별과 배타성의 존재 자체가 스웨덴에서는 '타인들'인 소수민족의 존재만큼이나 자기 정체성에 대한 커다란 도전이었다. 이 때문에 때때로 인종차별과 배타성을 사회문제로 인정하는 것이 쉽지 않은 문제였다. 많은 스웨덴인들, 특히 다문화주의를 옹호하는 엘리트들은 인종차별적 태도와 사건이 소수의 극단주의자들 탓이라고 말하고 싶었을지 모른다. 이들 극단주의자들이 쇠퇴하는 산업 도시에서 젊은 실업자들의 불만을 일부 끌어내 지지를 얻고 있다는 것이다. 따라서 인종차별의 증거는 쉽게 설명할 수 있고 책임질 수 있는 것이며, 일시적인 탈선일 뿐이라고 생각했다.[59]

사람들은 대개 스웨덴식 제도에 안도감을 느낀다. 1997년 이후 덴마크 정치의 주류에는 외국인 혐오증을 가진 덴마크 인민당이 있지만 스웨덴에는 그런 정당이 없다는 점 때문일 것이다.[60] 실제로 두 나라는 여전히 중요한 차이를 갖고 있는 것으로 보인다. 어째서 이민자를 배척하는 감정이 스웨덴보다 덴마크에서 정치적으로 훨씬 더 강하게 표현된 것일까?

덴마크 인민당은 1997년 이후 진보당을 대신해 덴마크 우익 포퓰리즘의 상징으로 부상했고, 2001년 선거 이전의 여론 조사에서 빠른 상승세를 보였다. 이런 상황은 인민당에 의미 있는 승리로 여겨졌을 것이다.[61] 그것은 오스트리아 자유당(Austrian Freedom Party), 프랑스의 국민전선(the Front National), 네덜란드의 핌 포르타윈 당(Pim Fortuyn's List) 등과 같은 유럽 다른 나라의 우익 포퓰리즘 정당에 견줄 만하다. 하지만 덴마크에서 외국인 혐오증을 보이는 정치적 우익들이 신나치주의에 이념적 바탕을 두거나 연관되지는 않은 것으로 보인다.[62] 오히려 덴마크(그리고 노르웨이)에서 배타적 시각을 지지하고 있는 사람들은 자신들을 전시의 반나치 저항운동과 연결시키려고 노력했다. 즉, 해외 침입자들과 그들을 환영하는 현대의 '배신자'들에 맞서 싸우는 새로운 저항운동으로 스스로를 자리매김한 것이다.

이와 달리 스웨덴에서는 외국인 혐오증을 보이는 극우 집단과 유럽의 신나치주의 운동이 훨씬 더 밀접한 관련이 있는 것으로 보인다.[63] 실제로 앨런 프레드의 말처럼, 스웨덴 엘리트들은 여러 해 동안 인종차별주의가 소수의 신나치 극단론자들의 것이며, 따라서 그들이 스웨덴 사회의 '주류'는 아니라고 여김으로써 스스로를 위로할 수 있었다.[64]

1991년 신민주당이 잠시 출현했다 사라짐으로써, 극우 포퓰리즘이 스웨덴 정치에 중대한 영향을 미치지 못한 것 또한 위안을 주는 증거였다. 더욱이 신민주당이 의회에 잠깐 등장할 수 있었던 것은 1990년대 초에 나타난 극심한 불황과 그에 따른 스웨덴의 사회적 동요 때문이라고 말할 수 있었다. 신민주당이 1994년에 의석을 잃음으로써 이를 재확인시켰고 그해 사회민주당 정부가 다시 집권함으로써 상황을 정상으로 되돌려 놓았다.

사회학자 옌스 뤼드그렌(Jens Rydgren)은, 2002년 이전 스웨덴 정치에서 어떤 우익 포퓰리즘 정당도 지속적으로 두드러진 성과를 올리지 못한 이유로 다음 세 가지를 꼽았다. 첫째, 스웨덴에서는 기존의 정체성과 이에 대한 충성심이 다른 곳에서처럼 심각하게 도전받지 않았다. 1990년대 초의 경험은 어쩌면 일시적인 예외일 수 있다. 둘째, 이주 문제는 덴마크에서보다 스웨덴의 유권자에게는 덜 중요해 보였다. 도움이 되지 않고 그저 맴도는 주장인 것처럼 보이기는 하지만, 덴마크 인민당이 이주 문제를 쟁점화하기 전에는 이주 문제가 덴마크 정치에서 중대한 사안이 아니었다. 아마도 더욱 중요한 것은 뤼드그렌이 제시한 세 번째 이유일 것이다. 사회민주당 정부가 오래 집권했지만 스웨덴 보수당은 사회민주당과 경쟁할 수 있는 정치적 대안으로 계속 남아 있었고, 이에 따라 스웨덴 정치에서는 이데올로기의 수렴 현상이 훨씬 적었다는 것이다.[65]

2001년 덴마크 선거의 두드러진 특징은 경제정책 차이와 같은 전통적인 이슈에 대해 정당들 사이에 이데올로기 차이가 별로 없었다는 점이다. 이는 과거의 자유주의 입장을 버리고 스스로를 덴마크 복지국가의 수호자로 보이도록 한 인민당의 결정 때문이었다.[66] 그리고 2002년 선거에서 쓰라린 패배를 경험하고 난 뒤 스웨덴 보수당은 2006년 선거에서 승리를 거두었는데, 이는 극우파인 스웨덴 민주당의 정치적 공간을 없애버렸다. 스웨덴 '민주당'은 반민주주의 정당이라는 자신의 이미지를 떨쳐 내려고 체계적인 노력을 했다. 스웨덴 민주당이 2006년에도 의석을 확보할 수 없었던 것은 부분적으로는 스웨덴의 선거 체계에서 국회에 진입하는 데 필요한 지지율 요건 때문이었다. 덴마크에서는 그 정도의 득표율이었다면 국회 진출이 가능했을 것이다.

그럼에도, 2007년 무렵 스웨덴 주류 정치에는 외국인 혐오증을 가진 우익 정당이 없었다. 이는 아마도 덴마크의 유사한 정당이 가질 법한 제한적 이주정책을 채택되지 않도록 막는 역할을 했다. 이에 반해, 기층 유권자 수준에서 소수민족 성원의 정치 참여가 스웨덴보다 덴마크에서 더 활발했다는 몇 가지 증거가 있었다.[67] 비록 국제 언론이 2001년 선거에서 덴마크 인민당의 성공에 특히 주목했지만, 중도 좌파인 사회자유당은 다문화 사회의 이점을 강조하는 선거운동을 전개했다.[68] 지방의회와 양원 선거에 출마한 후보자들 가운데 소수민족 출신자들이 과거 어느 선거 때보다 많았던 것이다.[69] 이와는 대조적으로, 2005년 스웨덴의 민주주의와 정치 참여에 관한 공식 조사에 따르면, 스웨덴에서 공적인 삶에 참여하고자 하는 소수민족 출신 시민들은 수많은 일상적 관례와 관습, '정상적인 것'에 대한 인식 때문에, 시민을 범주화하는 틀에 박힌 사고에 부딪치게 된다. 스웨덴 민주주의가 순조롭게 작동하는 데 특별히 중요하게 여겨지는 노동조합 운동과 노동자 교육 운동 내부에서 문화적 차이에 따라 배타적인 관행들이 작동했다는 증거도 있다.[70]

이런 차이에도 불구하고, 스웨덴과 덴마크는 새로운 밀레니엄 초기에 수렴의 몇 가지 신호를 보여 주었다. 두 국가에서 이주라는 이슈는 문화적 인종주의가 각인된 용어를 사용하여 논의되었다. 이 용어들은 개인을 문화적 기원에 따라 범주화하고 이들에게 고정적이며 불변하는 문화적 속성을 부여하는 경향이 있었다. 이것은 소수민족을 논하기 위해 사용된 용어에서도 부분적으로 나타났다. 스웨덴에서 '이주자'(indvandrere)라는 용어는 백인이 아니거나 스웨덴에서 태어나고 자란 소수민족 구성원까지도 뭉뚱그려 가리키는 말로 광범위하게 사용되었다. 그 효과는 타고난 스웨덴인과는 반대되는 이주자로서 개인의 정체성을 고정시키는 것이었다.[71] 덴마크의 공식 통계 기관은 1991년에 '이주자'와 그들의 '자손' (efterkommere)을 구분하기 시작했다. 이것 역시 원래의 덴마크 민족과 소수민족 집단들 사이의 차이를 본질적인 것으로 만드는 데 기여했다. 그러나 일반적으로 사용되는 공통 용어는 잠시 머문다는 인식을 표현한 '외국인' (de fremmede)이라는 말이었다. 덴마크에서 특히 외국인 범주는 통상 무슬림과 이미지가 중첩되었다.[72) 그러나 21세기에 들어와서는 '새로운 덴마크인' (nydansker)이라는 용어가 대안으로 더 광범위하게 수용되기 시작했다.[73)

덴마크와 스웨덴 양쪽 모두, 그리고 노르웨이에서도 특별히 관심을 기울인 것은 노동시장이었다. 잇따른 연구는 고용주들이 차별을 일삼은 증거와 소수민족의 실업률이 백인보다 높게 나타나는 현상 등을 밝혀냈다. 1998년에 나온 연구를 보면, 덴마크에서 비서양인 이주자의 취업률이 39%인 데 견줘 덴마크 민족 인구의 취업률은 74%로 나타난다. 이런 현상은 2001년까지 다소 개선되었지만(46% 대 76%로) 문제는 분명 심각했다.[74) 노르웨이에서도 이런 현상은 비슷하게 나타났다. 소말리아와 보스니아-헤르체고비나 출신 집단의 경우 고작 13.9%가 취업 상태였는데, 이는 국가 평균인 56.9%(그리고 모든 이주자 집단의 경우 43.5%)와 비교된다.[75) 실업은 이민자들이 민주주의 과정의 참여에서 배제되도록 만들며, 노동시장 통합은 뒤따르는 그들의 다른 사회 참여를 결정하는 데에도 매우 중요한 것으로 보인다.[76)

이 문제에 관한 몇몇 연구는 경제의 수요 변동과 관련지어 이를 설명하고자 했다. 즉 미숙련 노동에 크게 의존하던 산업생산 경제에서 서비스 경제로 이행되면서 서비스 부문은 고도의 유연성과 문화적으로 특정한 능력을 요구했다. 따라서 이주자들이 가진 문화적 거리(차이)는 고용에 걸림돌이 되고 비유럽인은 일자리를 찾기 어렵게 된다.[77) 다른 학자들은 이 연구가 가정하고 있는 문화나 문화적 차이에 문제가 많다는 점을 지적했다. 이들은 이주와 이주자들의 문화적 능력에 관한 문화 인종주의적인 사고와 고정관념을 오히려 부추기는 사회과학 자체의 역할에 주목했다.[78] 특히 스웨덴 정부가 문제를 해결하는 수단으로 구조적 인종주의와 제도적 차별에 초점을 맞출 것이라고 선언하면서, 이 문제에 대한 인식이 21세기 초부터 점점 확대되고 있다.[79]

그러나 노르딕 정부 기관들이 이주와 인구의 민족 구성에 관한 통계치를 수집하여 활용하는 방법에는 여전히 비슷한 태도가 유지되었다. 일례로 노르웨이 통계 기관은 이주자나 이주 배경의 범주에 1세대 이주자와 함께, 이주자 부모를 가졌거나 노르웨이에서 태어난 아이들도 포함시켰다. 그러나 이와 같은 분류에서 다문화 가정의 아이들은 모두 제외되었고 '노르웨이 출신'인 것으로 간주되었다.[80] 이런 범주화의 효과, 그리고 어쩌면 민족 구성에 관한 통계적인 집계 방식이 갖는 효과는 대개 이중적이었다. 한편으로 이는 다양한 집단에 속한 사람들을 '이주자'라는 이름으로, 심지어 노르웨이에서는 '제3세계 이주자'라는 동질적인 범주로 만들었다. 하지만, 다른 한편으로 이러한 범주화는 민족적·문화적 공동체라는 국민국가 개념을 강화하기도 했다.

노르딕 국가 가운데 시민권 및 이민정책에 '혈통주의'(ius sanguinis) 원리가 가장 큰 영향을 미친 곳은 아마도 핀란드였을 것이다. 20세기 후반 일어난 이주의 물결은 다른 노르딕 국가에 비해 핀란드에 늦게 큰 충격을 던졌다. 1990년대 이전 유럽에서 핀란드보다 더 적은 수의 이주민을 받아들인 나라는 오직 아이슬란드, 아일랜드, 포르투갈밖에 없다. 또한 핀란드로 유입되는 이주의 대다수는 스웨덴에서 귀환하는 핀란드인의 재이주였다.[81] 핀란드에 온 난민과 망명 요청자의 수는 1980년대 후반부터 다소 상승하여 1993년 무렵 3,500명의 난민이 머물고 있었다. 이들은 대부분 소말리아 출신이었다.[82]

이런 특징은 핀란드가 집단 이주와 같은 국제적 흐름에서 상대적으로 고립되어 있고, 1990년대까지도 정치인과 대중들이 문화나 민족적으로 동질적인 국가라는 핀란드의 자아상을 유지하고 있음을 의미한다.[83] 1997년 《유로바로미터》(Eurobarometer)가 한 설문조사에 따르면, 조사 대상자의 80%가 스스로를 '다소 인종주의적'이라고 생각했다. 때때로 이주자를 향한 부정적인 태도가 적대감으로 나타났고, 요엔수라는 동부 도시에서 발생한 인종차별적인 '스킨헤드' 운동이 폭력으로 치닫기까지 했다.[84] 더욱이 1987~1993년에 이런 태도가 악화되었다는 증거도 나타났다. 물론 스웨덴에서처럼 이 시기는 어느 정도 심각한 경제위기와 일치하지만 스웨덴과 마찬가지로 핀란드에서도 이런 이유가 전부는 아니다.[85] 핀란드가 정부 차원에서 이주민의 국제적인 증가로 인한 말썽을 겪지 않고 조용히 남아 있다고 인식한 것 또한 1998년 말까지도 핀란드에 어떤 일관성을 가진 공식적 난민 정책이 여전히 부재했다는 것을 보여 주었다. 이주자에 대한 정부의 책임은 몇 개의 부처들로 분산되어 있으며, 서로 다른 지자체에 난민들을 분산시키는 경향이 있었다. 이런 정책은 소수민족 집단이 언어 · 문화 · 종교 전통을 유지하기 어렵게 만들었다.[86]

다른 노르딕 국가들과 마찬가지로, 핀란드 소수자 정책의 진화는 시민권에 대한 시민 모델과 다민족 모델의 잣대 사이에서 다소 모순적 위치를 보여 준다. 노르딕 국가들 가운데 핀란드는 역사적으로 헌법 안에서 언어(스웨덴어 사용자)와 종교(정통파) 소수자의 지위를 보장한 유일한 나라였다. 이런 이유로 핀란드는 1985년부터 유네스코 보고서에서 문화 다원주의 사례로까지 인용되었다.[87] 그러나 1990년대 초부터 나타난 이민 증가는 핀란드에서 언어의 동질성을 강화하는 문화적 · 사회적 변화와 일치했다. 미디어와 교육을 통해 스웨덴어를 지원하는 헌법상의 보장이 있었지만, 스웨덴어를 사용하는 소수자 인구는 5~6% 정도로 감소했다. 일례로 두 집단 사이의 결혼이 증가하여, 스웨덴어를 사용하는 소수 집단이 핀란드어와 스웨덴어를 모두 쓰는 사례가 스웨덴어 사용자 안에서도 증가했다.[88] 핀란드의 스웨덴어 사용 집단은 특권층과 엘리트 집단으로서 1918년 내전과 심지어는 그전부터 이어져 온 계급적 적대감을 반영하고 있다. 이런 정황은 이민에 대한 공공 토론에도 영향을 주었다. 1991년 핀란드 의회의 난민 정책에 관한 토론에서 녹색당 정치인 팔로헤이모(Paloheimo)는 스웨덴어를 사용하는 소수자에 대한 적대감을 거리낌 없이 드러냈으며, 핀란드다운 것을 지키고자 한다는 견지에서 민족주의적인 언사로 이주민 유입에 대한 반대 의사를 노골적으로 표현했다.

약한 자부심 때문에 우리 핀란드인은 자신의 정체성을 부끄럽게 여기고 외국 것은 무엇이든 찬양하게 되었다. 이주라는 쟁점에 대해 스웨덴어를 쓰는 핀란드 사람들의 동기는 그럴듯하다. 즉 소수자들이 더 많을수록, 더 새로울수록, 이미 오래전에 자리 잡은 기존의 소수자들은 숨쉬기가 더욱 쉬워질 것이다. 아마 지금의 다수자들이 점차 소수자 지위로 떨어지더라도, 우리의 가장 주목할 만한 소수자는 개의치 않을 것이다.[89]

핀란드 대통령 마우노 코이비스토(Mauno Koivisto)는 텔레비전 인터뷰에서, 스웨덴에서 잉그리안(Ingrian) 공동체로 돌아온 핀란드 이주자에게 권리를 확대해 줄 것이라고 발표했다. 잉그리안이라는 용어(핀란드어로는 인케리)는 핀란드 조상을 가진 상트페테르부르크 주변의 거주자들을 말하는데, 이들은 핀란드어를 쓰고 루터교 신앙을 고수한 것으로(사실상 많은 잉그리안들은 그 어느 쪽도 아니었지만) 추정되었다. 잉그리안들은 제2차 세계대전 종전 이후부터 핀란드에 많이 살고 있었는데, 이들은 소련으로 강제로 송환되기도 했다. 따라서 코이비스토 대통령의 공식 발표는 부분적으로는 이에 대한 과실을 인정한 것으로 보였다. 그러나 이것은 핀란드가 국가주의적 상상 속에서 카렐리야를 낭만화하는 의식을 반영한 것이기도 했다.[90] 또한 핀란드라는 민족·언어 공동체를 오늘날의 국경을 뛰어넘어 인식하고 있다는 것, 이에 따라 시민권에 대한 핀란드식 개념인 혈통주의적 요소를 명확히 인정하고 있다는 점 또한 주목할 만하다. 노동 허가와 사회보장 수당에 대한 권리를 주장하기 위해서는 잉그리안 귀환 이주자(로 추정되는 사람)들은 조부모 넷 가운데 적어도 한 사람이 핀란드 출신이라는 것을 증명해야만 했다. 나중에 이러한 요건들은 강화되었지만, 2002년 무렵에 잉그리안 22,000명이 핀란드로 '귀환' 했는데, 이러한 대규모 이주는 다른 노르딕 국가가 필적하지 못할 수준이었다.

스칸디나비아 사회의 변화와 도전

새로운 밀레니엄으로 진입하면서도 문화적 차이, 문화적 자기 결정권, 언어와 정체성 등에 관한 문제는 소수자와 이주에 관한 공공 담론을 여전히 지배하고 있다. 물론 노르딕 국가들만 이런 것은 아니다. 이런 논쟁은 유럽의 다른 대부분 국가들과 다를 바 없다. 그러나 불가피하게 노르딕 국가들의 경우 이런 논쟁에는 독특한 '노르딕 어조'가 결합되어 있었으며, 노르딕 국가들 사이의 중요한 차이를 드러내기도 했다.

특히 1990년대에 벌어진 이주의 영향에 관한 문화적 토론이 주목을 끄는데, 여기에는 다음과 같은 몇 가지 이유가 있다. 첫째, 이 시기 모든 노르딕 국가에 대대적으로 이주민이 유입됨으로써 상대적으로 짧은 시간에 큰 폭으로 사회 변화가 이루어졌다. 대량 이주 경험은(스웨덴은 별도로 하더라도) 1990년 이전과는 달리 스칸디나비아가 소수의 이주자들이 비교적 쉽고 빠르게 흡수되고 동화될 수 있는 문화적으로 동질한 국가라는 관념에 도전했다. 둘째, 1990년대 초부터 사회적으로 조화롭고 관용적이라는 스칸디나비아의 자화상에 이의를 제기하는 강력한 증거들이 나타나기 시작했다. 노동시장에 관한 연구들은 '본토' 시민과 비교되는 소수민족의 높은 실업률을 지적했다. 그리고 거주지의 엄격한 분리와 대도시 교외의 소수자 '게토' 증가를 점점 더 크게 인식하고 있다. 아마 훨씬 더 영향력이 큰 것은 때때로 민족 내부의 긴장이 폭력으로 번지는 현상을 보여 주는 여러 사건들이었는데, 이는 전국 신문과 방송 매체에서 크게 다루어졌다. 1990년대 초 소수민족 몇 명이 이른바 '레이저맨'에게 살해당했고,[91] 1993년 트롤헤탄(Trollhättan)에서는 이슬람 사원 방화사건*까지 일어났다. 또한 정치적으로도 이주와 다문화주의가 점점 더 큰 논쟁거리가 되고 있다는 신호들이 있다. 포퓰리즘적인 진보당은 1987년 노르웨이 지방선거에서 반이민자 공약으로 꽤 많은 지지를 얻었고, 1991

---

* 1991년 8월부터 1992년 2월 사이에 욘 볼프강 아우소니우스(John Wolfgang Alexander Ausonius)라는 사람이 스톡홀름과 웁살라에서 11명을 저격했는데 희생자들이 주로 이주자였다. 한 명이 죽고 나머지는 심한 부상을 당했다. 레이저 조준경이 부착된 총을 사용했다고 해서 언론은 그를 레이저맨(Lasermannen)이라고 불렀다. 범인은 종신형을 선고받았다.

년 스웨덴에서도 진보당과 유사한 신민주당이 의회에 진출했다.

스칸디나비아 반도에서 일어난 변화가 같은 시기 다른 유럽 국가들에서 발생한 유사한 사건들을 그대로 반영하고 있다는 점은 주목할 만하다. 이런 경향은 유럽 다른 국가들과 대조되는 '노르딕의 고유성'에 대한 이미지를 더욱 손상시킨 것으로 보인다. 또한 1990년대 전반기와 그 이후에 노르딕에 고유한 다른 차별적인 측면들도 많은 도전을 받았기에 노르딕 특수성은 더 이상 당연한 것으로 여겨질 수 없었다. 우파 포퓰리즘 정당의 출현은 기존 이민정책에 대한 도전일 뿐만 아니라, 노르딕 정치 모델에 대한 전면적인 도전이라 할 만하다. 유럽연합에 관한 논쟁이 1970년대와 그 이전에는 정치·경제 담론 측면에서 진행되었다면 지금은 문화라는 관점에서 논쟁이 이루어지고 있다. 덴마크에서는 마스트리흐트 조약 이후 강화된 유럽 통합에 더욱 깊이 결합할지를 두고 논쟁이 진행되었고 스웨덴, 노르웨이, 핀란드는 우선 합류해야 할지 여부를 두고 논쟁이 진행되었다.

대규모의 이주민 유입 경험과 함께 그에 대한 정치적·사회적·문화적 반응은 스칸디나비아 국가들이 가진 자기 고정관념에 중대한 도전을 제기했다. 이는 또한 다른 국가들이 더 이상 스칸디나비아 국가들을 포용과 통합의 유토피아로 간주하지 않을 것이며, 이들 국가에서 외국인에 대한 고정관념 또한 실재하고 있음을 보여 주었다. 지리학자 앨런 프레드가 1990년대에 스웨덴의 인종차별에 관해 쓴 자신의 책 제목을 《스웨덴마저도》(Even in Sweden)로 선택한 사실이 암시하는 것처럼, 이러한 전환은 놀라운 사건이라 할 만하다. 덴마크의 2001년 선거가 국제 언론에서 주로 적대적으로 보도된 것은 관용에 관한 스칸디나비아식 패러다임에서 이탈하는 조짐이 감지되었기 때문이라고 볼 수 있다.[92]

노르딕 모델의 미래

이 책은 스칸디나비아 또는 노르덴이 '기정사실로 여겨질 수 없는, 광범위한 합의를 통해 만들어진 담론적 구성물'이라는 전제에서 출발했다.[1] 국민국가 개념은 '상상된 공동체'로 알려져 있지만, 핀란드의 문화지리학자 안시 파시(Anssi Paasi)가 제시한 바와 같이 '모든' 정치적·영토적 정체성이라는 것은 지역적 정체성을 포함해서 얼마간 허구적이다. 지역, 영토와 그 상징적 표상들은 우연적이고 불안정한 상태에 놓여 있고 늘 시공간에 따라 변동한다.[2]

역사학자에게 스칸디나비아라는 개념은 두 가지 방식으로 다가온다. 첫째, (핀란드, 노르웨이, 덴마크의 역사가 아니라) 노르딕 역사를 서술하고 그 국가들 사이에 존재하는 유사성과 차이를 고려하는 과정은, 역사 연구에서 여전히 지배적인 '무의식적인 국가 단위 이해 방식'을 넘어설 수 있게 해 준다.[3] 긴밀하게 연결된 노르딕 국가들의 역사는 비교 관점에서 장기간의 역사 과정을 탐구하고 분석하는 데 더할 나위 없이 좋은 틀을 제공한다.

둘째, 이 책을 통해 나는 스칸디나비아라는 용어의 의미 변화를 탐구하고자 하는 야심도 가지고 있었다. 독특한 지역이라는 노르딕의 정체성은 '1945년 이후' 시기에 가장 뚜렷이 나타난다.⁴⁾ 자본주의와 사회주의 사이의 '중도 노선'을 구체화한 스칸디나비아라는 개념은 특히 마키스 차일즈가 베스트셀러를 출간한 1936년에 출현했다. 하지만 스칸디나비아가 바깥 세계에서 이 지역을 상징하는 고정관념으로 자리 잡고, 안에서 자기 정체성으로 자리 잡게 된 것은 제2차 세계대전 이후였다. 우선 노르딕 5개국 가운데 세 나라가 북대서양조약기구에 가입했지만 여전히 스칸디나비아는 냉전의 양극체제 바깥에 존재하는 것으로 여겨졌다. 중립이라는 역사적 유산과 군사동맹 관계를 최소화한 것이 이러한 관념이 형성되는 데 한몫했다. 유엔과 같은 국제기구를 통해 소국이라는 지위가 갖는 도덕적 이점을 적극적으로 활용하고자 했던 정치인들의 노력은 더 말할 것도 없다.

더 중요한 것은 스칸디나비아 나라들이 민주주의 원칙을 희생시키지 않고 아주 성공적으로 빈곤 문제와 경제적 후진성을 해결했다는 점이다. 이런 까닭에 스칸디나비아는 다른 유럽 나라들과 구별되는 특유의 정치 유형, 즉 합의와 타협을 중시하고 사회민주주의에 바탕을 두며, 포용하고 재분배하는 복지국가와 성공적인 자본주의 경제를 결합시킬 수 있는 모델로 자리 잡게 되었다.

물론 어떤 면에서 특별한 것은 스칸디나비아가 아니라 그 '시대'였다. 1950년부터 1970년까지 20년 동안은 여러 유럽 국가들에게 유례없는 황금기였다. 이 시대의 특징인 경제 번영, 정치 안정, 사회적 합의는 앞선 '파국의 격변기'에 나타난 재앙과 대조를 이룬다.⁵⁾ 물론 여러 가지 문제는 남아 있었다. 특히 30년 동안의 분쟁과 격변 이후 산업과 기반 시설을 재건하고 수백만에 이르는 집 잃은 사람들에게 보금자리를 마련해 주어야 했다. 돌이켜 보면 이 시기의 걱정과 불안들, 특히 핵무기의 위협

속에서 느낀 긴장감을 간과하기가 쉽다. 중립국에 준하는 상황임에도, 지리적으로 소련에 가까이 있었기 때문에 노르딕 국가 국민들은 핵무기의 위협에 민감했다.

그럼에도 많은 사람들 눈에 노르딕 국가들은 다르게 보였다. 대개 사회민주주의 좌파가 볼 때, 노르딕 국가들은 만인을 위한 평등과 번영이라는 사회민주주의의 전망을 제시하는 '실존하는 유토피아'였다. 독일의 역사학자 라인하르트 코젤레크(Reinhart Koselleck)가 말한 것처럼, 유토피아라는 용어는 미래에 대한 꿈과 염원을 뒤로 연기하는 것을 의미한다.[6] 따라서 누군가 개혁을 위한 노르딕 사례를 청사진으로 여겼다고 한들, 그것은 당시 상황에서 도달할 수 없는 염원일 뿐이었다. 특히 앵글로색슨 우파들에게 스칸디나비아는 우울증, 순응, 통제 같은 단어가 떠오르는 디스토피아로 보였다. 노르딕 지역이 전후 시기까지도 춥고 멀고 비교적 잘 알려지지 않은 이미지를 얼마간 갖고 있었기 때문이기도 하다. 냉전 탓에 고립 상황이 정점에 이르렀던 1960~1970년대에 헬싱키는 1809년 이래로 어느 때보다도 외지고 촌스러운 외관을 갖고 있었을 것이다.

앞에서 살펴보았듯이 노르딕 모델을 구체적으로 들여다보면 경제·사회·외교정책 등이 지역마다 실행되는 모습이 달랐다. 마찬가지로 개념과 정체성의 근원으로서 노르딕 모델의 적절성과 그 의미도 지역에 따라 다양했다. 심지어 노르딕 모델이 실제로 스웨덴 모델을 두고 하는 말인지 질문할 정도로 전형적인 노르딕 국가는 늘 스웨덴이었다.[7] 강력한 사회민주주의, 보편적인 복지국가, 중립 외교정책, 계급 타협과 노동시장 합의라는 노르딕 모델의 모든 요소가 별문제 없이 스웨덴 안에 존재하는 것으로 보였던 것이다.

어떤 역사학자들은 '서 노르덴' (덴마크, 노르웨이, 대서양 섬들)과 '동 노르덴' (스웨덴, 핀란드)을 구분하고자 했다. 덴마크와 스웨덴의 초기 근대 국가 발전의 유산들을 고려하고, 북대서양이나 발트 해를 향한 태도를 고려하기 위해서였다.[8] 그럼에도, 노르딕 지역의 거의 모든 국가들에게 준거이자, 전후 노르딕 내부 관계에서 가장 중요한 상대국은 스웨덴이었다.[9] 예외적으로 아이슬란드는 1944년 독립 이후 과거 점령국이었던 덴마크 쪽으로 기울 수밖에 없었다. 덴마크가 보기에 스웨덴은 탐탁지 않은 특성(추운 기후, 불친절함, 특히 술 소비 같은 사회적 행위에 대한 제재)을 가진 '다른 존재'였다. 이런 시각은 덴마크가 따뜻하고 다소 관대한 데다 좀더 '대륙적인' 사회적 태도를 가졌다는 긍정적인 자기 정체성을 강화했다.[10] 노르웨이의 전후 국제 관계는 전쟁 기간 스웨덴이 아무런 지원이나 개입을 하지 않아 고통당한 경험적 유산과, 일방적인 동맹관계에서 '막내'라는 열등감으로 채색되었다.[11] 스웨덴 모델의 영향력은 핀란드에서 가장 강했다. 핀란드 역사학자 막스 엥만(Max Engman)의 표현에 따르면, "어떤 나라도 (핀란드만큼) 스웨덴의 관념과 사회 혁신을 적극적으로 받아들이려고 한 곳은 없었다."[12] 핀란드에서 스웨덴과의 관계는 어느 정도 스웨덴어를 사용하는 소수와 핀란드어를 사용하는 다수 사이의 계급 차이에 영향을 받았다. 하지만 많은 핀란드 국민들에게, 스웨덴은 1960년대 수십만 명의 핀란드 이주 노동자들에게 일자리를 제공한 기회의 땅으로도 여겨졌다.

설령 스칸디나비아가 북동부 유럽 사람들의 자기 정체성에서 늘 중요한 요소였다고 하더라도, 결코 '국가주의를 결합한 것'을 넘어서지는 않았다. 다시 말하면, 이 개념은 저마다 다른 스칸디나비아 국가의 정체성에 결코 도전하지 않았고, 오히려 '제2의 국민 신분'이 추가되는 방식으로 개념화되었던 것이다.[13] 스칸디나비아주의는 두 가지 다른 방식으로 국가 정체성을 강화했다. 스웨덴과 덴마크의 경우 스칸디나비아주의는 각각 1809년과 1864년에 발생한 군사적 패배 이후에 소국의 지위에 적응하는 수단을 제공했다. 더욱 중요하게는 20세기 전반 식민지 상태에서 독립한 국가들에게 '노르덴'은 염원이었고, 나라 안팎의 위협에 맞서 국가의 독립성과 지위를 강화하는 데 매우 중요한 수단이었다. 특히 핀란드에게 노르딕 영역은 전쟁과 냉전 시기에 소련의 위협을 막아 주는 보루로 여겨졌다.[14]

제1·2차 세계대전 사이 핀란드가 노르딕 국가로 재편성된 것은 노르덴 개념이 가진 유연성 즉, 상이한 지정학적 배치를 바꾸고 여기에 순응할 수 있음을 보여 준다. 이것은 특히 1989~1991년 이후 시기를 설명하는 데 해당된다. 냉전 종식은 지역의 정체성을 다시 만들기 위한 '형성 운동'으로 이해된다.[15] (냉전 종식 이후) 얼마간의 대변동으로 노르딕 모델도 완전히 끝날 것처럼 보였다. 1991년에 새로 집권한 스웨덴 우파 정부는 이 모델을 노골적으로 거부하겠다는 입장을 세웠다. 칼 빌트 신임 총리는 말했다. "노르딕 모델의 시대는 지나갔다 …… 그것은 너무나 독점적이고, 비용이 많이 들며, 사람들이 원하는 선택의 자유가 없는 사회, 유연성과 역동성이 부족한 사회를 만들었다."[16] 다른 지역에서도 정치인들과 학자들이 노르딕(스웨덴) 모델과 불쾌하게 연관되지 않으려고 덴마크, 핀란드, 노르웨이 모델을 탓하기 시작했다.[17]

동시에 1980년대 후반부터 전통적인 노르딕 지역 국가들과 그 밖의 지역들이 공유하고 있는 문화적 유사성에 대해 관심이 커질 조짐 또한 나타났다. 노르딕 국가들 안에서 이러한 관심은 학문 연구나 공공 담론에서 노르딕 모델의 본질을 찾아내려는 경향으로 나타났다. 그 관심은 계몽운동이나 심지어 16세기 종교개혁까지 뻗어 있을 정도로 깊은 역사적 뿌리를 찾고자 했다. 한편, 전체 지역을 재규정하고자 하는 시도 또한 나타났다. 처음에는 '새로운 한자동맹'으로, 다음에는 발트 해 지역으로 규정하고자 했는데, 후자가 더 영향력이 컸다. 이들은 사회주의 정권이 무너지고 철의 장막이 사라짐에 따라 발트 해를 둘러싸고 전통적인 무역 루트가 다시 형성되자, 그동안 잊고 있었던 역사적 · 문화적으로 긴밀한 끈을 공유하고 있던 사람들 사이의 친화성을 재발견하게 되었다고 주장했다. 1992년 발트해연안국이사회가 설립되고, 특히 핀란드와 스웨덴 사이에서 경제적 · 문화적 · 교육적 · 인적 연계를 증진시키고자 하는 활동이 활발해졌다.[18]

지역 정체성의 초점으로 '발트'가 등장한 것은 새뮤얼 헌팅턴(Samuel P. Huntington)의 '문명 충돌' 주장을 지지하는 것으로 보인다. 그 주장은 이렇다. "글로벌 정치는 문화적 경계를 따라 구조가 바뀌고 있다. …… 이데올로기와 초강대국 사이의 관계에 따라 규정되던 동맹이 문화와 문명에 따라 정의되는 것으로 변화하고 있다."[19] 그러나 공통의 발트 정체성이 중요하다는 점을 과장하는 것은 위험성이 크다. 처음에는 핀란드 학자 마르코 레티(Marko Lehti)가 지적한 것처럼, 냉전이 종식된 뒤 지역적 정체성을 다시 생각하는 과정은 주로 담론 수준에 머물렀으며, 해체되고 있는 것으로 보였던 세계에 새 이름을 붙이고 재조직하려는 시도에 그쳤다.[20] 아마도 가장 큰 영향을 받은 것은 학문 분야였을 것이다. 발트 연구 프로젝트에 자금이 지원되고 지역의 공동 역사를 서술하려는 여러 시도가 나타나는 등 이 지역에 대한 관심이 갑자기 집중되었다.[21]

두 번째로, 노르덴 혹은 스칸디나비아와 같이 '발트'라는 개념도 상황에 따라 다른 의미를 지닌 다소 유동적인 것이다. 스웨덴과 핀란드, (정도

그림 3 발트 해 연안 국가들

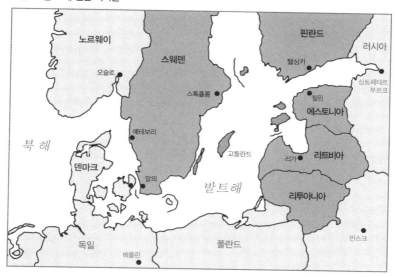

가 덜한) 덴마크 정부가 가진 발트 국가들에 대한 관심에는, 도덕적 책임 감도 있었고 과거에 저질렀던 악행에 대한 사죄 필요성도 한몫했다. 스칸디나비아는 제2차 세계대전 이후 에스토니아 난민들을 소련으로 추방했다.[22] 하지만 발트는 노르딕 모델과 지속적인 관련성을 보여 줌으로써, 냉전이 끝난 뒤 세계의 주변으로 밀려나는 것에 대한 두려움을 줄이는 데도 도움을 주었다.

다른 한편, 전쟁 기간의 핀란드 사례와 마찬가지로, 발트 해에서 노르딕 모델 개념은 1991년 소련의 붕괴와 독립에 따른 '전환'을 나타내는 새 이야기 가운데 하나가 되었다. 에스토니아의 학자이자 정치인인 마르주 라우리스틴(Marju Lauristin)이 지적한 바와 같이, '전환'은 명백히 목적론적 개념이었다. 즉 이는 서구 문명으로의 '귀향'이라는 정해진 목적을 향한 발전을 의미했다.[23] 노르딕 모델의 유토피아적 속성이 신생 독립국들을 서유럽으로 다시 통합하기 위한 수단이자 목적으로 작용했던 셈이다. 특히 에스토니아가 스칸디나비아와 역사적·문화적 유대가 가장 강한 것으로 보였다. 실제 담론의 수준에서도 이는 분명히 나타났는데, 에스토니아는 루터교 전통을 공유했고, 17세기 스웨덴식 교육과 제도의 유산을 갖고 있었으며, 언어와 문화가 핀란드와 유사하다는 지적이 있다. 이것은 실제로 그러했다.[24] 1958년부터 북부 에스토니아에서는 핀란드 TV 프로그램이 방영되었고, 에스토니아어와 핀란드어가 매우 비슷했기 때문에 두 나라의 접촉은 더욱 활발해졌다. 라우리스틴이 지적한 대로, 옛 소련 시기에 "실제 에스토니아 국민들에게 핀란드와 유사하다는 확신이 생겼다"고 한다면, 적어도 1991년부터는 실제로 이러한 관심이 서로 오갔다. 이런 추세는 핀란드, 카렐리야, 잉그리안, 에스토니아를 한데 묶는 민족 언어학적(ethno-linguistic) 핀란드 공동체를 재발견한 것과 함께 이루어졌다.[25] 게다가 앞서 말한 바와 같이 노르딕 지역과 에스토니아의 친밀성은, 소비에트 연방으로 결합된 라트비아, 리투아니아 등 그 밖에 다른 유사성이 없는 공화국들과 에스토니아를 구별 짓는 것이었다.[26]

발트 지역이라는 개념은 1990년대 초에 널리 환호를 받았지만 이러한 관심이 이어지지는 못했다. 1990년대 후반 다소 진지한 평가가 이루어졌고, 그 이후 노르딕 국가들을 포함한 발트 해 주변국 국민들과 발트 사이의 관련성에 의문이 제기되기 시작했다. 마르코 레티는 발트가 에스토니아나 라트비아보다 스웨덴이나 핀란드에게 늘 더 매력적이었다고 주장했다. 에스토니아와 라트비아에서 발트는 기껏해야 유럽연합 완전 가입이라는 목적을 달성하기 위한 준비 단계에 지나지 않았다.[27] 1997년 페테르 비할렘(Peeter Vihalemm)에 따르면, 교통수단이 급속히 연결돼

"탈린(Tallinn, 에스토니아공화국의 수도 — 옮긴이)이 헬싱키 남부 교외로 가는 길이 되었다"고 하지만, 에스토니아나 핀란드 양국이 공유한 에스토니아-핀란드 정체성이 나타났다는 근거는 없었다.[28] 오히려 두 나라 모두 상대국에 대해 갖고 있던 다소 부정적인 이미지와 함께 냉랭한 관계의 징조가 있었다. 에스토니아 국민들이 볼 때 탈린은 핀란드 남쪽 사람들에게 술값이 저렴해서 인기를 끄는 지역일 뿐이었다. 반면, 핀란드 국민들에게 에스토니아는 여전히 옛 소련 체제에서 전환한 나라라는 부정적 이미지로 각인되는 듯했다. 더욱이 두 나라 사이의 빈부 격차 때문에 바다를 사이에 두고 불평등 관계가 지속되었다.

한편, 1990년대 후반부터 일부 스코틀랜드 정치인들도 스코틀랜드 국민 정체성을 재규정하고 독립운동을 시도하면서 노르딕 국가들 쪽으로 방향 전환을 시도했다. 다른 곳과 마찬가지로, 여기에서도 노르딕 모델은 두 가지 기능을 했다. 한편으로, 그것은 국가 자율성을 증진하려 새로운 제도를 수립하고자 하는 사람들에게 실질적인 전망의 원천이자 염원이었다. 1997년 영국 의회에서 권한이양 법률이 통과된 뒤, 스코틀랜드에서는 '새로운 정치'를 만들어 내야 한다는 요구가 광범위하게 퍼졌다. 곧 데이비드 아터(David Arter)가 제시한 노르딕의 '합의제 민주주의'가 모델로 채택되었다. 스칸디나비아 3개국의 의회 제도를 참고하여 새로운 의회를 세우기 위해 자문 그룹이 만들어졌고, 1999년에는《스코틀랜드 의회 만들기》(Shaping Scotland's Parliament)라는 보고서를 제출했다.[29]

다른 한편으로, 노르딕 모델은 독립에 찬성하는 입장인 스코틀랜드 국민당(SNP: Scottish Nationalist Party) 정치인들이 독립을 지지하기 위한 수사로도 활용되었다. 국민당이 관심을 가진 나라는 특히 노르웨이였다. 노르웨이는 인구 규모에서 스코틀랜드와 비슷했고 두 나라는 오랜 세월 밀접한 역사적 유대관계를 맺어 왔다. 2005년 스코틀랜드 의회에서 벌어진 논쟁의 결과, 노르웨이의 독립이 노르웨이를 유럽에서 가장 성공한 사회민주주의 체제 가운데 하나로 만들었다고 인식되었다. 반면 스코틀랜드는 경제적 · 사회적으로 낙후되어 있었다.[30] 노르웨이 국민의 평균 수명, 교육 수준, 1인당 국내총생산, 양성평등은 스코틀랜드와 비교할 때 모든 면에서 뛰어났다. 무엇보다 독립으로 노르웨이 사회는 북해 석유 자원의 이익을 온전히 얻을 수 있게 되었지만, "스코틀랜드의 석유로 생긴 부(富)는 영국 정부로 흘러 들어갔다"는 주장이 제기되었다.

하지만 석유 자원 없이도 다른 노르딕 국가들은 저마다 자기 방식대로 체제를 운영할 수 있었다. 스코틀랜드 국민당은 또 독립적인 소국의 '성공 스토리' 사례로 아이슬란드, 핀란드, 에스토니아를 거론했다. 따라서 이 경우, 노르딕 모델의 유토피아적 매력은 '민주주의'나 '사회민주주의'라는 일반적인 측면 대신 '독립'에 있는 것으로 나타났다. 국민당은 스코틀랜드가 작고 부유하고 독립적인 북유럽 국가 그룹에 속할 것을 상상했다. 다음과 같은 표현에는 그들의 생각이 잘 나타나 있다. "우리의 동해안 쪽으로 세상에서 두 번째로 부자 나라인 노르웨이가 있다. 서해안 쪽으로는 네 번째로 부유한 아일랜드가 있다. 북쪽으로는 여섯 번째로 부유한 아이슬란드가 있다. 이 독립국들은 스코틀랜드를 중심으로 노르웨이, 아일랜드, 아이슬란드가 반원을 그리고 있다. 스코틀랜드는 이들과 똑같은 잠재력을 갖고 있다."[31]

스코틀랜드 민족주의자들은 노르딕 국가들이 20세기 전반부에 독립한 것으로 여기면서, 노르딕 지역 안에 존재했던 독립 요구를 간과했다. 21세기가 시작되면서 노르딕 국가에 가담할 가능성이 가장 높은 후보국은 스코틀랜드가 아니라, 자치 지역인 올란드 제도, 그린란드, 페로 섬

가운데 하나였다. 북대서양 지역은 자치 지역의 지위를 획득한 전후 시기까지 덴마크의 식민지로서 상대적으로 고립되어 있었다.[32] 실제 이 북대서양 지역과 올란드 제도는 20세기 말에 상당한 자치권을 획득해서, 심지어 노르딕 지역에 8개국 체제라는 말을 써야 될 정도였다. 스웨덴어를 사용하는 올란드 제도 주민들은 1917년 핀란드 독립 이후 스웨덴의 일부가 되기를 원했지만, 국제연맹은 이 지역이 핀란드 자치령으로 남아야 한다고 규정했다. 1991년 새로운 자치 법령으로 이 지역의 경제적 독립성이 증가했고, 교육과 사회 서비스와 같은 영역까지 자치권은 확대되었다.

페로 섬에는 완전 독립 요구에 대한 타협안으로 1948년 지방자치가 도입되었다. 합의 조건에 따라 덴마크 정부가 여전히 외교정책, 국방, 법률과 (군사적) 명령, 금융 정책의 핵심 요소들을 책임졌지만, 조세와 공공 지출에 관한 결정은 자치 권한으로 넘어갔다. 1990년대 초 경제위기 때문에 페로 섬과 덴마크의 관계가 악화되었다. 당시 페로 섬의 실업률은 20%까지 증가했고 인구의 10%가 섬을 떠나게 되었던 것이다. 덴마크 국립은행이 기금 운용을 잘못하면서 상황은 더 악화된 것으로 여겨졌고, 결국 덴마크 은행을 상대로 법정 소송이 이루어졌다. 결과적으로 덴마크 정부에 대한 불신이 독립에 대한 요구를 부추겼다. 2007년 현재 두 나라 정당과 여론은 여전히 이 문제를 둘러싸고 분열되어 있다.[33]

제2차 세계대전 이후 덴마크 정부가 그린란드의 경제 근대화 계획을 지원했지만, 새우 어업의 성장과 같은 중요한 변화에도 불구하고 그린란드 경제는 여전히 경제적 의존 상태에 놓여 있었다. 1973년 그린란드에서 덴마크의 일부분이 되어 편입해 있던 유럽공동체에서 탈퇴하는 문제에 대한 논의가 이루어졌다. 1979년 지방자치가 도입되고 몇 년 뒤인

1982년 의견을 묻는 성격의 국민투표가 치러졌다. 21세기 초까지 대부분의 비평가들은 그린란드에서 지방 분권이 성공적이었다는 데 동의하는 것으로 보였고, 그린란드는 원주민의 권리를 인정한 모델로 전 세계에 널리 인용되었다. 2007년 완전한 독립이 바람직한지에 대한 논의가 확산되면서 두 가지 새로운 쟁점이 제기되었다. 첫 번째 쟁점은 (북극 지방의) 상당량의 빙원(氷原) 축소가 전통문화와 생태계에 미치는 영향이었다. 이 문제는 유럽 정치인들이 자국의 기후변화 정책 추진이라는 목적으로 그린란드를 주목하게 되면서 두드러졌다. 두 번째 쟁점은 해외 기업의 시굴 이후 등장한 석유 매장 발견 가능성이었다.[34]

유럽 역사의 전환점인 1989~1991년 시기의 장기적인 영향을 정확하게 평가하는 일이 여전히 시기상조라고 하더라도, 이 시기의 대변동은 분명 안정적이고 통일성 있는 지역이라는 노르덴 개념을 뒤흔들어 놓았다.[35] 그 뒤로 북부 유럽의 이 지역을 묘사하는 새로운 방식이 차례로 등장했다가 사라져 갔다. 곧 '발트' 개념에 자리를 내주게 되지만, 1980년대 후반에 등장한 '새로운 한자동맹'은 1990년대 후반까지 지역 구축을 위한 여러 가지 시도로 녹아 들어갔다. 이런 시도는 핀란드 정부가 1999년 유럽연합 의장국일 때 시도한 '북방협력사업'(Northern Dimension)과 1993년 노르웨이가 설립한 바렌츠해유럽-북극협력기구(Barents Euro-Arctic Region)로 나타난 바 있다.[36] 이 가운데 가장 기발한 시도는 '성탄절 국가들'(Yule countries)이었다. 이는 에스토니아의 렌나르트 메리(Lennart Meri)와 토마스 헨드리크 일베스(Toomas Hendrik Ilves)가 추진한 것으로, 에스토니아와 영국 제도(British Isles)를 노르딕 국가들과 한데 묶는 개념이었다. 이것은 크리스마스를 나타내는 '율'(Yule)이라는 낱말을 공유했다는 사실에 근거했으며, 매우 광범위한 지역 개념으로서 공통의 사고방식과 정치 문화를 갖고 있는 것으로 여겨졌다.[37]

새롭고 거시적인 지역 정체성을 만들어 내고자 하는 이런 시도들에 비례하여, 노르딕 국가들 안에서는 하부 지역들에 대한 관심도 증가했다. 자치권 증대에 대한 요구들로 그린란드와 페로 섬에 작은 신생 독립국들이 등장했지만, 스코네와 옘틀란드 같은 지역의 소규모 독립 운동은 사실상 진지하게 받아들여질 수 없었다. 그럼에도, 스코네의 사례는 노르딕 국가들 안에서 국경을 초월한 도시 지역으로 유명해졌다. 즉, 1999년 외레순 대교(Öresund bridge)*가 세워진 뒤 스코네의 말뫼(Malmö)와 코펜하겐 사이에 교류가 증가했던 것이다.

하지만 이 모든 것들 가운데 가장 주목할 만한 것은 '노르덴' 개념이 가진 탄력성과 안정성이다. 전후 이 지역의 구조(국제적으로 협력하지만 결코 국가의 틀을 뛰어넘지는 않은 5개 주권국)는 아무런 도전도 받지 않은 채 유지되는 것으로 보인다. 마치 노르덴 혹은 스칸디나비아 개념을 가지고 이 지역이 공유하고 있는 문화와 정체성이 지속되는 것 같다고 상상하는 방식으로. 노르딕 지역 섬들의 자치권을 인정하는 협정이 있긴 하지만, 에스토니아나 스코틀랜드까지 조만간 노르딕이사회로 받아들여야 한다고 어느 누구도 진지하게 제안하지 않는다. '발트'가 지역 안에서 대중의 의식에 끼친 영향을 짐작하기는 어렵고, 지식인들 사이에 가장 큰 영향을 끼쳤다고 결론짓는 것이 타당할 것이다. 무엇보다 '발트'는 이 책의 앞부분에서 논의한 '역사적 지역'의 의미로 기능한다. 하지만 슈테

---

* 스웨덴 스코네 지역과 덴마크를 연결하는 교량·터널 복합 구조물로 1996년에 착공해 2000년 완공되었다.

판 트룁스트(Stefan Troebst)가 제안한 '북동부 유럽'이 더 중립적인 개념이고, 따라서 유추적(heuristic) 목적에 더 잘 부합할 것이다.[38] 현재의 노르딕 국가라는 틀을 넘어서 러시아, 발트 국가들, 독일 북부 또는 영국 제도를 포함하는 역사적 관점이 타당하다는 강력한 근거들도 분명 존재한다.[39]

하지만 노르딕 국가들과 발트 해 · 북해 연안의 지역들 사이에 강력한 역사적 연계가 존재한다는 근거가 있다고 하더라도, 이 책의 대부분을 포괄하고 있는 냉전 시기, 노르딕이나 스칸디나비아 관점은 여전히 가장 유효한 것으로 보인다. 노르딕이사회가 회원국들 사이에 발생하는 일들을 조정하는 통로 역할을 어느 정도 수행했지만, 노르덴은 결코 온전한 지정학적 실체가 아니었다. 그럼에도, 노르딕 또는 스칸디나비아 정치 · 정책 모델의 존재는 학계에 널리 받아들여졌다.

최근 몇 년 동안 노르딕 정치인들이 노르딕 모델 개념에 거리를 두고자 했다고 하더라도, 그 모델(또는 적어도 그 요소)은 다른 지역의 정치인들과 언론인들 사이에서 여전히 대중적인 인기를 누리고 있고, 유토피아의 역할을 하는 것으로 여겨지고 있다. 2005년 영국의 언론인 로버트 테일러 (Robert Taylor)가 기고한 글에 따르면, "스웨덴을 비롯한 노르딕 국가들이 이루어낸 성과는 오늘날 유럽인들이 맞닥뜨린 복합적인 도전에 어떻게 대응할지를 둘러싼 광범위한 공공 논쟁에서 매우 중요하다."[40] 적어도 이런 관점에서 볼 때, 1930년대 이래로 많은 것이 변한 것은 아니다.

 2008년 여름 이 책이 처음 출간된 뒤로 많은 변화가 있었다. 노르딕 국가들은 대부분 서유럽 나라들과 마찬가지로 1990년대 중후반 이후 10년 동안 번영과 경제적 안정을 누렸지만 2008년 들어 세계적인 금융위기와 불황에 영향을 받았다.

 최악의 사례는 물론 아이슬란드이다. 과거에 은행 부문의 탈규제로 인해 아이슬란드 은행들은 국제 금융시장에서 주요한 역할을 할 수 있었으며, 이에 기반하여 유례없는 번영과 소비의 시대를 구가했다. 그러나 2008년 무렵 은행 부채는 국민소득의 거의 열 배에 달하는 것으로 나타났고 이런 부채는 작은 섬나라에 크나큰 부담이 될 수밖에 없었다. 《이코노미스트》는 2008년에 발생한 '10월 붕괴'를 두고, 경제 규모를 감안한다면 어떤 국가도 겪어 본 적이 없는 어마어마한 사건이라고 썼다. 정부는 전체 은행 시스템을 통제 아래 둘 수밖에 없었고, 마침내 IMF로부터 21억 달러의 구제 금융을 받게 된다. 아이슬란드는 극도로 암울한 경제 전망과 함께 2008년을 마무리했다.[1]

 물론 아이슬란드에 대한 구체적인 이해가 없는 상태에서 2008년에 일어난 혼란스러운 경제적 사건들을 역사가들이 지금 평가하는 것은 너무 이르다고 볼 수도 있다. 다소 추론적인 관찰이 허락된다면, 또한 국제 언론에서 인용되는 많은 아이슬란드인들 스스로의 언급에 따르면, 2008년 아이슬란드 경제 위기가 어떤 면에서는 전혀 새로운 게 아니다. 북대서양 외딴섬에서 겪어 온 삶이란 오랜 세월 동안 불안정할 수밖에 없었기 때문이다.

경제적 고난에 대응하는 방식은 몇몇 아이슬란드인들에게 과거와 마찬가지였다. 바로 '이주'가 그것이다. 물론 2008년 위기는 과거와 달랐고 자연적인 원인과 무관했다. 위기는 화산 폭발, 수확의 실패, 어획량 감소 때문이 아니다. 몇몇 평론가들은 사실상 번영을 새로 일굴 수 있는 가장 큰 기회를 제공하는 것은 그 천연자원, 특히 지열 에너지일 것이라고 한다. 그럼에도 불구하고 경제 부문의 추락으로 인해 아이슬란드의 국제적 이미지는 이 나라를 경쟁력 있는 노르딕 번영의 사례로 언급했던 이들의 눈앞에서 퇴색했다.[2]

2009년에 들어와 몇 달 사이 다른 노르딕 국가들도 국제 경기 후퇴의 영향을 체감하기 시작했다. 그들은 역사적으로 늘 수출 의존도가 높은 소규모 개방경제였고, 여전히 그러하기 때문에 불가피한 면이 있다. 그러나 스웨덴과 핀란드는 2008년 금융 위기 최악의 영향권에서는 벗어나 있다. 이는 아마 그들이 1990년대 초에 깊은 상흔을 남긴 금융 위기를 견뎌냈고, 그 결과 스스로를 보호할 만한 몇몇 개혁 조치들을 수행한 결과일 것이다.

몇몇 국제 언론에서 스웨덴의 전 재무장관 보 룬드그렌(Bo Lundgren)이 미국 정부에 1990년대 초 스웨덴 경험에 비추어 은행 부문 개혁 방안에 대해 자문할 것이라는 뉴스를 다루면서 '스웨덴 모델'이라는 개념이 다시 부상하게 되었다.[3] 이런 현상은 꽤 이상한 전개이다. 대부분 제2차 세계대전 이후 역사와 상처 어린 혁신으로 몸소 겪은 스웨덴의 성과가 지금 다른 나라가 배워야 할 사례로 인용되고 있는 것이다.

　현재의 위기는 상당한 정도로 패러다임의 전환을 가져올지도 모른다. 패러다임 전환을 이끌 '새로운 사고'(new thinking)가 과연 어떤 것이 될지 얘기하는 것은 너무 성급한 태도일지 모른다. 하지만 적어도 새로운 사고에는 여러 사람들이 제안하는 바처럼, 경제정책에 개입하는 국가 역할의 쇄신이 포함되어야 할 것이다.

　그런가 하면 많은 이들이 '새로운 사고'는 환경 문제를 매우 진지하게 다루어야 한다고 주장한다. 우리가 이 책에서 살펴본 노르딕 국가들은 이 방면에서 큰 영감을 줄 것이다. 특히 노르웨이는 실제로 이 분야에서 가장 선도적인 모색을 하고 있다는 증거들이 있다.

　노르딕 지역이 계속 하나의 모델로 여겨질 수 있을지 예측하기는 쉽지 않다. 그러나 현재의 위기는 다른 사고방식을 인정하는 것과 나라마다 역사적 맥락 속에서 이루어진 서로 다른 사회적 · 경제적 · 정치적 경험을 연구하는 것이 매우 중요하다는 점을 환기시켜 준다. 이러한 이유만으로도 노르딕 모델은 적어도 세계 다른 지역만큼은 연구의 대상으로 계속 중요성을 가질 것이다.

2010년 2월 헬싱키에서

메리 힐슨

사회복지

1814년	덴마크 세계 최초로 보편적 초등교육체계 수립.
1824년	노르웨이 보편적 초등교육체계 수립.
1842년	스웨덴 보편적 초등교육체계 수립.
1913년	스웨덴 보편적 공적연금 도입.
1918년	스웨덴 빈민구제법(Poor Relief Act) 제정.
1924년	스웨덴 아동복지법(The Child Welfare Act) 제정.
1928년	스웨덴에서 페르 알빈 한손이 '인민의 집' 구상 제시.
1931년	스웨덴 유급 출산휴가 도입.
1935년	스웨덴 가족수당 도입.
1944년	핀란드 유급 출산휴가 도입. 1964년에 보편주의적으로 제도화됨.
1946년	스웨덴 기초연금(AFP) 도입.
1946년	아이슬란드 출산급여(birth-benefits) 도입.
1948년	스웨덴 보편적 아동수당 도입.
1948년	핀란드 보편적 아동수당 도입.
1953년	스웨덴 건강보험제도(NHS:국영의료체계) 도입.
1955년	노르딕 사회보장연합 수립(노르딕 국가 시민들의 사회보험 급여 연계).
1956년	스웨덴 '공공부조법'(Public Assistance Act) 제정.
1956년	노르웨이 유급 출산휴가 도입.
1958년	스웨덴 연금개혁에 관한 국민투표 실시
1960년	스웨덴 소득비례연금(ATP) 도입. 스웨덴 연금은 기초연금과 소득비례연금의 결합 형태로 완성됨.

1963년	스웨덴 국민보험법(National Insurance Act) 시행.
1967년	노르웨이 소득비례연금(ATP) 도입.
1974년	스웨덴 육아휴직제도 도입.
1975년	스웨덴 취학 전 6세 아동 전체를 대상으로 하는 '공립유치원법'(pre-schools law)시행.
1982년	스웨덴 사회서비스법(The Social Services Act) 제정.
1983년	스웨덴 건강 및 의료보장법(The Health and Medical Care Act) 시행.
1985년	핀란드 아동양육수당 도입.
1992년	덴마크 아동양육휴가 도입(2002년에 폐지됨).
1994년	스웨덴 아동양육휴가 도입. 우파정권에 의해 도입되었으나 같은 해 9월 재집권한 사민당에 의해 6개월 만에 폐지됨.
1998년	노르웨이 아동양육수당 도입.
1998년	스웨덴 연금개혁. 기초연금과 소득비례연금의 제도 틀을 완전히 제거하여 명목확정기여식(NDC) 소득비례연금＋프리미엄 연금(PPR)＋최저보장 연금으로 재구조화함.

노동시장

1898년	스웨덴 생산직노동조합총연맹(LO) 설립.
1899년	노르웨이 산별노동조합총연맹(LO) 설립.
1902년	스웨덴 사용자연맹(SAF) 설립.
1912년	스웨덴 노동자보호법(Workers' Protection Act) 제정.
1919년	스웨덴 8시간 노동제 도입.
1928년	스웨덴 노사재판소 설치, 노사협약법 제정.
1935년	스웨덴 실업보험법(Unemployment Insurance Act) 시행. 노조가 조직한 실업보험제도가 국가의 공식적 제도로 편입되어 정부의 지원이 이루어짐.
1936년	스웨덴 노조활동을 이유로 하는 부당해고의 제한과 교섭권에 관한 법률 제정.
1938년	스웨덴 살트셰바덴 협약.
1938년	스웨덴 최초의 휴가법(Vacation Act) 제정.
1944년	스웨덴 사무직노동자연맹(TCO) 설립.
1946년	SAF-LO-TCO 노사협의회 협정 성립. 1966년에 수정된 후 1977년 MBL

제정에 의해 종료.

1947년　스웨덴 전문직·고위관리직 노동자연맹(SACO) 설립.

1951년　스웨덴 노동조합총연맹 총회에서 렌-마이드너 모델 발표.

1954년　노르딕 노동시장 창설.

1965년　스웨덴 연대임금정책 시행.

1968년　스웨덴 사민당 – LO '평등문제를 위한 활동그룹'(Working Group for Equality Issues) 설치.

1969년　스웨덴 북부 키루나의 국영 광산기업에서 '살쾡이 파업' 발생.

1971년　스웨덴 LO와 TCO 산업민주주의 추진정책 채택.

1972년　노르딕 노동조합위원회 창립.

1973년　스웨덴 노동안전법(Work Safety Law) 제정. 작업 현장에서 건강과 안전 규정의 적용 항목과 범위를 확대함.

1974년　스웨덴 고용보장법(Security of Employment Act) 제정. 부당한 해고를 불법화하여 고용주가 노동자에 대한 어떠한 해고도 어렵게 함.

1974년　스웨덴 노동시장 현금지원제도(cash labor market support) 도입. 기존의 실업보험제도에 포괄되지 못하는 노동자에게 국가가 현금으로 수당을 지원함.

1975년　스웨덴 LO '임노동자기금' 보고서 출간.

1976년　노르웨이 전문직노동자노동연맹(AF) 설립.

1977년　스웨덴 노사공동결정법(MBL: Co-Determination Act) 제정. 작업구조와 경영의 모든 주요 사항에 대해 노조와 고용주들이 협상을 통해 결정하는 제도.

1977년　노르웨이 화이트칼라 근로자 노동연맹(YS) 설립.

1983년　국회에서 임노동자기금법 통과.

1990년　스웨덴 사용자연맹(SAF)의 노사중앙교섭 폐지 선언. 1952년 SAF의 주도로 시작된 노사중앙교섭은 약 40년간의 역사에 종지부를 찍게 됨.

정치·외교 ――――――――――――――――――――――――――――――

1397년　칼마르동맹(Kalmar Union). 스웨덴의 칼마르에서 결성된 스칸디나비아 3국의 통합 동맹.

1658년　로스킬레(Roskilde) 평화조약.

1809년	새 스웨덴 헌법 제정, 전제주의 종식.
1814년	5월 에이드스볼(Eidsvoll)에서 새 노르웨이 헌법 초안 합의.
1814년	킬(Kiel)조약 체결. 노르웨이가 덴마크 지배에서 스웨덴 지배로 넘어감.
1843년	아이슬란드 의회 부활.
1849년	덴마크 헌법 개혁.
1866년	스웨덴 신분제 의회 해산, 양원제 의회로 대체됨.
1874년	헌법 개정으로 아이슬란드 의회가 덴마크 왕과 입법권 공유하게 됨.
1889년	스웨덴 사회민주당(SAP) 창당.
1901년	덴마크 자유주의 정부 집권.
1905년	스웨덴-노르웨이 왕권동맹 해체로 노르웨이 독립. 스웨덴 자유주의 정부 집권.
1905년	핀란드 신분제 의회가 단원제 의회로 바뀜.
1907년	핀란드에서 열린 첫 선거 결과 사회민주당 승리. 제정 러시아 황제는 입법 절차에서 여전히 거부권 행사.
1907년	노르딕의원연맹 창설.
1907년	스웨덴 남성 보통선거권 도입.
1915년	덴마크 보통선거권 도입.
1917년	선거를 통해 스웨덴에서 의회 정부 수립(자유당-사회민주당 내각).
1917년	핀란드 독립 선포, 러시아 볼셰비키 정부가 국가 승인.
1918년	핀란드 내전 발발.
1918년	스웨덴 보통선거제도 도입. 자유당-사민당 내각 집권.
1919년	노르웨이 사회민주당 공산주의자인터내셔널에 가입.
1919년	노르딕통일연합(Association for Nordic Unity) 창립.
1920년	덴마크 '부활절 위기' 발생.
1920년대	올란드 제도를 둘러싼 핀란드-스웨덴 분쟁.
1929년	핀란드에서 라푸아 운동 발생.
1930년대	덴마크-노르웨이 간 북극분쟁.
1932년	스웨덴 사회민주당 첫 집권.
1933년	칸슬레르가데(Kanslergade) 협약 체결. 1930년대 모든 노르딕 국가에서 사회민주당과 농민당 간에 적록동맹을 맺게 되는 바탕이 됨.
1933년	노르웨이에서 기독인민당 결성.
1939년	소련의 핀란드 침공.

1940년	나치 독일이 노르웨이와 덴마크 침공.
1940년	3월 모스크바 평화협정.
1944년	7월 17일 아이슬란드 공화국 출범.
1942년	나치 치하에서 비드쿤 크비슬링이 노르웨이 총리로 취임.
1947년	덴마크 사회민주당 정부가 마셜플랜 수용.
1948년	4월 핀란드와 소련이 우호협력상호원조조약 체결.
1949년	1월 오슬로 회담.
1949년	3월 덴마크, 노르웨이, 아이슬란드가 북대서양조약기구 가입.
1952년	노르딕이사회 창설.
1957년	노르딕여권연합 수립.
1961년	핀란드 '문서 위기'(Note Crisis). 소련이 케코넨의 재선을 위해 1961년 10월 전쟁 위협을 언급한 외교문서를 보낸 사건.
1961년	핀란드 유럽자유무역연합(EFTA)과 협정을 체결(1969년 OECD에 가입).
1971년	노르딕각료이사회 창설.
1973년	덴마크 유럽공동체(EC) 가입.
1976년	스웨덴 사회민주당 선거에서 44년 만에 패배.
1981년	아이슬란드 여성당 창당.
1982년	스웨덴 사회민주당 재집권.
1986년	스웨덴 총리 올로프 팔메 암살.
1986년	노르웨이 노동당 당수인 그로 할렘 브룬틀란 첫 여성 총리로 당선.
1990년	가을 스웨덴 정부가 유럽연합 가입 의향 표명.
1992년	발트해연안국이사회 창설.
1993년	노르웨이 정부가 바렌츠해유럽-북극협력기구를 설립.
1994년	11월 노르웨이 EU 가입에 대한 국민투표 부결. 1994년 6월 EU와 가입조약 체결. 11월 국민투표에서 가입안 부결된 후 현재까지 미가입.
1994년	스웨덴 유럽연합 가입 국민투표 승인.
1995년	스웨덴, 핀란드 유럽연합에 가입.
1995년	핀란드 녹색당 파보 리포넨이 이끄는 '무지개 연합'에 참여.
2000년	덴마크 유럽경제통화연합(EMU) 가입 국민투표 부결
2003년	스웨덴 외무부 장관인 안나 린드 암살.
2003년	스웨덴 유럽경제통화연합(EMU) 가입 국민투표 부결
2005년	스웨덴에서 페미니스트 정당 창당.

그 밖에

1780년대	덴마크 토지 대개혁
1780년대	덴마크 군주 농촌 개혁.
1909년	스웨덴 자연보호협회 결성.
1930년	스톡홀름 박람회 개최(노르딕 기능주의 표방).
1934년	노르딕 국가들에서 우생학적 법률 통과. 이로 인해 유전적 정신장애나 질병 보유자에 대한 강제적 불임수술이 허용.
1934년	알바 뮈르달과 군나르 뮈르달 부부의 《사회문제의 위기》 출간.
1936년	마키스 차일즈 《스웨덴: 중도 노선》 출간.
1942년	스웨덴 집세통제(rent controls) 제도 도입(단계적으로 폐지되다가 1975년에 완전 폐지됨).
1944년	핀란드 동쪽 카렐리야 난민 40만 명 재정착.
1951년	스칸디나비아항공(SAS) 설립.
1952년	헬싱키 올림픽 개최.
1971년	스웨덴 전국환경단체기구 설립.
1976년	노르딕투자은행 창설.
1970년대	후반 알타(Alta) 댐 사건 발생.
1980년	스웨덴 핵발전 폐기 국민투표 가결. 원자력 발전에 의존하던 스웨덴 에너지 정책이 신재생 에너지 정책으로 전환하게 됨.
1992년	9월 16일 스웨덴 '검은 수요일.' 크로나화의 투매와 통제 불능의 자본유출로 인해 발생된 경제 위기로, 스웨덴은 고정환율제를 포기하고 변동환율제를 채택하게 됨.
1993년	트로해튼에서 이슬람 사원 방화 사건 발생.
1999년	덴마크와 스웨덴을 연결하는 외레순 대교 완공.
2002년	잉그리안 2만2천 명 핀란드로 귀환.
2006년	덴마크에서 '마호메트 만화 사건' 발생.

| 주석 |

1장 스칸디나비아의 역사와 문화

1) Uffe Østergård, "The Geopolitics of Nordic Identity: From Composite States to Nation-States," in *The Cultural Construction of Norden*, ed. Øystein Sørensen and Bo Stråth(Oslo, 1997), pp. 25-71(31).

2) "[une] grande péninsule d'Europe, que les anciens croyoient une île, & qui comprend aujourd'hui le Danemarck, la Suede, la Norwége, la Laponie & la Finlande."

3) 용어 자체는 훨씬 더 오래전에 만들어졌는데, 1689년 스웨덴 학술원이 이 지역을 지칭하기 위해 처음 사용했다. 2007년 7월 18일부터 스웨덴 학술원이 만든 용어사전 Svenska Akademiens ordbok의 온라인 버전을 이용할 수 있게 되었다. http://g3.spraakdata.gu.se/saob/index.html

4) See Gun Widmark, "Det skandinaviska samspråket," *Nordisk Tidskrift*, LXXII, 1(1996), pp. 15-25; Ståle Løland, "Språkforståelse og språksamarbeid i Norden," *Nordisk Tidskrift*, LXXII, 1(1996), pp. 7-13.

5) 하지만 핀란드어와 스웨덴어는 600년의 역사를 공유해 온 탓에 어의(語義)와 어휘가 유사하다. 자세한 내용은 Max Engman, "Är Finland ett nordisk land?" *Den jyske Historiker*, 69-70(1994), pp. 62-78을 참고한다.

6) 6 Kenneth R. Olwig, "In Search of the Nordic Landscape: A Personal View," in *Voices from the North: New Trends in Nordic Human Geography*, eds. Jan Öhman and Kirsten Simonsen(Aldershot, 2003), pp. 211-32(212).

7) Harald Gustafsson, *Nordens historia. En europeisk region under 1200 år*(Lund, 1997), p. 14.

8) Patrik Hall, *Den svenskaste historien. Nationalism i Sverige under sex sekler*(Stockholm, 2000); Ottar Dahl, *Norsk historieforskning i 19. og 20. århundre*(Oslo, 1959).

9) Harald Gustafsson, "Om Nordens historia," *Scandia*, LXVII(2001), pp. 187-

노르딕 모델

92(192). For a discussion of "anthology comparisons," see Silke Neunsinger, "Om nyttan att jämföra äpplen och päron. Några reflektioner kring möjligheterna av en komparation mellan Tyskland och Sverige under mellankrigstiden," in *Køn, religion og kvinder i bevægelse*, ed. Anette Warring (Roskilde, 1999), pp. 364-77 (371).

10) Norbert Götz, "Norden: Structures That Do Not Make a Region," *European Review of History/Revue européene d' histoire*, X (2003), pp. 325-41.

11) Gustafsson, "Om Nordens historia," pp. 187-8.

12) Stefan Troebst, "Introduction: What's In a Historical Region?" *European Review of History/Revue européene d'histoire*, X (2003), pp. 173-88. See also Götz, "Norden: Structures That Do Not Make a Region."

13) Troebst, "Introduction: What's In a Historical Region?"

14) Øystein Sørensen and Bo Stråth, "Introduction: The Cultural Construction of Norden," in *The Cultural Construction of Norden* (Oslo, 1997), pp. 1-24. The same authors have also made similar arguments within a national context: see Bo Stråth, "The Swedish Demarcation to Europe," in *The Meaning of Europe: Variety and Contention within and among Nations*, ed. Mikael af Malmborg and Bo Stråth (Oxford, 2002), pp. 125-47; Øystein Sørensen, *Kampen om Norges sjel* (Oslo, 2001). For an extreme version of the continuity thesis, see Carsten Selch Jensen, "Hvad nyt? En velfærdsstat med middelalderlige rødder," in *13 historier om den danske velfærdsstat* (Odense, 2003), pp. 15-25.

15) Nina Witoszek, "Fugitives from Utopia: The Scandinavian Enlightenment Reconsidered," in *The Cultural Construction of Norden*, ed. Sørensen and Stråth, pp. 72-90 (73).

16) Østergård, "The Geopolitics of Nordic Identity"; Stråth, "The Swedish Demarcation to Europe."

17) Sven-Eric Liedman, "Liberalism in the Nordic Context," in *Liberalism: Seminars on Historical and Political Keywords in Northern Europe*, eds. Ilkka K. Lakaniemi, Anna Rotkirch and Henrik Stenius (Helsinki, 1995), pp. 33-48.

18) Nils Elvander, "Från liberal skandinavism till konservativ nationalism i Sverige," *Scandia*, XXVII (1961) 366-86 (370).

19) Götz, "Norden: Structures That Do Not Make a Region."

20) Kazimierz Musiał, *Roots of the Scandinavian Model: Images of Progress in the Era of Modernisation* (Baden-Baden, 2002), pp. 42-4. For examples, see Agnes Rothery, *Denmark, Kingdom of Reason* (London, 1937); Frederic C.

Howe, Denmark: A Cooperative Commonwealth(New York, 1921).

21) Marquis Childs, *Sweden: the Middle Way*(London, 1936); Margaret Cole and Charles Smith, eds., *Democratic Sweden: A Volume of Studies Prepared by Members of the New Fabian Research Bureau*(London, 1938); E. D. Simon, The Smaller Democracies(London, 1939).

22) *The Northern Countries in the World Economy*, Delegation for the Promotion of Economic Co-operation Between the Northern Countries,(Copenhagen, 1937). Musial, *Roots of the Scandinavian Model*, pp. 122-3.

23) Francis Sejersted, *Socialdemokratins tidsålder. Sverige och Norge under 1900-talet*(Nora, 2005), p. 31. See also Sverker Sörlin, *Framtidslandet. Debattten om Norrland och naturresurserna under det industriella genombrottet*(Stockholm, 1988).

24) Musia, *Roots of the Scandinavian Model*, p. 232.

25) Roland Huntford, *The New Totalitarians*(London, 1971); Frederick Hale, "Brave New World in Sweden? Roland Huntford"s *The New Totalitarians,*' *Scandinavian Studies*, 78, 2(2006), pp. 167-90.

26) On the towering influence of Grundtvig see Flemming Lundgreen-Nielsen, "Grundtvig og danskhet," in *Folkets Danmark* 1848-1940, ed. Ole Feldbæk, vol. III of *Dansk identitetshistorie*(Copenhagen, 1991), pp. 9-187. On Linna see John Sundholm, " 'The Unknown Soldier.' Film as a Founding Trauma and National Monument," in *Collective Traumas: Memories of War and Conflict in 20th-Century Europe*, ed. Conny Mithander, John Sundholm and Maria Holmgren Troy(Brussels, 2007), pp. 111-41.

27) See C. Claire Thomson, "Incense in the Snow: Topologies of Intimacy and Interculturality in Friðriksson's *Cold Fever* and Gondry's *Jóga*," in *Northern Constellations: New Readings in Nordic Cinema*, ed. C. Claire Thomson(Norwich, 2006), pp. 149-74.

28) Mette Hjort, *Small Nation, Global Cinema*(Minneapolis, 2005).

29) Kirsi Saarikangas, "The Politics of Modern Home: Organization of the Everyday in Swedish and Finnish Housing Design from the 1930s to the 1950s," in *Models, Modernity and the Myrdals*, ed. Pauli Kettunen and Hanna Eskola(Helsinki, 1997), pp. 81-108(87). See also Childs, *Sweden: The Middle Way*, pp. 44-58.

30) Saarikangas, "The Politics of Modern Home," p. 105.

31) Sejersted, *Socialdemokratins tidsålder*, pp. 255-9.

32) Musial, *Roots of the Scandinavian Model*, pp. 184-7

33) Kevin Davies, "Scandinavian Furniture in Britain: Finmar and the UKMarket, 1948-1952," Journal of Design History, X, 1(1997), pp. 39-52; see also Per H Hansen, *Da danske møbler blev moderne - historien om dansk møbeldesigns storhedstid*(Odense, 2006).

34) Saarikangas, "The Politics of Modern Home," p. 102.

35) 2007~2008년 〈유엔 인간개발보고서〉는 아이슬란드와 노르웨이가 인간개발지수 순위에서 1위와 2위를 차지했다고 보고했다. 스웨덴은 6위, 핀란드는 11위, 덴마크는 14위를 차지했다.

2장 노르딕 정치 모델

1) Kazimierz Musiał, *Roots of the Scandinavian Model: Images of Progress in the Era of Modernisation*(Baden-Baden, 2002), pp. 72-3.

2) Anthony Blunt, "Holidays Nearer Home," *The Spectator*, CLX(8 April 1938), p. 623; cited in Musiał, *Roots of the Scandinavian Model*, p. 11.

3) E. D. Simon, *The Smaller Democracies*(London, 1939), p. 175.

4) Øystein Sørensen and Bo Stråth, "Introduction: The Cultural Construction of Norden," in *The Cultural Construction of Norden*, eds. Øystein Sørensen and Bo Stråth(Oslo, 1997), pp. 1-24(20). See also rik Axelsson, *Historien i politiken. Historieanvändning i norsk och svensk EU-debatt 1990-1994*(Uppsala, 2006).

5) Norbert Götz, "Norden: Structures That Do Not Make a Region," *European Review of History*, X(2003), pp. 323-41(330-33); Sørensen and Stråth, "Introduction: The Cultural Construction of Norden."

6) Neil Elder, Alastair H. Thomas and David Arter, *The Consensual Democracies? The Government and Politics of the Scandinavian States*(Oxford, 1982); Lars-Göran Stenelo and Magnus Jerneck, eds. *The Bargaining Democracy*(Lund, 1996); David Arter, *Democracy in Scandinavia: Consensual, Majoritarian or Mixed?*(Manchester, 2006), p. 6.

7) Peter Esaiasson and Knut Heidar, "Learning from the Nordic Experience," in *Beyond Westminster and Congress: the Nordic experience*, ed. Peter Esaiasson and Knut Heidar(Columbus, OH, 2000), pp. 409-38(422).

8) Matti Alestalo and Stein Kuhnle, "The Scandinavian Route: Economic, Social and Political Developments in Denmark, Finland, Norway and Sweden," in *The Scandinavian Model: Welfare States and Welfare Research*, ed. Robert Eriksen et al.(Armonk, NY, 1987), pp. 3-38(9-10); Øyvind Østerud, *Agrarian Structure and Peasant Politics in Scandinavia: A Comparative*

Study of Rural Response to Economic Change(Oslo, 1978).

9) Stein Rokkan, "Dimensions of State Formation and Nation-Building" in *The Formation of National tates in Western Europe*, ed. Charles Tilly(Princeton, NJ, 1975); Stein Rokkan and Derek W. Urwin, Economy, Territory, Identity: Politics of West-European Peripheries(London, 1983); cited in Knut Heidar et al., "Five Most Similar Systems," in *Beyond Westminster and Congress: The Nordic Experience*, ed. Peter Essaiasson and Knut Heidar(Columbus, 2000), pp. 17-47(17-18).

10) Alestalo and Kuhnle, "The Scandinavian Route," p. 25.

11) Berndt Schiller, "Years of Crisis," in Steven Koblik, ed., *Sweden's Development From Poverty to Affluence: 1750-1970*, translated Joanne Johnson (Minneapolis, MN, 1975), pp. 197-228(199); cf. Nils Elvander, *Skandinavisk arbetarrörelse*(Stockholm, 1980), pp. 28-34.

12) See Stig Hadenius, Hans Wieslander and Björn Molin, *Sverige efter 1900. En modern politisk historia*(Stockholm, third edn 1969; first published 1967); Carl Göran Andræ, *Revolt eller reform: Sverige inför revolutionerna i Europa 1917-1918*(Stockholm, 1998).

13) For a discussion of this point see Henrik Horstbøll and Uffe Østergård, "Reform and Revolution: The French Revolution and the Case of Denmark," *Scandinavian Journal of History*, 15(1990) pp. 155-79(156-9); see also Ole Feldbæk, "Denmark," in *Nationalism in the age of the French Revolution*, ed. Otto Dann and John Dinwiddy(London, 1988), pp. 87-100(96-7).

14) Niels Finn Christiansen, *Klassesamfundet organiseres 1900-1925* (Copenhagen, 1990), pp. 290-99.

15) Donald R. Matthews and Henry Valen, *Parliamentary Representation: The Case of the Norwegian Storting*(Columbus, OH, 1999), p. 16.

16) 당시 25세 이상 노르웨이 남성의 45.5%가 투표권을 부여받은 것으로 측정되었다. Stein Kuhnle, "Stemmeretten i 1814", *Histirisk Tidskrift*(Norway)LI(1972). pp. 373~90.

17) H. Arnold Barton, *Scandinavia in the Revolutionary Era, 1760-1815* (Minneapolis, MN, 1986), pp. 29, 32-36; Bo Stråth, *Union och demokrati. De förenade rikena Sverige- Norge 1814-1905*(Nora, 2005).

18) Gunnar Karlsson, *Iceland's 1100 Years: History of a Marginal Society*(London, 2000).

19) Guðmundur Hálfdanarson, "Þingvellir: An Icelandic 'Lieu de mémoire'," *History and Memory*, XII, 1(2000), pp. 5-29; William R Shaffer, *Politics, Parties and Parliaments: Political Change in Norway*(Columbus, OH,

1998), pp. 25-33.

20) Alestalo and Kuhnle, "The Scandinavian Route"; Sørensen and Stråth, *The Cultural Construction of Norden*.

21) Mary Hilson, "Pan-Scandinavianism and Nationalism in the Scandinavian States: Civic and Ethnic Nationalism in Denmark, Norway and Sweden," in *Nationalism in Europe 1789-1914: Civic and Ethnic Traditions*, ed. Mark Hewitson and Timothy Baycroft(Oxford, 2006), pp. 192-209; Harald Gustafsson, *Nordens historia. En europeisk region under 1200 år*(Lund, 1997), pp. 187-8.

22) Alestalo and Kuhnle, "The Scandinavian Route," pp. 8-10; Karlsson, *Iceland's 1100 Years*, p. 262; Sørensen and Stråth, "Introduction," pp. 5-8.

23) Eva Österberg, "Vardagens sträva samförstånd. Bondepolitik i den svenska modellen från vasatid till frihetstid," in Gunnar Broberg, Ulla Wikander, Klas Åmark, eds., *Tänka, tycka, tro. Svensk historia underifrån*(Stockholm, 1993), pp. 126-46(133-8); Eva Österberg, "Svenska lokalsamhällen i förändring ca 1550-1850. Participation, representation och politisk kultur i den svenska självstyrelsen. Ett angeläget forskningsområde," *Historisk Tidskrift* (Sweden), CVII(1987), pp. 321-40.

24) Österberg, "Vardagens sträva samfärstånd," p. 144.

25) Peter Aronsson, *Bönder gör politik. Det lokala självstyret som social arena i tre smölandssocknar, 1680-1850*(Lund, 1992), p. 344.

26) Barrington Moore, *Social Origins of Dictatorship and Democracy: Lord and Peasant in the Making of the Modern World*(Harmondsworth, 1969); see also Gregory M. Luebbert, *Liberalism, Fascism, or Social Democracy: Social Classes and the Political Origins of Regimes in Interwar Europe*(Oxford, 1991); Alestalo and Kuhnle, "The Scandinavian Route," pp. 8-10, 19-21; Øyvind Østerud, "Introduction: The Peculiarities of Norway," *West European Politics*, XXVIII, 4(2005), pp. 705-20.

27) Börje Harnesk, "Den svenska modellens tidigmoderna rötter?," *Historisk Tidskrift*(Sweden), 122(2002), pp. 78-90(81-3). See also Eva Österberg, ed., *Socialt och politiskt våld. Perspektiv på svensk historia*(Lund, 2002).

28) Patrik Hall, *Den svenskaste historien. Nationalism i Sverige under sex sekler*(Stockholm, 2000), p. 109.

29) Guðmundur Hálfdanarson, "Þingvellir"; Andrew Wawn, *The Vikings and the Victorians: Inventing the North in Nineteenth Century Britain* (Cambridge, 2000), pp. 97-8.

30) Thorkild Kjærgaard, "The Farmer Interpretation of Danish History,"

Scandinavian Journal of History, X(1985), pp. 97-118; Claus Bjørn, "The Peasantry and Agrarian Reform in Denmark," *Scandinavian Economic History Review*, XXV(1977), pp. 117-37.

31) Gøsta Esping-Andersen, *Politics Against Markets: The Social Democratic Road to Power*(Princeton, NJ, 1985), p. 41.

32) Mary Hilson, "Scandinavia" in *Twisted Paths: Europe 1914-45*, ed. Robert Gerwarth(Oxford, 2007), pp. 8-32.

33) 핀란드 내전에서 혁명진영을 가리키는 '홍위병'(Red Guard)이라는 용어는 사실 잘못된 것이다. 이 그룹은 이데올로기적으로 볼셰비키보다는 무정부주의자들의 직접 민주주의 사상의 영향을 받았다.

34) Lena Berggren, "Den svenska mellankrigsfascismen—ett ointressant margin-alfenomen eller ett viktigt forskningsobjekt?," *Historisk Tidskrift*(Sweden), CXXII(2002), pp. 427-44.

35) Angus Calder, *The People's War: Britain*, 1939-45(London, 1969); Paul Addison, *The Road to 1945: The Impact of the War on British Politics, 1939-45* (London, 1975).

36) Elder, Thomas and Arter, *The Consensual Democracies?*

37) Seymour Martin Lipset and Stein Rokkan, "Cleavage Structures, Party Systems and Voter Alignments: An Introduction," in *Party Systems and Voter Alignments: Cross-National Perspectives*, ed. Seymour Martin Lipset and Stein Rokkan(New York, 1967), pp. 1-64.

38) David Arter, "Conclusion," in *From Farmyard to City Square? The Electoral Adaptation of the Nordic Agrarian Parties*, ed. David Arter(Aldershot, 2001), pp. 162-183(162-4, 168); see also Luebbert, *Liberalism, Fascism or Social Democracy.*

39) Arter, "Conclusion," p. 163. Though Scandinavia witnessed some attempts at rightwing organization in the countryside, as we have seen.

40) Arter, "Conclusion," pp. 169-70.

41) Arter, "Conclusion," pp. 174-5, 179.

42) Göran Therborn, "Nation och klass, tur och skicklighet," in *Den svenska modellen*, ed. Per Thullberg and Kjell Östberg(Lund, 1994), pp. 59-74(59-61).

43) Gøsta Esping-Andersen, "Single-Party Dominance in Sweden: The Saga of Social Democracy," in *Uncommon Democracies: The One-Party Dominant Regimes*, ed. T. J. Pempel(Ithaca, NY, 1990), pp. 33-57; Therborn, "Nation och klass," p. 67; Walter Korpi, *The Working Class in Welfare Capitalism: Work, Unions and Politics in Sweden*(London, 1978), pp. 72-5.

44) Therborn, "Nation och klass," p. 64; Hugh Heclo and Henrik Madsen, *Policy and Politics in Sweden: Principled Pragmatism*(Philadelphia, 1987), p. 17; Francis G. Castles, *The Social Democratic Image of Society: A Study of the Achievements and Origins of Scandinavian Social Democracy in Comparative Perspective*(London, 1978), p. 13; Esping-Andersen, "Single-Party Dominance in Sweden."

45) Esping-Andersen, *Politics Against Markets*, p. 8.

46) Nils Elvander, *Skandinavisk arbetarrörelse*(Stockholm, 1980), p. 333.

47) Therborn, "Nation och klass," p. 71; Castles, *The Social Democratic Image of Society*, p. 14.

48) Lars Trägårdh, "Varieties of Volkish Identities," in *Language and the Constitution of Class Identities*, ed. Bo Stråth(Göteborg, 1990), pp. 25-54.

49) David Aly Redvaldsen, "The British and Norwegian Labour Parties in the Interwar Period with Particular Reference to 1929-1936: Electoral Prospects," unpublished PhD thesis, UCL 2007.

50) Castles, *The Social Democratic Image of Society;* Jonas Pontusson, "Swedish Social Democracy and British Labour: Essays on the Nature and Conditions of Social Democratic Hegemony," Cornell University, Center for International Studies: Occasional Paper no. 19(1988). On corporatism see Bo Rothstein, *Den korporativa staten. Intresseorganisationer och statsförvaltning i svensk politik*(Stockholm, 1992).

51) Leif Lewin, *Ideology and Strategy: A Century of Swedish Politics*, translated Victor Kayfetz(Cambridge, 1988).

52) Pontusson, "Swedish Social Democracy," pp. 10, 15.

53) Pontusson, "Swedish Social Democracy."

54) Heclo and Madsen, *Policy and Politics in Sweden*, pp. 23-4.

55) Heclo and Madsen, *Policy and Politics in Sweden*, pp. 9, 15-16, 30.

56) Shaffer, Politics, *Parties and Parliaments*, pp. 32-3.

57) Roland Huntford, *The New Totalitarians*(London, 1971); Frederick Hale, "Brave New World in Sweden? Roland Huntford's *The New Totalitarians*," *Scandinavian Studies*, LXXVIII, 2(2006), pp. 167-90.

58) Joseph V Femia, *Gramsci's Political Thought: Hegemony, Consciousness and the Revolutionary Process*(Oxford, 1981), p. 24.

59) Åsa Linderborg, *Socialdemokraterna skriver historia: historieskrivning som ideologisk maktresurs 1892-2000*(Stockholm, 2001).

60) Linderborg, *Socialdemokraterna skriver historia Francis Sejerstad, Socialdemokratins tidsålder. Sverige och Norge under 1900-talet*(Nora,

2005); Heclo and Madsen, *Policy and Politics in Sweden*, pp. 7, 27; Klas Åmark, "Sammanhållning och intressepolitik," in *Den svenska modellen*, ed. Per Thullberg and Kjell Östberg (Lund, 1994), pp. 27-58 (27, 56).

61) Robert Geyer, "Traditional Norwegian Social Democracy and the Rejection of the EU: A Troublesome Victory," *Scandinavian Studies*, LXIX, 3 (1997), pp. 322-45 (325-30).

62) For example David Arter, *Scandinavian Politics Today* (Manchester, 1999), p. 98.

63) David Arter, "Party System Change in Scandinavia since 1970: 'Restricted Change' or 'General Change"?" *West European Politics*, XXII, 3 (1999), pp. 139-58.

64) John T. S. Madeley, "Life at the Northern Margin: Christian Democracy in Scandinavia," in *Christian Democratic Parties in Europe since the End of the Cold War*, ed. Steven Van Hecke and Emmanuel Gerard (Leuven, 2004), pp. 217-41.

65) See Kim O. K. Zilliacus, " 'New Politics' in Finland: The Greens and the Left Wing in the 1990s," *West European Politics*, XXIV, 1 (2001), pp. 27-54.

66) Sighrúdur Helga Sigurbjarnardóttir, " 'On their own premises' : The political project of the Icelandic Women's Alliance," translated Frødis Jaren in *Is There a Nordic Feminism? Nordic Feminist Thought on Culture and Society*, ed. Drude von der Fehr et al. (London, 1998), pp. 69-89; Edward Schneier, "Icelandic Women on the Brink of Power," *Scandinavian Studies*, LXIV, 3 (1992), pp. 417-38.

67) Sven-Olof Josefsson, *Året var 1968. Universitetskris och student revolt i Stockholm och Lund* (Göteborg, 1996); Steven L. B. Jensen and Thomas Ekman Jørgensen, "Studentoprøret i Danmark," *Historisk Tidskrift* (Denmark), CI, 2 (2001), pp. 435-70.

68) Trond Bergh, "Arbeiderbevegelsen i Norge og den kalde krigen," *Arbejderhistorie*, (2000), pp. 1-15.

69) Ole Borre, "Alienation and Critical Issues in Denmark," *Scandinavian Political Studies*, XXIII, 4 (2000), pp. 285-309 (289).

70) Castles, *The Social Democratic Image of Society*, p. 40; Therborn, "Nation och klass," p. 62. See also Mikael af Malmborg, *Neutrality and State-Building in Sweden* (Basingstoke, 2001); Ann-Sofie Dahl, "The Myth of Swedish Neutrality," in *Haunted by History: Myths in International Relations*, ed. Cyril Buffet and Beatrice Heuser (Oxford, 1998), pp. 28-40.

71) Geyer, "Traditional Norwegian Social Democracy," p. 333.

72) See Jonas Hinnfors, *Reinterpreting Social Democracy: A History of Stability in the British Labour Party and Swedish Social Democratic Party* (Manchester, 2006); Philip Whyman, *Sweden and the 'Third Way': A Macroeconomic Evaluation*(Aldershot, 2003); J Magnus Ryner, "Neo-Liberalization of Social Democracy: The Swedish Case," *Comparative European Politics*, II(2004), pp. 97-119.

73) See chapter Five.

74) See chapter Six.

75) 그러나 덴마크 정치 시스템에서는 2% 득표율만 확보되면 의회에 진출할 수 있다. 이 기준이 적용되었다면 극우 정당인 스웨덴 민주당은 의회에 진출했을 것이다. 핀란드에 관해서는 Elina Kestila, "Is there Demand for Radical Right Populism in the Finnish Electorte?" *Scandinavian Political Studies*, XXIX/3(2006). pp. 169~91을 참고하라.

76) Elder, Thomas and Arter, *Consensual Democracies?*, pp. 10-11.

77) Arter, "Party System Change in Scandinavia"; Knut Heidar, "Norwegian Parties and the Party System: Steadfast and Changing," *West European Politics*, XXVIII, 4(2005), pp. 804-33; Eric S. Einhorn and John Logue, *Modern Welfare States: Scandinavian Politics and Policy in the Global Age*(Westport, CN, second edition 2003), p. 42.

78) Pertti Pesonen, "Change and Stability in the Finnish Party System," in *Party Systems and Voter Realignments Revisited*, eds. Lauri Karvonen and Stein Kuhnle(London, 2001), pp. 115-37(115, 118, 120). For a discussion of the social roots of party change see Diane Sainsbury, "The Electoral Difficulties of the Scandinavian Social Democrats in the 1970s: The Social Bases of the Parties and Structural Explanations of Party Decline," *Comparative Politics*, XVIII, 1(1985), pp. 1-19.

79) Heidar, "Norwegian Parties and the Party System," p. 830.

80) Heidar, "Norwegian Parties and the Party System," pp. 807-8, 817.

81) Christina Bergqvist, ed. *Equal Democracies? Gender and Politics in the Nordic Countries*(Oslo, 2000); Nina C. Raaum, "Gender Equality and Political Representation: A Nordic Comparison," *West European Politics*, XXVIII, 4(2005), pp. 872-97. The UN Human Development Index for 2007-8 ranked Norway, Sweden, Finland, Denmark and Iceland top in the world, in that order, for empowerment of women.

82) Michele Micheletti, *Civil Society and State Relations in Sweden*(Aldershot, 1995); Peter Munk Christiansen and Hilmar Rommetvedt, *From Corporatism to Lobbyism? Parliaments, Executives and Organized Interests in Denmark*

and Norway(Oslo, 1999).

83) Heidar, "Five Most Similar Systems," pp. 25-28(42); Shaffer, *Politics, Parties and Parliaments*, pp. 34-5.

84) Stein Ringen, "Wealth and Decay: Norway Funds a Massive Political Self-Examination—and Finds Trouble for All," *Times Literary Supplement*, 13 February 2004, pp. 3-5.

85) 예를 들면 핀란드 총리 아넬리 예텐마키(Anneli Jaatteenmaki)는 2003년 선거 직후 정권을 내놓도록 압력을 받았으며, 2004년에 아이슬란드의 총리 다비드 오드손(David Oddsson)은 새 언론법에 대한 대중적 저항의 물결에 휩쓸렸다.

86) Borre, "Critical Issues and Political Alienation."

3장 노르딕 경제 모델

1) Lasse Sonne, *Nordek: A Plan for Increased Nordic Economic Co-operation and Integration 1968-1970*(Helsinki, 2007), pp. 30-31; Nils Elvander, "Från liberal skandinavism till konservativ nationalism i Sverige," *Scandia*, XXVII(1961), pp. 366-86. The consumer co-operative movement provided one example of successful pan-Nordic economic co-operation: see Keijo Hummelin, *Nordisk Andelsförbund NAF 1918-1993*(København, 1998).

2) Jonathon W. Moses, *Norwegian Catch-Up : Development and Globalization before World War II* (Aldershot, 2005). 기본적인 경제지표로 측정된 19세기 스칸디나비아 경제의 상대적인 낙후성은 논쟁적이다. 이는 얀 토레 클로블란드(Jan Tore Klovland)가 모제스(Moses, 2007)의 글을 비평한 내용을 참고한다. 그럼에도 불구하고, 19세기 스칸디나비아가 낙후된 지역이라는 대중적 믿음은 강력하게 남아 있다. 인구의 대부분을 차지한 스칸디나비아 농민들의 삶이 매우 힘들었다는 사실은 논쟁의 여지가 없었다.

3) Marquis W. Childs, *Sweden: The Middle Way*(London, 1936).

4) 그러나 핀란드와 아이슬란드는 1961년, 1971년 유럽자유무역연합(EFTA)에 가입할 때까지 보호주의 정책을 고수했다. 자세한 사항은 Tapani Paavonen, "Finland and the Question of West European Economic Integration, 1947~61," *Scandinavian Economic History Review*, LII/2-3(2004), pp. 85~109를 참고한다.

5) 자세한 내용은 Yrjö Kaukianinen, "Foreign Trade and Transport," in *The Road to Prosperity : An Economic History of Finland*, ed. Jari Ojala et al.(Helsinki, 2006), pp. 127-63을 참고한다. 그는 핀란드가 근대 초기부터 이미 세계경제에 통합되었다고 주장했다.

6) 자세한 내용은 6장을 참고한다.

7) Lars Magnusson, *Den tredje industriella revolutionen—och den svenska arbetsmarknaden*(Stockholm, 2000).

8) 덴마크의 실업률은 1932년 31.7%, 노르웨이는 1933년 33.4%로 최고조에 달했다. 하지만 최근 연구는 노르웨이의 수치가 너무 높게 제시되었다고 주장한다 (Honningdal, 1995). 1921~1939년 동안 연평균 실업률은 덴마크의 경우 19.4%였고, 노르웨이는 20.5%였고, 스웨덴은 1925~1939년 동안 14.2%였다.

9) Arthur Montgomery, *How Sweden Overcame the Depression 1930-1933*(Stockholm, 1938); Brinley Thomas, *Monetary Policy and Crises: A Study of Swedish Experience*(London, 1936). See also Lars Magnusson, *An Economic History of Sweden*(London, 2000), pp. 194-99.

10) Hugh Dalton, Preface to Brinley Thomas, *Monetary Policy and Crises: A Study of Swedish Experience*(London, 1936), p. x.

11) Childs, *Sweden: The Middle Way*.

12) *The Northern Countries in World Economy: Denmark-Finland-Iceland-Norway-Sweden*, published by the delegations for the promotion of economic co-operation between the Northern countries(Copenhagen, 1937). See also Kazimierz Musiał, *Roots of the Scandinavian Model: Images of Progress in the Era of Modernisation*(Baden-Baden, 2002), p. 122.

13) Lennart Schön, *En modern svensk ekonomisk historia. Tillväxt och omvandling under två sekel*(Stockholm, 2000), pp. 334, 338.

14) Gunnar Myrdal, *Varning för fredsoptimism*(Stockholm, 1944).

15) Even Lange, *Samling om felles mål, vol. XI of Aschehougs Norges historie*, ed. Knut Helle,(Oslo 2005, first published 1996), p. 162.

16) Odd Aukrust and Petter Jakob Bjerve, *Hva krigen kostet Norge*(Oslo, 1945); cited in Lange, *Samling om felles mål*, p. 164.

17) Erkki Pihkala, "The Political Economy of Post-War Finland, 1945-1952," *Scandinavian Economic History Review*, XXXXVII, 3(1999), pp. 26-47(27); Jason Lavery, *The History of Finland*(Westport, CN, 2006), p. 135.

18) Pihkala, "The Political Economy of Post-War Finland," p. 32.

19) Pihkala, "The Political Economy of Post-War Finland," p. 28.

20) Fritz Hodne, The *Norwegian Economy 1920-1980*(London, 1983), p. 155.

21) Lange, *Samling om felles mål*, p. 165.

22) Hans Christian Johansen, *The Danish Economy in the Twentieth Century*(London, 1987), p. 93.

23) Hodne, *The Norwegian Economy*, p. 160.

24) See Jussi M Hanhimäki, *Scandinavia and the United States: An Insecure Friendship*(New York, 1997).

25) Pihkala, "The Political Economy of Post-War Finland," p.31; Mikko Majander, "The Limits of Sovereignty : Finland and the Question of the Marshall Plan in 1947," *Scandinavian Journal of History*, XIX/4(1994), pp. 309-26. 데이비드 커비(David Kirby)에 따르면, '핀란드'가 마셜원조 프로그램에 참여하지 않기로 한 결정은 모스크바의 의중에 예속되어 있음을 암시하는 것으로 널리 해석되었다.

26) Vibeke Sørensen, *Denmark's Social Democratic Government and the Marshall Plan 1947-1950*(Copenhagen, 2001), pp. 31, 40.

27) Lange, *Samling om felles mål*, p. 219.

28) Lange, Samling om felles mål Sørensen, Denmark"s Social *Democratic Government Charles Silva, Keep Them Strong, Keep Them Friendly: Swedish-American Relations and the Pax Americana, 1948-1952* (Stockholm, 1999).

29) Palle Schelde Andersen and Johnny Åkerholm, "Scandinavia" in *The European Economy: Growth and Crisis*, ed. Andrea Boltho(Oxford, 1982), pp. 610-44(617-8).

30) 하지만 경제의 성장은 큰 폭으로 변동했다. 1969년 성장률이 9.6%로 매우 높았지만, 전년도는 2.3%에 불과했다. 1946~70년 동안 연평균 성장률은 5.04%였다. Riitta Hjerppe, *The Finnish Economy 1860-1985: Growth and Structural Change*(Helsinki, 1989), Appendix: Table 1. Peter Flora, Franz Kraus and Winifred Pfenning, *State, Economy and Society in Western Europe 1815-1975*, vol. 2(Frankfurt, 1987), p. 85.

31) Andersen and Åkerholm, "Scandinavia," p. 617.

32) Andersen and Åkerholm, "Scandinavia," p. 615.

33) Statistics Iceland.

34) Gunnar Karlsson, *Iceland's 1100 Years: The History of a Marginal Society*(London, 1999), pp. 348-52.

35) Andersen and Åkerholm, "Scandinavia," p. 620. Henrik Christoffersen, *Danmarks økonomiske historie efter 1960*(Gylling, 1999).

36) Andersen and Åkerholm, "Scandinavia," p. 622.

37) Toivo Miljan, *The Reluctant Europeans: The Attitudes of the Nordic Countries Towards European Integration*(London, 1977), p. 51.

38) Andersen and Åkerholm, "Scandinavia," p. 623.

39) Karlsson, *Iceland's 1100 Years*, p. 358.

40) Erik Lundberg, "The Rise and Fall of the Swedish Economic Model," in *Europe's Economy in Crisis*, ed. Ralf Dahrendorf(London, 1982), pp. 195-211.

41) Sørensen, *Denmark's Social Democratic Government*, p. 26.

42) Sørensen, *Denmark's Social Democratic Government*, pp. 27, 33.

43) See Myrdal, *Varning för fredsoptimism*.

44) Lennart Erixon, "A Swedish Economic Policy—The Theory, Application and Validity of the Rehn-Meidner Model," Department of Economics, University of Stockholm(2000), www.ne.su.se/paper/wp00_13.pdf(accessed 1 September 2005); Lundberg, "The Rise and Fall of the Swedish Economic Model."

45) Erixon, "A Swedish Economic Policy"; see Albin Lind, *Solidarisk lönepolitik och förhandsförhandlingar*(Stockholm, 1938).

46) Magnusson, *An Economic History*, p. 237.

47) Magnusson, *An Economic History*, pp. 233-4.

48) Francis Sejersted, *Socialdemokratins tidsålder: Sverige och Norge under 1900-talet*(Nora, 2005), p. 244.

49) Andersen and Åkerholm, "Scandinavia," p. 615.

50) Sejerstad, *Socialdemokratins tidsålder*, p. 247.

51) Hodne, *The Norwegian Economy*, p. 235.

52) Hodne, *The Norwegian Economy*, pp. 231, 236; Sejerstad, *Socialdemokratins tidsålder*, p. 247.

53) 아이슬란드 경제정책에도 매우 유사한 수출 제약이 있었지만, 여기에서 주요 문제는 인플레이션이었다. Johansen, *The Danish Economy*, pp. 104-5, 106-9.

54) Nils Elvander, *Skandinavisk arbetarrörelse*(Stockholm, 1980), p. 512.

55) Francis G. Castles, *The Social Democratic Image of Society: A Study of the Achievements and Origins of Scandinavian Social Democracy in Comparative Perspective*(London, 1978), p. 14-18.

56) Michael Wallerstein, Miriam Golden and Peter Lange, "Unions, Employers' Associations and Wage-Setting Institutions in Northern and Central Europe, 1950-1992," *Industrial and Labor Relations Review*, 50, 3(1997), pp. 379-401(395).

57) Johansen, *The Danish Economy*, p. 123.

58) Johansen, *The Danish Economy*, p. 150.

59) Hannikainen and Heikkinen, "The Labour Market," p. 172.

60) Kirby, *A Concise History of Finland*, p. 216; Tapio Bergholm, *A Short History of SAK*(Helsinki, 2003), p. 31.

61) Osmo Jussila, Seppo Hentilä and Jukka Nevikivi, *From Grand Duchy to a Modern State: A Political istory of Finland since 1809*, translated David and Eva-Kaisa Arter(London, 1999), p. 254.

62) Wallerstein, "Unions, Employers" Associations and Wage-Setting Institutions," p. 394; Hannikainen and Heikkinen, "The Labour Market," p. 174.

63) Lavery, *The History of Finland*, p. 147.

64) Kirby, *A Concise History of Finland*.

65) 이는 1950~80년 동안 이루어진 노르웨이 투자의 13~18%에 해당했다. Hodne, *The Norwegian Economy*, p. 242.

66) Sejerstad, *Socialdemokratins tidsålder*, p. 254-9.

67) Åsa Linderborg, *Socialdemokraterna skriver historia. Historieskrivning som ideologisk maktresurs 1892-2000*(Stockholm, 2001). See chapter Two.

68) Wallerstein, "Unions, Employers' Associations and Wage-Setting Institutions."

69) Wallerstein, "Unions, Employers' Associations and Wage-Setting Institutions," p. 390; Peter Swenson, "Managing the Managers: The Swedish Employers' Confederation, Labor Scarcity, and the Suppression of Labor Market Segmentation," *Scandinavian Journal of History*, XVI(1991), pp. 335-56.

70) Bo Rothstein, "State Structure and Variations in Corporatism: The Swedish Case," *Scandinavian Political Studies*, XIV, 2(1991), pp. 149-71.

71) Jens Blom-Hansen, "Still Corporatism in Scandinavia? A Survey of Recent Empirical Findings," *Scandinavian Political Studies*, XXIII, 2(2000), pp. 157-81; Peter Munk Christiansen and Hilmar Rommetvedt, "From Corporatism to Lobbyism? Parliaments, Executives, and Organized Interests in Denmark and Norway," *Scandinavian Political Studies*, XXII, 3(1999), pp. 195-220.

72) Klas Eklund, "Gösta Rehn and the Swedish Model: Did We Follow the Rehn-Meidner Model Too Little Rather Than Too Much?," in Gösta Rehn, *the Swedish Model and Labour Market Policies: International and National Perspectives*, ed. Henry Milner and Eskil Wadensjö(Aldershot, 2001), pp. 53-72.

73) Andersen and Åkerhielm, "Scandinavia," pp. 628, 634.

74) Andersen and Åkerhielm, "Scandinavia," p. 635.

75) Ole Karup Pedersen, *Danmark og verden 1970-1990*, vol. 15 of *Gyldendal og Politikens Danmarks Historie*(Copenhagen, 1991), pp. 25, 68.

76) Erixon, "A Swedish Economic Policy," p. 29.

77) Edgeir Benum, *Overflod og fremtidsfrykt*, vol. 12 of *Aschehougs Norges Historie*(Oslo, 1996), p. 54.

78) Magnusson, *Den tredje industriella revolutionen*.

79) Schön, *En modern svensk ekonomisk historia*, p. 473.

80) Pirkko-Liisa Rauhala et al., "Why Are Social Care Services a Gender Issue?" in *Social Care Services: The Key to the Scandinavian Welfare Model*, ed. Jorma Sipilä(Aldershot, 1997), pp. 131-55(145-7).

81) See Hodne, "The Norwegian Economy," p. 229.

82) Eklund, "Gösta Rehn and the Swedish Model."

83) Erixon, "A Swedish Economic Policy," pp. 25, 30-32; Lundberg, "The Rise and Fall of the Swedish Model," p. 31.

84) Schön, *En modern svensk ekonomisk historia*, p. 490; James Angresano, "The Swedish Economy 1932-Present," in *Comparative Economics*, ed., James Angresano(Upper Saddle River, New Jersey, 1996; second edition), pp. 279-328(312).

85) J. Magnus Ryner, "Neo-Liberalization of Social Democracy: The Swedish Case," *Comparative European Politics*, II(2002), pp. 97-119(98-102).

86) Benum, *Overflod og fremtidsfrykt*, p. 67.

87) Brian Fullerton and Richard Knowles, *Scandinavia*(London, 1991), p. 24.

88) As an example of this critique see Jørgen S. Dich, *Den herskande klasse*(København, 1973); Henrik Madsen, "For velfærdens skyld? En analyse af de danske debatter om velfærdsstat og medlemskab af EF 1950-1972," unpublished PhD thesis, Syddansk Universitet, 2006.

89) Seppo Honkapohja and Erkki Koskela, "The Economic Crisis in the 1990s in Finland," in *Down from the Heavens, Up from the Ashes: The Finnish Economic Crisis of the 1990s in the Light of Economic and Social Research*, ed. Jorma Kalela et al.(Helsinki, 2001), pp. 52-101(56-7).

90) Honkopohja and Koskela, "The Economic Crisis in the 1990s," p. 63.

91) Honkopohja and Koskela, "The Economic Crisis in the 1990s"; Schön, *En modern svensk ekonomisk historia*, pp. 471-3.

92) Schön, En modern svensk ekonomisk historia, pp. 503-5.

93) Sven Jochem, "Equality, Solidarity and the Welfare State: The Nordic Employment Performance in Comparative Perspective," in Gösta Rehn, *the Swedish Model and Labour Market Policies*, ed. Milner and Wadensjö, pp. 167-88(174-5).

94) Erixon, "A Swedish Economic Policy," p. 40.

95) Erixon, "A Swedish Economic Policy," pp. 42-5.

96) Maria-Pia Boëthius, *Heder och samvete. Sverige och andra världskriget* (Stockholm, 2001). On neutrality, see chapter Five; on sterilization, see

chapter Four.

97) Sakari Heikkinen and Antti Kuusterä, "Finnish Economic Crises in the 20th Century," in *Down from the Heavens*, pp. 25-51; Antti Häkkinen and Jarmo Peltola, "On the Social History of Unemployment and Poverty in Finland 1860-2000," in *Down from the Heavens*, pp. 309-45.

98) ILO. Pasi Huovinen and Hannu Piekkola, "Unemployment and Early Retirements of the Finnish Aged Workers in 1989-1996," in *Down from the Heavens*, pp. 249-76.

99) Matti Peltonen, "Between Landscape and Language: The Finnish National Self-Image in Transition," *Scandinavian Journal of History*, 25, 4(2000), pp. 265-80.

100) OECD, 전체 제조업 수출 중에서 고기술산업이 차지하는 비중.

101) 노키아의 우세함은 다른 정보통신기술 분야의 생산성 증가 속도가 한층 느려졌다는 최근 여러 자료들에서 확인되고 있다. Francesco Daveri and Olmo Silva, "Not Only Nokia: What Finland Tells Us About New Economy Growth," *Economic Policy*, 19, 38(2004), pp. 117-63.

102) Darius Ornston, "Reorganising Adjustment: Finland"s Emergence as a High Technology Leader," *West European Politics*, XXIX, 4(2006), pp. 784-801(786).

103) Lars Ilshammar, *Offentlighetens nya rum: teknik och politik i Sverige 1969-1999*(Örebro, 2002).

104) Ornston, "Reorganising Adjustment," pp. 791-3.

105) OECD.

106) Ornston, "Reorganising Adjustment," p. 794.

107) Lauri Haataja, *Suomen malli 1940-1956. Työmarkkinajärjestelmän ja poliittisen järjestelmän vuorovaikutussuhde neuvottelujen vakiintumisesta keskityksen purkautumiseen*(Helsinki, 1993); Helka Hytti, *Varhainen eläkkeelle siirtyminen - Suomen malli*(Helsinki, 1998).

108) Moses, *Norwegian Catch-Up*; Jari Ojala et al., eds, *The Road to Prosperity: An Economic History of Finland*(Helsinki, 2006).

109) Hannikainen and Heikkinen, "The Labour Market," p. 180.

4장 노르딕 복지 모델

1) Henrik Stenius, "The Good Life Is a Life of Conformity: The Impact of the Lutheran Tradition on Nordic Political Culture," in *The Cultural Construction of Norden*, ed. Øystein Sørensen and Bo Stråth(Oslo, 1997),

2) Richard M Titmuss, *Essays on 'The Welfare State'* (London, 1958); Harold Wilensky and Charles Lebeaux, *Industrial Society and Social Welfare*(New York, 1965); Diane Sainsbury, "Analysing Welfare State Variations: The Merits and Limitations of Models Based on the Residual-Institutional Distinction," *Scandinavian Political Studies*, XIV(1991), pp. 1-30.

3) Gøsta Esping-Andersen, *The Three Worlds of Welfare Capitalism* (Cambridge, 1990).

4) Evelyne Huber and John D. Stephens, "The Social Democratic Welfare State," in *Social Democracy in Neo-Liberal Times: The Left and Economic Policy since 1980*, ed. Andrew Glyn(Oxford, 2001), pp. 276-311(276); Walter Korpi and Joakim Palme, "The Paradox of Redistribution and Strategies of Equality: Welfare State Institutions, Inequality and Poverty in the Western Countries," *American Sociological Review*, LXIII, 5(1998), pp. 661-87(666).

5) David Arter, *Scandinavian Politics Today*(Manchester, 1999); Eric S. Einhorn and John Logue, *Modern Welfare States: Scandinavian Politics and Policy in the Global Age*(second edn, Westport, Conn, 2003); Kåre Hagen and Jon M Hippe, "The Norwegian Welfare State: From Post-War Consensus to Future Conflicts?," in *Continuity and Change: Aspects of Contemporary Norway*(Oslo, 1993), pp. 85-105; Mikko Kautto et al., "Introduction: How Distinct Are the Nordic Welfare States?," in *Nordic Welfare States in the European Context*, ed. Mikko Kautto et al.(London, 2001), p. 6; Klaus Petersen and Niels Finn Christiansen, "Preface" to "The Nordic Welfare States 1900-2000," *Scandinavian Journal of History*, XXVI, 3(2001), pp. 153-56; Huber and Stephens, "The Social Democratic Welfare State"; Korpi and Palme, "The Paradox of Redistribution," p. 670.

6) See Kautto et al., "Introduction," p. 10, for the distinction between welfare states and welfare regimes.

7) Bo Rothstein, "The Universal Welfare State as a Social Dilemma," *Rationality and Society*, 13(2001), pp. 213-33(218); Andreas Bergh, "The Universal Welfare State: Theory and the Case of Sweden," *Political Studies*, LII(2004), pp. 745-66; Torben M Andersen, "Challenges to the Scandinavian Welfare Model," *European Journal of Political Economy*, 20(2004), pp. 743-54(745); Niels Finn Christiansen and Pirjo Markkola, "Introduction," in *The Nordic Model of Welfare: A Historical Reappraisal*, ed. Niels Finn Christiansen et al.(Copenhagen, 2006); Kautto et al., "Introduction," p. 6.

8) Huber and Stephens, "The Social Democratic Welfare State," table 1, pp. 280-81. In Finland taxation as a percentage of GDPwas only 35%.

9) Jenny Andersson, *Mellan tillväxt och trygghet. Idéer om produktiv socialpolitik i socialdemokratisk socialpolitisk ideologi under efterkrigstiden*(Uppsala, 2003).

10) Klas Åmark, *Hundra år av välfärdspolitik. Välfärdsstatens framväxt i Norge och Sverige*(Umeå, 2005), p. 299; Niels Finn Christiansen and Klaus Petersen, "Den nordiske modellen-myte og realitet," *Humaniora*, XVI, 1(2001), pp. 16-19(18); Pirkko-Liisa Rauhala et al. "Why Are *Social Services a Gender Issue?*" in *Social Care Services: The Key to the Scandinavian Welfare Model*, ed. Jorma Sipilä(Aldershot, 1997), pp. 131-55.

11) Bergh, "The Universal Welfare State," pp. 749-50; Korpi and Palme, "The Paradox of Redistribution," p. 669.

12) Christiansen and Markkola, "Introduction," p. 14; Peter Abrahamson, "The Scandinavian Model of Welfare," in *Comparing Social Systems in Nordic Europe and France*, ed. Denis Bouget and Bruno Palier(Paris, 1999); Peter Abrahamson, "The Welfare Modelling Business," *Social Policy and Administration*, XXXIII, 4(1999), pp. 349-415.

13) Christiansen and Markkola, "Introduction," p. 13; Åmark, *Hundra år av välfärdspolitik*, pp. 274-5; Pekka Kosonen, "The Finnish Model and the Welfare State in Crisis," in *The Nordic Welfare State as a Myth and as Reality*, ed. Pekka Kosonen(Helsinki, 1993), pp. 45-66(55).

14) Hagen and Hippe, "The Norwegian Welfare State"; Urban Lundberg and Klas Åmark, "Social Rights and Social Security: The Swedish Welfare State, 1900-2000," *Scandinavian Journal of History*, XXVI, 3(2001), pp. 157-76; Niels Finn Christiansen and Klaus Petersen, "The Dynamics of Social Solidarity: The Danish Welfare System, 1900-2000," *Scandinavian Journal of History*, XXVI, 3(2001), pp. 177-96; Christiansen and Markkola, "Introduction," p. 15.

15) Esping-Andersen, *The Three Worlds of Welfare Capitalism*, p. 30. See also Søren Kolstrup, "Forskning i velfærdsstatens rødder: Forskningsstrategier, resultater, huller," *Historisk Tidskrift*(Denmark), LXXXXIV(1994), pp. 315-36(325-6); Gregory M. Luebbert, *Liberalism, Fascism, or Social Democracy: Social Classes and the Political Origins of Regimes in Interwar Europe* (Oxford, 1991), p. 11.

16) See chapter Two. Esping-Andersen, *The Three Worlds of Welfare Capitalism*; Gøsta Esping-Andersen, *Politics Against Markets: The Social*

Democratic Road to Power(Princeton, 1985), pp. xv, 314, 319; Walter Korpi, *The Democratic Class Struggle*(London, 1983); Luebbert, *Liberalism, Fascism or Social Democracy*, Per Thullberg and Kjell Östberg, "Introduction," in *Den svenska modellen*, ed. Per Thullberg and Kjell Östberg(Lund, 1994), pp. 5-9(6).

17) Peter Baldwin, "The Scandinavian Origins of the Social Interpretation of the Welfare State," *Comparative Studies in Society and History*, XXXI(1989), pp. 3-24; Peter Baldwin, *The Politics of Social Solidarity: Class Bases of the European Welfare State 1875-1975*(Cambridge, 1990), pp. 65-76; Jørn Henrik Petersen, "Gårdmandsvenstre-velfærdsstatens far," in *13 historier om den danske velfærdsstat*, ed. Klaus Petersen(Odense, 2003), pp. 81-93.

18) Nils Edling, "Limited Universalism: Unemployment Insurance in Northern Europe 1900-2000," in *The Nordic Model of Welfare*, ed. Christiansen et al., pp. 99-143(102, 107, 110).

19) Baldwin, "The Scandinavian Origins"; Øyvind Bjørnson and Inger Elisabeth Haavet, *Langsomt ble landet et velferdssamfunn. Trygdens historie 1894-1994*(Oslo, 1994), p. 22.

20) Åmark, *Hundra år av välfärdspolitik*, p. 46; Stein Kuhnle, "Growth of Social Insurance Programs in candinavia: Outside Influences and Internal Forces," in *The Development of Welfare States in Europe and America*, ed. Peter Flora and Arnold J Heidenheimer(London, 1981), pp. 125-50(126-31).

21) Bjørnson and Haavet, *Langsomt ble landet et velferdssamfunn*, p. 16; Benny Carlsson, *Ouvertyr till folkhemmet. Wagnerska tongånger i förra sekelskiftets Sverige*(Lund, 2002).

22) Klaus Petersen and Klas Åmark, "Old Age Pensions in the Nordic Countries 1880-2000," in *The Nordic Model of Welfare*, ed. Christiansen et al., pp. 145-88(152).

23) Tim Knudsen, "Tilblivelsen af den universalistiske velfærdsstat," in *Den nordiske protestantisme*, ed. Tim Knudsen(Århus, 2000), pp. 20-64; Dag Thorkildsen, "Religious Identity and Nordic Identity," in *The Cultural Construction of Norden*, ed. Sørensen and Stråth, pp. 138-60; Uffe Østergaard, "Lutheranism, danskheden og velfærdsstaten," in *13 historier om den danske velfærdsstaten*, ed. Petersen, pp. 27-46.

24) Stenius, "The Good Life Is a Life of Conformity"; Øyvind Bjørnson, "The Social Democrats and the Norwegian Welfare State: Some Perspectives," *Scandinavian Journal of History*, XXVI, 3(2001), pp. 197-223: 198; Søren Kolstup, "Kommunen-velfærdsstatens spydspids," in *13 historier om den*

danske velfærdsstaten, ed. Petersen, pp. 95-111.

25) Bjørnson, "The Social Democrats and the Norwegian Welfare State," pp. 198-205; Bjørnson and Haavet, *Langsomt ble landet et velferdssamfunn*, pp. 18, 21; Christiansen and Markkola, "Introduction."

26) See Nils Edling, *Det fosterländska hemmet. Egnahemspolitik, småbruk och hemideologi kring sekelskiftet 1900*(Stockholm, 1996), pp. 95-7(373).

27) Petersen and Åmark, "Old Age Pensions in the Nordic Countries," p. 183.

28) Åmark, *Hundra år av välfärdspolitik*, p. 50.

29) Anne-Lise Seip, *Veien til velferdsstaten. Norsk sosialpolitikk 1920-1975* (Oslo, 1994), pp. 198ff; cited in Åmark, *Hundra år av välfärdspolitik*, p. 53.

30) Baldwin, "The Scandinavian Origins."

31) Petersen and Åmark, "Old Age Pensions in the Nordic Countries," pp. 161-6.

32) Bjørnson, "The Social Democrats and the Norwegian Welfare State," p. 206.

33) Åmark, *Hundra år av välfärdspolitik*, p. 83.

34) Edling, "Limited Universalism," p. 99.

35) Edling, "Limited Universalism," pp. 105, 110. On respectability see Ronny Ambjörnsson, *Den skötsamme arbetaren. Idéer och ideal i ett norrländskt sågverkssamhälle 1880-1930*(Stockholm, 1998; first edn 1988).

36) Åmark, *Hundra år av välfärdspolitik*, p. 109.

37) Åmark, *Hundra år av välfärdspolitik*, pp. 125, 137-8, 143, 156; Francis Sejersted, *Socialdemokratins tidsålder. Sverige och Norge under 1900-talet*(Nora, 2005), p. 273.

38) Bent Greve, *Historical Dictionary of the Welfare State*(Lanham, Maryland, 1998), p. 103.

39) 이에 대한 부분적인 예외는 덴마크의 사적 보충연금제도로서 보편적 정액 연금제도를 보완하는 것이다. Klaus Petersen의 "Fordelningpolitik, samfundsokonomi og organisationsinteresser: Den danske arbejderberagelse og sporgsmalet om tillagspension 1963~1990" *Historisk Tidskrift*(Denmark)CII/1(2002), pp.126~69.

40) For this view: Walter Korpi, *The Working Class in Welfare Capitalism*(London, 1978); Walter Korpi, *The Democratic Class Struggle*(London, 1983), esp. pp. 196-199, 208-9.

41) Åmark, *Hundra år av välfärdspolitik*; see also Petersen and Åmark, "Old Age Pensions in the Nordic Countries," pp. 163-5; Bjørnson and Haavet, *Langsomt ble landet et velferdssamfunn*, pp. 24-5.

42) Åmark, *Hundra år av välfärdspolitik*, pp. 109-110, 266.

43) Åmark, *Hundra år av välfärdspolitik*, pp. 138, 145; Bjørnson, "The Social Democrats and the Norwegian Welfare State."

44) Åmark, *Hundra år av välfärdspolitik*, pp. 194, 269; Sejersted, *Socialdemokratins tidsålder*, p. 279; Edling, "Limited Universalism," pp. 110, 138.

45) Åmark, *Hundra år av välfärdspolitik*, pp. 277-9. See also Hugh Heclo and Henrik Madsen, *Policy and Politics in Sweden: Principled Pragmatism* (Philadelphia, PA, 1987); Urban Lundberg and Klaus Petersen, "Social Democracy and the Welfare State in Denmark and Sweden,"(Arbejdspapirer fra Institut for Historie, Købehavns universitet, 1999), p. 5.

46) Gudmundur Jonsson, "The Icelandic Welfare State in the Twentieth Century," *Scandinavian Journal of History*, XXVI, 3(2001), pp. 249-267(266).

47) Jonsson, "The Icelandic Welfare State," pp. 258, 262, 265, 267.

48) Kosonen, "The Finnish Model and the Welfare State in Crisis."

49) Kosonen, "The Finnish Model and the Welfare State in Crisis," p. 52.

50) Pauli Kettunen, "The Nordic Welfare State in Finland," *Scandinavian Journal of History*, 26, 3(2001), pp. 225-47(235).

51) Kettunen, "The Nordic Welfare State in Finland," p. 253; Jonsson, "The Icelandic Welfare State," pp. 258-60.

52) Sejersted, *Socialdemokratins tidsålder*, pp. 278-80.

53) Bjørnson and Haavet, *Langsomt ble landet et velferdssamfunn*.

54) Tim Knudsen, "Tilblivelsen af den universalistiske velfærdsstat," in *Den nordiske protestantisme og velfærdsstaten*, ed. Tim Knudsen(Århus, 2000), pp. 20-64.

55) Christiansen and Petersen, "The Dynamics of Social Solidarity."

56) Klaus Petersen, "Constructing Nordic Welfare? Nordic Social and Political Cooperation 1919-1955," in *The Nordic Model of Welfare*, ed. Christiansen et al., pp. 67-98; Bjørnson, "The Social Democrats and the Norwegian Welfare State," p. 208.

57) Kettunen, "The Nordic Welfare State in Finland," pp. 232-4; Petersen, "Constructing Nordic Welfare," p. 94; Mikko Majander, "Tillbaka till den nordiska gemenskapen. De finska socialdemokraterna och Norden 1944-48," *Historisk Tidskrift för Finland*, 82, 1(1997), pp. 45-76.

58) Teresa Kulawik, "The Nordic Model of the Welfare State and the Trouble with a Critical Perspective," address to "Norden at the Crossroads" conference, Helsinki 2002; republished in *Netværk for nordisk velfærdsstatshisto-*

rie, Nyhedsbrev 21(December 2002).

59) Knudsen, "Tilblivelsen af den universalistiske velfærdsstat"; Stenius, "The Good Life Is a Life of Conformity"; Ambjörnsson, *Den skötsamme arbetaren*.

60) Marika Hedin, *Ett liberalt dilemma-Ernst Beckman, Emilia Broomé, G. H. von Koch och den sociala frågan*(Stockholm: Brutus ?stlings f?rlag, 2002); Caroline Sutton, *Swedish Alcohol Discourse: Constructions of a Social Problem*(Uppsala, 1998).

61) Knudsen, "Tilblivelsen af den universalistiske velfærdsstat"; Daniel Levine, "Conservatism and Tradition Danish Social Welfare Legislation 1890-1933: A Comparative View," *Comparative Studies in Society and History*, XX, 1(1978), pp. 54-69.

62) Sejersted, *Socialdemokratins tidsålder*, p. 264; Christiansen and Petersen, "The Dynamics of Social Solidarity," p. 182.

63) Alva Myrdal and Gunnar Myrdal, *Kris i befolkningsfrågan*(Stockholm, 1934). The Myrdals' work appeared in English as Alva Myrdal, *Nation and Family: The Swedish Experiment in Democratic Family and Population Policy*(London, 1945).

64) Sejersted, *Socialdemokratins tidsålder*, p. 269. See also Kari Melby et al., *Inte ett ord om kårlek. Äktenskap och politik i Norden ca 1850-1930* (Gothenburg, 2006).

65) Bent Sigurd Hansen, "Something Rotten in the State of Denmark: Eugenics and the Ascent of the Welfare State," in *Eugenics and the Welfare State: Sterilization Policy in Denmark, Sweden, Norway, and Finland*, ed. Gunnar Broberg and Nils Roll-Hansen(East Lansing, 1995), pp. 9-76(10).

66) Maija Runcis, *Steriliseringar i folkhemmet*(Stockholm, 1998), p. 277; Gunnar Broberg and Mattias Tydén, "Eugenics in Sweden: *Efficient Care*," in *Eugenics and the Welfare State*, ed. Broberg and Roll-Hansen, pp. 77-147(110).

67) Broberg and Tydén, "Eugenics in Sweden," pp. 110, 112.

68) Broberg and Tydén, "Eugenics in Sweden," p. 118.

69) Runcis, *Steriliseringar i folkhemmet*, p. 252; Broberg and Tydén, "Eugenics in Sweden," pp. 118-19.

70) Alberto Spektorowski and Elisabet Mizrachi, "Eugenics and the Welfare State in Sweden: The Politics of Social Margins and the Idea of a Productive Society," *Journal of Contemporary History*, XXXIX, 3(2004) pp. 333-52(334, 349); Runcis, Steriliseringar i folkhemmet, p. 170.

71) Broberg and Tydén, "Eugenics in Sweden," p. 120.

72) Runcis, *Steriliseringar i folkhemmet*, pp. 137-8.

73) See Maciej Zaremba, *De rena och de andra. Om tvångssteriliseringar, rashygien och arvsynd*(Stockholm, 1999).

74) Hansen, "Something Rotten in the State of Denmark," pp. 44, 52; Nils Roll-Hansen, "Conclusion: Scandinavian Eugenics in the International Context," in *Eugenics and the Welfare State*, eds. Broberg and Roll-Hansen, p. 262.

75) Hansen, "Something Rotten in the State of Denmark," p. 29; Timothy Tilton, *The Political Theory of Swedish Social Democracy: Through the Welfare State to Socialism*(Oxford, 1990), pp. 150-52.

76) Cited in Tage Kaarsted, *Krise og krig 1925-1950*, vol. XIII of *Gyldendal og Politikens Danmarkshistorie*(Copenhagen, 1991), p. 98.

77) Allan Pred, *Recognizing European Modernities: A Montage of the Present*(London, 1995), pp. 97-173; Tilton, *The Political Theory of Swedish Social Democracy*, p. 146; Arthur Gould, *Developments in Swedish Social Policy: Resisting Dionysus*(Basingstoke, 2001), pp. 17-18.

78) Andersson, *Mellan tillväxt och trygghet*; Christiansen and Markkola, "Introduction," p. 21.

79) Andersson, *Mellan tillväxt och trygghet*, p. 22.

80) 어느 정도는 노르웨이에서도 마찬가지였으며, 다른 스칸디나비아 국가에서는 그 정도가 덜했다. Edling의 "Limited Universalim," pp. 117~18의 2장을 보라. 덴마크에 관해서는 Niels Wium Olsen의 "Planer for welfard: Sammenlignende studie af de nordvesteuropaiske socialdemokratiers efterkrigsprogrammer," *Jyske Histiriker, LXXXII*(1998), pp. 62~91.

81) Hans Dahlqvist, "Folkhemsbegreppet. Rudolf Kjellén vs Per Albin Hansson," *Historisk Tidskrift*(Sweden), CXXII,(2002), pp. 445-65(447, 454-5, 464). See also Norbert Götz, *Ungleiche Geschwister. Die konstruktion von nationalsozialistischer Volksgemeinschaft und schwedischem Volksheim*(Baden-Baden, 2000), pp. 206-18.

82) Per Albin Hansson, "Folkhemmet, medborgarhemmet," in *Från Fram till folkhemmet. Per Albin Hansson som tidningsman och talare*, selected and ed. Anna Lisa Berkling(Solna, 1982), p. 227; quoted in Dahlqvist, "Folkhemsbegreppet," pp. 459-60.

83) Andersson, *Mellan tillväxt och trygghet*, p. 123.

84) Ole Karup Pedersen, *Danmark og verden 1970-1990*, vol. XV of *Gyldendal og Politikens Danmarkshistorie*(Copenhagen, 1991), pp. 56-7.

85) See chapter One. Lundberg and Petersen, "Social Democracy and the

Welfare State," pp. 21-2.

86) Christiansen and Petersen, "The Dynamics of Social Solidarity," p. 189; Bjørnson, "The Social Democrats and the Norwegian Welfare State," p. 219.

87) Huber and Stephens, "The Social Democratic Welfare State," p. 289.

88) Esping-Andersen, *The Three Worlds of Welfare Capitalism*, p. 28; Lars Tr ägårdh, "Statist Individualism: On the Culturality of the Nordic Welfare State," in *The Cultural Construction of Norden*, ed. Sørensen and Stråth, pp. 253-285(253-4).

89) Klas Åmark, "Women"s Labour Force Participation in the Nordic Countries during the Twentieth Century," in *The Nordic Model of Welfare*, ed. Christiansen et al., pp. 299-333(324).

90) Melby, *Inte ett ord om kärlek*; Barbara Hobson, "Feminist Strategies and Gendered Discourses in Welfare States: *Married Women's Right to Work in the United States and Sweden*," in *Mothers of a New World: Maternalist Politics and the Origins of Welfare States*, ed. Seth Koven and Sonya Michel(New York, 1993), pp. 396-429.

91) Sommestad; Åmark, *Hundra år av välfärdspolitik*, p. 228.

92) Kettunen, "The Nordic Welfare State in Finland," pp. 239-40.

93) Bjørnson, "The Social Democrats and the Norwegian Welfare State," p. 220; Sejersted, *Socialdemokratins tidsålder*, pp. 269-72.

94) See Lena Sommestad, "Welfare State Attitudes to the Male Breadwinning System: The United States and Sweden in Comparative Perspective," *International Review of Social History*, XXXXII(1997), pp. 153-74; Jane Lewis and Gertrude Åström, "Equality, Difference and State Welfare: Labor Market and Family Policies in Sweden," *Feminist Studies*, XVIII, 1(1992), pp. 49-87; Yvonne Hirdman, *Att lägga livet till rätta. Studier i svensk folkhemspolitik*(Stockholm, 1989).

95) Åmark, "Women's Labour Force Participation," p. 322; Randi Kjeldstad, "Gender Policies and Gender Equality," in *Nordic Welfare States*, ed. Kautto et al., pp. 66-97(91).

96) Åmark, *Hundra år av välfärdspolitik*, p. 226.

97) Åmark, "Women's Labour Force Participation," pp. 321, 323-4.

98) Hirdman, *Att lägga livet till rätta*.

99) Lewis and Åström, "Equality, Difference and State Welfare"; Kjeldstad, "Gender Policies and Gender Equality," pp. 77-8.

100) See chapter Two.

101) For Sweden, see Leif Lewin, *Ideology and Strategy: A Century of Swedish*

Politics, translated Victor Kayfetz(Cambridge, 1988); on Denmark see Henrik Madsen, *For velfærdens skyld? En analyse af de danske debatter om velfærdsstat og medlemskab af EF 1950-1972*, unpublished PhD thesis, Syddansk University, 2006.

102) Roland Huntford, *The New Totalitarians*(London, 1971); Frederick Hale, "Brave New World in Sweden? Roland Huntford's The New Totalitarians," *Scandinavian Studies*, LXXVIII, 2(2006), pp. 167-90.

103) See chapter Three.

104) Andersson, *Mellan tillväxt och trygghet*, p. 126.

105) Huber and Stephens, "The Social Democratic Welfare State," p. 282.

106) One possible exception to this is Swedish pension reform: see Urban Lundberg, *Juvelen i kronan. Socialdemokraterna och den allmänna pensionen*(Stockholm, 2003).

107) Virpi Timonen, *Restructuring the Welfare State: Globalization and Social Policy Reform in Finland and Sweden*(Cheltenham, 2003), pp. 183-86.

108) Huber and Stephens, "The Social Democratic Welfare State," p. 296; Stein Kuhnle, "The Scandinavian Welfare State in the 1990s: Challenged But Still Viable," *West European Politics*, XXIII, 2(2000), pp. 209-28(211-16, 225); Anders Lindbom, "Dismantling the Social Democratic Welfare Model? Has the Swedish Welfare State Lost Its Defining Characteristics?," *Scandinavian Political Studies*, XXIV, 3(2001), pp. 171-93(179, 182-3, 186).

109) Klas Åmark, "Trygghet och tvång-två teman i aktuell nordisk välfärdsstatshistorisk forskning," *Arkiv för studier i arbetarrörelsens historia*, LXXXXI(2004), pp. 1-18. See also Hirdman, *Att lägga livet till rätta;* Bo Rothstein, *Vad bör staten göra? Om välfärdsstatens moraliska och politiska logik*(Stockholm, 1994).

110) See Zaremba, *De rena och de andra*.

111) Lindbom, "Dismantling the Social Democratic Welfare Model?" pp. 187-8.

112) Torben M. Andersen, "Challenges to the Scandinavian Welfare Model," *European Journal of Political Economy*, XX(2004), pp. 743-54(746).

113) "Flexicurity," *The Economist*, 7 September 2006.

114) See chapter Six.

115) Henrik Berggren and Lars Trägårdh, *Är svensken människa? Gemenskap och oberoende i det moderna Sverige*(Stockholm, 2006). 116 Kautto, "Introduction," p. 4.

116) 여기서 예외라고 볼 수 있는 것은 스웨덴 연금 개혁이다. Urban Lundberg, *Juvelen in kronan: Socialdemokraterna och den allmanna pensionnen*(Stockholm,

2003)을 참고하라.

117) *The Nordic Welfare States 1900-2000*, ed. Klaus Petersen and Niels Finn Christiansen, *Scandinavian Journal of History themed issue*, XXVI, 3(2001).
118) Christiansen and Markkola, "Introduction," p. 21.
119) See for example Robert Taylor, "Sweden's New Social Democratic Model: Proof That a Better World Is Possible," (London, 2005), p. 10. www.compassonline.org.uk/publications/compass_sweden.pdf.

5장 국제 관계와 중도 노선

1) Norbert Götz, "On the Origins of 'Parliamentary Diplomacy': Scandinavian 'Bloc Politics' and Delegation Policy in the League of Nations," *Cooperation and Conflict*, XXXX, 3(2005), pp. 263-79(271).
2) Clive Archer, "Introduction," in *The Nordic Peace*, ed. Clive Archer and Pertti Joenniemi(Aldershot, 2003), pp. 1-23(7-8); Neil Elder, Alastair H. Thomas, David Arter, *The Consensual Democracies? The Government and Politics of the Scandinavian States*(Oxford, 1982). For the concept of the security community, see Emmanuel Adler and Michael Barnett, "Security Communities in Theoretical Perspective," in *Security Communities*, ed. Emmanuel Adler and Michael Barnett(Cambridge, 1998), pp. 3-28.
3) Karl Deutsch, *Political Community and the North Atlantic Area*(Princeton, 1957), pp. 22-3(64-9).
4) Pertti Joenniemi, "Norden Beyond Security Community," in *The Nordic Peace*, eds. Archer and Joenniemi, pp. 198-212.
5) See however Barry Turner with Gunilla Nordquist, *The Other European Community: Integration and Co-operation in Nordic Europe*(London, 1982).
6) Francis Sejersted, *Socialdemokratins tidsålder. Sverige och Norge under 1900-talet*, trans. Lars Andersson and Per Lennart Månsson(Nora, 2005).
7) Sejerstad, *Socialdemokratins tidsålder*, p. 191.
8) Norbert Götz, " 'Blue-Eyed Angels' at the League of Nations: The Genevese Construction of Norden," in *Regional Co-operation and International Organisation: Advances and Setbacks in Nordic Bloc Politics*, ed. Norbert Götz and Heidi Haggrén(London, forthcoming 2008).
9) Patrick Salmon, *Scandinavia and the Great Powers, 1890-1940*(Cambridge, 1997), pp. 198-9.
10) See Leena Kaukianen, "From Reluctancy to Activism: Finland's Way to the

Nordic Family During 1920s and 1930s," *Scandinavian Journal of History*, IX, 3(1984), pp.201-19.

11) In Johannes Lehmann, ed., *Nordisk Samarbejde: Tre taler i idrætshuset 5 December 1934 af Per Albin Hansson, Johan Nygaardsvold, Thorvald Stauning*(Copenhagen, 1934), p. 17; cited in Barbara G. Haskel, *The Scandinavian Option: Opportunities and Opportunity Costs in Post-War Scandinavian Foreign Policies*(Oslo, 1976), p. 23.

12) Salmon, *Scandinavia and the Great Powers*, p. 320.

13) Alf W. Johansson and Torbjörn Norman, "Sweden's Security and World Peace: Social Democracy and Foreign Policy," in *Creating Social Democracy: A Century of the Social Democratic Labor Party in Sweden*, ed. Klaus Misgeld, Karl Molin and Klas Åmark, translated Jan Teeland(University Park, PA, 1992), pp. 339-73(351-2).

14) Sejersted, *Socialdemokratins tidsålder*, p. 200.

15) Sejersted, *Socialdemokratins tidsålder*, p. 199.

16) Ole Kristian Grimnes, "Occupation and Collective Memory in Norway," in *War Experience, Self Image and National Identity: The Second World War as Myth and History*, ed. Stig Ekman and Nils Edling(Stockholm, 1997), pp. 130-44(132-4).

17) Henning Poulsen, "Denmark at War? The Occupation as History," in *War Experience, Self Image and National Identity*, ed. Ekman and Edling, pp. 98-113(104).

18) 이는 상당수 다른 유럽 국가들과 대조적인 상황이었다. 토니 주트(Tony Judt)의 지적에 따르면, 1945년 많은 유럽 국가들은 구세대에 기대어 있었다. 핀란드 역시 이런 패턴을 따랐는데, 1870년에 출생한 파시키비가 1946년 대통령에 당선되었다.

19) Sejersted, *Socialdemokratins tidsålder*, p. 206.

20) Stig Ekman, "Sverige under andra världskriget. Presentation av ett forskningsprojekt," *Historisk Tidskrift*, XXXIII(Sweden, 1970), pp. 310-26(307).

21) Åsa Linderborg, *Socialdemokraterna skriver historia. Historieskrivning som ideologisk maktresurs 1892-2000*(Stockholm, 2001), p. 181.

22) David Kirby, *A Concise History of Finland*(Cambridge, 2006), p. 154.

23) Gunnar Karlsson, *Iceland's 1100 Years: History of a Marginal Society*(London, 2000), p. 316.

24) Guðmundur Háldanarson, "Discussing Europe: Icelandic nationalism and European Integration," in *Iceland and European Integration*, ed. Baldur Thorhallsson(London, 2004), pp. 128-44(131-6).

25) Cited in Sejersted, *Socialdemokratins tidsålder*, p. 207.

26) Haskel, *The Scandinavian Option*, pp. 43, 85-6.

27) Toivo Miljan, *The Reluctant Europeans: The Attitudes of the Nordic Countries Towards European Integration*(London, 1977), p. 16.

28) Poulsen, "Denmark at War?" p. 106.

29) Sejersted, *Socialdemokratins tidsålder*, p. 208; Haskell, *The Scandinavian Option*, pp. 44-5.

30) Haskel, *The Scandinavian Option*, pp. 59-60.

31) Trond Bergh, "Arbeiderbevegelsen i Norge og den kalde krigen," *Arbejderhistorie*,(2000), pp. 1-15.

32) Vibeke Sørensen, *Denmark's Social Democratic Government and the Marshall Plan 1947-1950*(Copenhagen, 2001), p. 47.

33) Baldur Thorhallsson and Hjalti Thor Vignisson, "The Special Relationship Btween Iceland and the United States of America," in *Iceland and European Integration, ed. Thorhallsson*, pp. 103-27.

34) Elder, Thomas and Arter, *The Consensual Democracies?*, p. 203.

35) Juhana Aunesluoma, Magnus Petersson and Charles Silva, "Deterrence or Reassurance? Nordic Responses to the First Détente, 1953-1956," *Scandinavian Journal of History*, XXXII, 2(2007), pp. 183-208.

36) Osmo Jussila, Seppo Hentilä and Jukka Nevakivi, *From Grand Duchy to a Modern State: A Political History of Finland since 1809*, translated David and Eva-Kaisa Arter(London, 1999), p. 249.

37) In Swedish, VSB-fördraget(Fördraget om vänskap, samarbet och bistånd).

38) Seppo Hentilä, "Living Next to the Bear: How Did Finland Survive the Cold War?" *Historiallinen Aikakauskirja*, LXXXXVI, 2(1998), pp. 129-36(131).

39) Kirby, *A Concise History of Finland*, pp. 144, 158; Jussila et al., *From Grand Duchy to a Modern State*, p. 232.

40) Walter Lacqueur, "Europe: The Spectre of Finlandization," *Commentary*, LXIV(1977), pp. 37-41; Fred Singleton, "The Myth of 'Finlandisation'," *International Affairs*, LVII, 2(1981), pp. 270-85.

41) Timo Vihavainen, "Finlandiseringens uppkomst," *Historisk Tidskrift för Finland*, LXXXII, 1(1997), pp. 112-16.

42) The debate is summarised in Jason Lavery, "All of the President's Historians: The Debate over Urho Kekkonen," *Scandinavian Studies*, LXXV, 3(2003), pp. 375-98.

43) Lavery, "All of the President's Historians."

44) Esko Salminen, "The Struggle Over Freedom of Speech in the North," *Scandinavian Journal of History*, XXIII, 3-4(1998), pp. 239-51(242).

45) Hentilä, "Living Next to the Bear," p. 135.

46) Ann-Sofie Dahl, "The Myth of Swedish Neutrality," in *Haunted by History: Myths in International Relations*, ed. Cyril Buffet and Beatrice Heuser(Oxford, 1998), pp. 28-40(33); Miljan, *The Reluctant Europeans*, pp. 36, 38; Mikael af Malmborg, *Neutrality and State-Building in Sweden*(Basingstoke, 2001), p. 164; Christine Agius, *The Social Construction of Swedish Neutrality: Challenges to Swedish Identity and Sovereignty* (Manchester, 2006), pp. 6-8.

47) Bo Huldt, "Svensk neutralitet - historia och framtidsperspektiv," in *Svensk neutralitet, Europa och EG*, ed. Ulla Nordlöf-Lagercranz(Stockholm, 1990), pp. 7-26; af Malmborg, *Neutrality and State-Building Bo Stråth, Folkhemmet mot Europa. Ett historiskt perspektiv på 90-talet*(Stockholm, 1993).

48) Miljan, *The Reluctant Europeans*, p. 48.

49) See for example Hans Hederborg, Svensk roulett. *Den farliga vägen mellan öst och vast*(Stockholm, 1989);Wilhelm Agrell, *Den stora lögnen. Ett söker-hetspolitiskt dubbelspel i alltför många akter*(Stockholm, 1991); Olof Kronvall and Magnus Petersson, *Svensk säkerhetspolitik i supermakternas skugga 1945-1991*(Stockholm, 2005).

50) Af Malmborg, *Neutrality and State-Building*; Dahl, "The Myth of Swedish Neutrality," pp. 33-4, 37.

51) Statens Offentliga Utredningar(SOU) 2002:93: *Övervakningen av 'SKP-komplexet': Forskarrapport till Säkerhetstjänstkommissionen*.

52) Archer, "Introduction"; Deutsch, *Political Community and the North Atlantic Area Adler and Barnett*, "Security Communities in Theoretical Perspective."

53) Hans Mouritzen, "The Nordic Model as a Foreign Policy Instrument: Its Rise and Fall," *Journal of Peace Research*, XXXII, 1(1995), pp. 9-21.

54) Elder, Thomas and Arter, *The Consensual Democracies?*, pp. 195, 207.

55) Øystein Østerud, "Introduction: The Peculiarities of Norway," *West European Politics*, XXVIII, 4(2005), pp. 705-20(705, 713).

56) Christine Ingebritsen, "Norm Entrepreneurs: Scandinavia's Role in World Politics," *Co-operation and Conflict*, XXXVII, 1(2002), pp. 11-23.

57) Martin Grass, "···Den starkest brygga mellan Nordens folk för fredligt arbete···," *Arbeiderhistorie*(1988), pp. 76-105.

58) Af Malmborg, *Neutrality and State-Building*, p. 169.

59) Jussila, Hentilä and Nevakivi, *From Grand Duchy to a Modern State*, pp.

312-13.

60) Elder, *The Consensual Democracies?* p. 194.

61) Joenniemi, "Norden Beyond Security Community," pp. 204-6.

62) Joenniemi, "Norden Beyond Security Community," pp. 204-6.

63) Nils Andrén, "Nordic Integration," *Co-operation and Conflict*, II(1967), pp. 1-25(8-10).

64) Miljan, *The Reluctant Europeans*, pp. 280, 283.

65) Jukka Nevakivi, "Kekkonen, the Soviet Union and Scandinavia: Aspects of Policy in the Years 1948-1965," *Scandinavian Journal of History*, XXII, 2(1997), pp. 65-81(69-72).

66) Indeed, for Denmark it served this function: see Michael Bruun Andersen, "Dansk europapolitik og nordisk samarbejde," *Historisk Tidskrift*(D), CIV, 1(2004), pp. 86-121.

67) Lasse Sonne, *Nordek: A Plan for Increased Nordic Economic Co-operation and Integration 1968-1970*(Helsinki, 2007).

68) Jan Heckler-Stampehl, "Finland och förhandlingarna om Nordek 1968-1970. En fallstudie i det nordiska samarbetets begränsningar och Finlands ställning I Norden," *Historisk Tidskrift för Finland*, LXXXX, 3(2005), pp. 358-90(370-1).

69) Sejersted, *Socialdemokratins tidsålder*, p. 199; Andrén, "Nordic Integration," p. 14.

70) Elder, Thomas and Arter, *The Consensual Democracies?*, p. 195.

71) Miljan, *The Reluctant Europeans*, p. 97.

72) Andrén, "Nordic Integration," p. 11.

73) Ståle Løland, "Språkforståelse og språksamarbeid i Norden," *Nordisk Tidskrift*, Lxxii, 1(1996), pp. 7-13(9).

74) Svein Olav Hansen, *Drømmen om Norden. Den norske Foreningen Norden og det nordiske samarbetet 1919-1994*(Oslo, 1994); Kersti Blidberg, "Ideologi och pragmatism. Samarbetet inom nordisk socialdemokratiska arbetarrörelse 1930-1955," *Den jyske Historiker*, LXIX-LXX(1994), pp. 132-50.

75) 실리적 이유에서 냉전은 1986년 레이캬비크와 1987년 워싱턴 D. C.에서 열린 레이건-고르바초프 정상회담을 통해 종식되었다. 자세한 내용은 Eric Hobsbawm, *Age of Extremes : The Short Twentieth Century, 1914~1991*(London, 1994), p. 250을 참고한다.

76) See chapter Three.

77) Tony Judt, "The Past is Another Country: Myth and Memory in Postwar

Europe," in *The Politics of Retribution in Europe: World War II and its Aftermath*, ed. István Deak, Jan T. Gross and Tony Judt(Princeton, NJ, 2000), pp. 293-323(315). See also R J.B. Bosworth, *Explaining Auschwitz and Hiroshima: History Writing and the Second World War 1945-1990*(London, 1994, first edn 1993), pp. 3-4; Claus Bryld and Anette Warring, *Besættelsetiden som kollektiv erindring. Historie og traditionsforvaltning af krig og besættelse 1945-1997*(Frederiksberg, 1998).

78) Guðmundur J Guðmundsson, "The Cod and the Cold War," *Scandinavian Journal of History*, XXXI, 2(2006), pp. 97-118; Gudni Th Jóhannesson, "How 'Cod War' Came: The Origins of the Anglo-Icelandic Fisheries Dispute, 1958-61," *Historical Research*.

79) See chapter Six.

80) Miljan, *The Reluctant Europeans*, pp. 238-40.

81) Ole Wæver, "Norden Rearticulated," in *Nordic Security in the 1990s: Options in the Changing Europe*, ed. Jan Øberg(London, 1992), pp. 135-164(135, 141-3).

82) Christine Ingebritsen, *The Nordic States and European Unity*(Ithaca, 1998), pp. 96-7.

83) Ingebritsen, *The Nordic States and European Unity*, pp. 107-8; Østerud, "Introduction: The Peculiarities of Norway," p. 718.

84) Roger Buch and Kasper M Hansen, "The Danes and Europe: From EC 1972 to Euro 2000—Elections, Referendums and Attitudes," *Scandinavian Political Studies*, XXV, 1(2002), pp. 1-26(7).

85) See chapter Three.

86) Ingebritsen, *The Nordic Countries and European Unity*, pp. 184-5.

87) Lars Trägårdh, "Sweden and the EU:Welfare State Nationalism and the Spectre of 'Europe'," in *European Integration and National Identity: The Challenge of the Nordic States*, ed. Lene Hansen and Ole Wæver(London, 2002), pp. 130-81(158-63).

88) Sejersted, *Socialdemokratins tidsålder*, p. 500; Trägårdh, "Sweden and the EU," p. 170.

89) Ingebritsen, *The Nordic States and European Unity*.

90) Ingebritsen, *The Nordic States and European Unity*, pp. 157-60.

91) The exception here is Denmark, because until the 1990s the regions(especially Jutland) were more likely to vote in favour of European integration than Copenhagen. See Buch and Hansen, "The Danes and Europe," p. 13.

92) Baldur Thorhallsson, "Approaching the Question: Domestic Background

and Conceptual Framework," in *Iceland and European Integration*, ed. Thorhallsson, pp. 1-18.

93) Thorhallsson, "Approaching the Question."

94) Trägårdh, "Sweden and the EU"; Lene Hansen, "Sustaining Sovereignty: The Danish Approach to Europe," in *European Integration and National Identity*, ed. Hansen and Wæver, pp. 50-87; Bo Stråth, "The Swedish Demarcation to Europe," in *The Meaning of Europe: Variety and Contention within and among Nations*, ed. Mikael af Malmborg and Bo Stråth (Oxford, 2002), pp. 125-47; Guðmundur Hálfdanarsson, "Discussing Europe: Icelandic Nationalism and European Integration," in *Iceland and European Integration*, ed. Thorhallsson, pp. 128-44.

95) Cited in Even Lange, *Samling om felles mål*, vol. XI of *Aschehougs Norges historie*, ed. Knut Helle, (Oslo 2005, first published 1996), p. 216.

96) Judt, *Postwar*, p. 158.

97) Miljan, *The Reluctant Europeans*, p. 80.

98) Øystein Sørensen and Bo Stråth, "Introduction: The Cultural Construction of Norden," in *The Cultural Construction of Norden* (Oslo, 1997), pp. 1-24(20).

99) Trägårdh, "Sweden and the EU"; Hansen, "Sustaining Sovereignty."

100) David J. Smith, "Nordic Near Abroad or New Northern Europe? Perspectives on Post-Cold War Regional Co-operation in the Baltic Sea Area," in *Post-Cold War Identity Politics: Northern and Baltic Experiences*, ed. Marko Lehti and David J Smith (London, 2003), pp. 50-77(70).

101) 발트해연안국이사회(CBSS)는 최초의 범발트 기구가 아니었다. 발트 환경오염을 막기 위해 1974년 설립된 헬싱키위원회(Helsinki Commission)로 거슬러 올라간다.

102) Marko Lehti, "Possessing a Baltic Europe: Retold National Narratives in the European North," in *Post-Cold War Identity Politics*, ed. Lehti and Smith, pp. 11-49(25-6).

103) Lehti, "Possessing a Baltic Europe"; Smith, "Nordic Near Abroad or New Northern Europe?"

104) Lee Miles, *Fusing with Europe? Sweden in the European Union* (Aldershot, 2005).

105) 하지만 모우리첸(Mouritzen)의 "The Nordic Model as a Foreign Policy Instrument"에서는 외교정책에 영향을 미치기 위한 노르딕 국가들의 지속적인 활동에 대해 다소 비관적인 평가를 내린다.

106) Peter Lawler, "Janus-Faced Solidarity: Danish Internationalism Re-considered," *Co-operation and Conflict*, XXXXII (2007), pp. 101-26(117-20).

1) Øystein Sørensen and Bo Stråth, "Introduction: The Cultural Construction of Norden," in *The Cultural Construction of Norden*(Oslo, 1997), pp. 1-24.

2) Øystein Sørensen, *Kampen om Norges sjel*(Oslo, 2001), pp. 69ff.

3) Harald Runblom, "Immigration to Scandinavia after World War II," in *Ethnicity and Nation Building in the Nordic World*, ed. Sven Tägil(London, 1995), pp. 282-324(313).

4) Allan Pred, "Memory and the Cultural Reworking of Crisis: Racisms and the Current Moment of Danger in Sweden, or Wanting It Like Before," *Environment and Planning D: Society and Space*, XVI, 6(1998), pp. 635-64(638-40); Allan Pred, *Even in Sweden: Racisms, Racialized Spaces, and the Popular Geographical Imagination*(Berkeley, CA, 2000); Maaria Ylänkö, *La Finlande, pays d'accueil. Approche historique et anthropoligique. Le cas des immigrés d'Afrique noire*(Helsinki, 2002), p. 139.

5) Karen Wren, "Cultural Racism: Something Rotten in the State of Denmark?," *Social and Cultural Geography*, II, 2(2001), pp. 141-62.

6) Hanna Hodacs, *Converging World Views: The European Expansion and Early Nineteenth-Century Anglo-Swedish Contacts*(Uppsala, 2003).

7) Juha Pentikäinen, "Finland as a Cultural Area," in *Cultural Minorities in Finland: An Overview Towards Cultural Policy*, ed. Juha Pentikäinen and Marja Hiltunen(Helsinki, 1995), pp. 11-27(18).

8) Marja Nylund-Oja, et al., "Finnish Emigration and Immigration," in *Cultural Minorities in Finland*, ed. Pentikäinen and Hiltunen, pp. 173-225(185-6).

9) Ylänkö, *La Finlande, pays d'accueil*, p. 162.

10) Lenard Sillanpää, "A Comparative Analysis of Indigenous Rights in Fenno-Scandia," *Scandinavian Political Studies*, XX(1997), pp. 197-271(215), n. 1.

11) Einar Niemi, "Sami History and the Frontier Myth: A Perspective on the Northern Sami Spatial and Rights History," in *Sami Culture in a New Era*, ed. Harald Gaski(Kárášjohka, 1997), pp. 62-85(69).

12) Sverker Sörlin, *Framtidslandet: Debatten om Norrland och naturresurserna under det industriella genombrottet*(Stockholm, 1988); Niemi, "Sami History and the Frontier Myth," pp. 62-3; Ottar Brox, *Nord-Norge: Fra allmenning til koloni*(Oslo, 1984); Irja Seurujärvi-Kari et al., "The Sami People in Finland," in *Cultural Minorities in Finland*, ed. Pentikäinen, pp. 101-45.

13) Tove Skovedt, "Sami: The Indigenous Peoples of Norway," in *Continuity and Change: Aspects of Contemporary Norway*, ed. Anne Cohen Kiel(Oslo,

1993), pp. 85-105.

14) Trong Berg Eriksen, Andreas Hompland and Eivind Tjønneland, *Et lite land i verden*(Oslo, 2003), p. 188.

15) Eriksen, Hompland and Tjønneland, *Et lite land i verden*, p. 184.

16) Harald Eidheim, "Ethno-Political Development among the Sami after World War Ⅱ," in *Sami Culture in a New Era*, ed. Gaski, p. 46.

17) Eriksen, Hompland and Tjønneland, *Et lite land i verden*, p. 188.

18) Eriksen, Hompland and Tjønneland, *Et lite land i verden*, p. 190.

19) Sven Lundkvist, "The Saamis and the Swedish State in the Twentieth Century," in *States and Minorities*, eds. Veniamin Alekseyev and Sven Lundkvist(Stockholm, 1997), pp. 117-22(120).

20) Seurujärvi-Kari, "The Sami People in Finland."

21) Nylund-Oja, "Finnish Emigration and Immigration," pp. 188-9; Pär Stenbäck, "Finlands flyktningpolitik," *Nordisk Tidskrift*, LXIII, 6(1987), pp. 487-94(488-9).

22) Kirk Scott, *The Immigrant Experience: Changing Employment and Income Patters in Sweden, 1970~1993*(Lund, 1999). 1970년대 초반의 통상적이지 않은 상황은 국제경제 침체로 인한 이주자들의 귀환율이 높아지면서 발생한 것으로 설명된다. 1930년대 유입된 이주민의 대부분은 돌아온 스웨덴 출신 미국인들이었다.

23) Runblom, "Immigration to Scandinavia after World War II," p. 289.

24) See for example Susanna Alakoski, *Svinalängorna*(2006) for a fictional, semiautobiographical account of this phenomenon.

25) See chapter Three.

26) Peder J. Pedersen and Nina Smith, "International Migration and Migration Policy in Denmark," Working Paper 01-05, Centre for Labour Market and Social Research, Aarhus School of Business(February 2001).

27) Francis Sejersted, *Socialdemokratins tidsålder. Sverige och Norge under 1900-talet*(Nora, 2005), p. 419-20.

28) Edgeir Benum, *Overflod og fremtidsfrykt 1970-97*(Oslo, 2005), p. 264.

29) Statistics Finland, Statistics Iceland

30) Sejersted, *Socialdemokratins tidsålder*, p. 420; Pedersen and Smith, "International Migration and Migration Policy"; Peter Lawler, "Janus-Faced Solidarity: Danish Internationalism Reconsidered," *Co-operation and Conflict, XXXXII*(2007), pp. 101-26(113).

31) Sejersted, *Socialdemokratins tidsålder*, p. 421.

32) Hans Jørgen Nielsen, *Er danskerne fremmedfjendske? Udlandets syn på debatten om indvandrere 2000-2002*(Århus, 2004), p. 47.

33) Nielsen, *Er danskerne fremmedfjendske?*, p. 45.
34) Sejersted, *Socialdemokratins tidsålder*, p. 418; Mary Hilson, "Pan-Scandinavianism and Nationalism in the Scandinavian States: Civic and Ethnic Nationalism in Denmark, Norway and Sweden," in *Nationalism in Europe 1789-1914: Civic and Ethnic Traditions*, ed. Mark Hewitson and Timothy Baycroft (Oxford, 2006), pp. 192-209.
35) Harald Runblom, "Swedish Multiculturalism in a Comparative European Perspective," in *Language, Minority, Migration*, ed. Sven Gustavsson and Harald Runblom (Uppsala, 1995), pp. 199-228.
36) Martin Bak Jørgensen, "Dansk realisme og svensk naivitet? En analyse av den danske og svenske integrationspolitik," in *Bortom stereotyperna? Invandrare och integration i Danmark och Sverige*, ed. Ulf Hedetoft, Bo Petersson and Lina Sturfelt (Lund, 2006), pp. 266-98 (270).
37) Jørgensen, "Dansk realisme og svensk naivitet?," pp. 271-2; Pedersen and Smith, "International Migration and Migration Policy," pp. 16-17.
38) Jørgensen, "Dansk realisme og svensk naivitet?," p. 274.
39) Ulf Hedetoft, "Divergens eller konvergens? Perspektiver i den dansk-svenske sammenstilling," in *Bortom stereotyperna?* ed. Hedetoft, Petersson and Sturfelt, pp. 390-407 (393).
40) Jørgensen, "Dansk realisme og svensk naivitet?," p. 278.
41) Hedetoft, "Divergens eller konvergens?" pp. 395-6.
42) Dag Blanck and Mattias Tydén, "Becoming Multicultural? The Development of a Swedish Immigrant Policy," in *Welfare States in Trouble: Historical Perspectives on Canada and Sweden* (Umeå, 1995), pp. 57-70 (57, 63).
43) Runblom, "Immigration to Scandinavia after World War II," p. 315.
44) Sejersted, *Socialdemokratins tidsålder*, p. 422.
45) Sejersted, *Socialdemokratins tidsålder*, p. 422.
46) Jørgensen, "Dansk realisme og svensk naivitet?" p. 284.
47) Bo Petersson, "Invandring och integration i Danmark och Sverige. Likt och olikt I debatt och politisk praxis," in *Bortom stereotyperna?* ed. Hedetoft, Petersson and Sturfelt, pp. 7-25 (14); Hedetoft, "Divergens eller konvergens?" p. 391.
48) Mads Qvortrup, "The Emperor's New Clothes: The Danish General Election 20 November 2001," *West European Politics*, XXV (2002), pp. 205-11. One of the most notorious examples of Venstre's controversial campaigning methods was its use of a campaign poster depicting a recent court case where three ethnic minority men were acquitted for group rape. The poster carried

the slogan, "This will not be tolerated once Venstre gets in."

49) Sasha Polakow-Suransky, "Fortress Denmark?" *The American Prospect*, vol. XIII, no. 10, 3 June 2002. Nielsen, *Er danskerne fremmedfjendske?* p. 148.

50) Roger Boye, "Denmark ready to adopt strictest asylum law in EU," *The Times*, 30, May 2002. 이 새 법안은 또한 1983년에 처음 도입된 사실상 난민 지위 (de facto refugee status)에 관한 개념을 철폐하고 급여수급, 영주권, 완전한 시민권 자격에 요구되는 거주 기간을 연장했다. Nielsen, "Er Danskerne fremmedfjenske?" p.55를 참고하라. UN의 비판에 관해서는 Claus Blom Thomsen, "En vil overvage dan" 또는 "flygtningepolitik", *politiken*, 20, June 2002를 참고하라. 이는 인종주의와 불관용에 관한 EU위원회의, 덴마크의 이민자 및 소수민족 처우에 대한 초기 비판에 뒤이어 나온 것이다. Nielsen, "Er Danskerne fremmedfjenske?" pp. 64-6과 79-81을 참고하라.

51) Anders Westgårdh, "Någonting är ruttet i staten Danmark," *Aftonbladet*, 23 November 2001.

52) Nielsen, *Er danskerne fremmedfjendske?*, p. 17.

53) For the Mohammed cartoons affair, see Mary Hilson, entry on the Nordic countries in *The Annual Register: World Events*, CCXXXXVIII (2007), pp. 53-8.

54) 외무부 장관인 라일라 프레이발드스(Laila Freivalds)는 처음에는 이러한 개입에 대해 알지 못한다고 했으나, 이후 그녀가 사실상 이에 대한 제재를 가했다는 사실이 밝혀지면서 사임 압력을 받았다.

55) Kristina Olsson, "Danskjävlar!," *Politiken*, 19 February 2006; Niklas Johansson, "Sverige og Danmark: Nu svider sandheden i Sverige," *Politiken*, 31 March 2006.

56) Stefan Jonsson, "En kulturjournalist i reservat," *Dagens Nyheter*, 18 November 2006; Kristian Lindberg, "Det han siger, er han selv"; Jakob Høyer, "Svenskerhår"; Kristian Lindberg, "I er alt for overfladiske," *Berlingske Tidende*, 15 November 2006.

57) Jonathan Friedman and Kajsa Ekholm Friedman, "Sverige: från nationalstat till pluralt samhälle," in *Bortom stereotyperna?* ed. Hedetoft, Petersson and Sturfelt, pp. 66-92(74-6).

58) Friedman and Friedman, "Sverige," pp. 85-7; Hedetoft, "Divergens eller konvergens?" pp. 398-9. This was also the foreign perception: see Christopher Caldwell, "Islam on the Outskirts of the Welfare State," *The New York Times*, 5 February 2006.

59) Pred, "Memory and the Cultural Reworking of Crisis," p. 647. On neo-Nazism in Sweden see Tore Bjørgo, " 'The Invaders' 'The Traitors' and

'The Resistance Movement': The Extreme Right's Conceptualisation of Opponents and Self in Scandinavia," in *The Politics of Multi-Culturalism in the New Europe: Racism, Identity and Community*, ed. Tariq Modood and Pnina Werbner(London, 1997), pp. 54-72.

60) Hedetoft, "Divergens eller konvergens?"

61) 이미 2001년 선거 전에 덴마크 인민당의 성공이 주류 정당들의 정책 전환을 압박하고 있었다는 신호가 있었다. 일례로 사회민주당이 2000년에 거침없이 말하는 것으로 알려진 카렌 예스페르센(Karen Jespersen)을 내무부 장관으로 지명한 것을 들 수 있다. 이에 관해서는 Lawler, "Janus-Faced Solidarity" p.112를 참조하라.

62) Eva Østergaard-Nielsen, "Counting the Cost: Denmark's Changing Migration Policies," *International Journal of Urban and Regional Research*, XXVII, 2(2003), pp. 448-54(449).

63) Bjørgo, "The Invaders," pp. 55-9.

64) Pred, "Memory and the Cultural Reworking of Crisis," p. 647.

65) Jens Rydgren, "Varför inte i Sverige? Den radikala högerpopulismens relativa misslyckande," in *Arkiv för studier i arbetarrörelsens historia*, LXXXVI-VII(2002), pp. 1-34.

66) Qvortup, "The Emperor's New Clothes." 이를 Nielsen, "Er Danskerne fremmedfjenske?"와 비교해 보라. 그는 2001년 선거전에 대해 국제언론이 편향적이었으며 이주 이외의 다른 대부분의 쟁점들을 배제했다고 지적했다.

67) Jørgensen, "Dansk realisme og svensk naivitet?," p. 289.

68) Qvortup의 "The Emperor's New Clothes." 이들은 2005년에도 똑같이 했는데 득표율이 상당히 증가했으며, 특히 코펜하겐 내부 지역에서의 다민족 지구에서 특히 선전했다.

69) Lars Halskov, "Kandidaten," *Politiken*, 18 November 2001.

70) Magnus Dahlstedt and Fredrik Hertzberg, "Democracy the Swedish Way? The Exclusion of Immigrants in Swedish Politics," *Scandinavian Political Studies*, XXX (2007), pp. 175-203(176).

71) Katarina Mattsson, "Ekonomisk rasism. Förestallningar om de Andra inom ekonomisk invandrarforskning," in *Sverige och de Andra. Postkoloniala perspektiv*, ed. Michael McEachrane and Louis Faye(Stockholm, 2001), pp. 243-64(260).

72) Wren, "Cultural Racism," p. 147.

73) 이 용어가 최초로 사용된 것은 1993년이었다. Pia Jarvad, *Nye ord. Ordbog over nye ord I dansk 1955-1998*(Copenhagen, 1999), p.605를 보라. 이를 참조하도록 해 준 Tom Lundskar Nielsen에게 감사드린다.

74) Nielsen, *Er danskerne fremmedfjenske?* p. 48; Lawler, "Janus-Faced Solidarity," p. 116.

75) Kåre Vessenden, *Innvandrere i Norge: Hvem er de, hva gjør de og hvordan lever de?* (Oslo, 1997), p. 117.

76) Henry Bäck and Maritta Soinenen, "Immigrants in the Political Process,"

77) Martin Klinthäll, *Return Migration from Sweden 1968-1996: A Longitudinal Analysis* (Stockholm, 1993), pp. 19-21; Scott, *The Immigrant Experience*, pp. 201-3; Pedersen and Smith, "International Migration and Migration Policy," pp. 16-17.

78) Mattsson, "Ekonomisk rasism," pp. 245-6; Wren, "Cultural Racism," p. 152.

79) Jørgensen, "Dansk realisme og svensk naivitet?," p. 285.

80) Vessenden, *Innvandrere i Norge*, pp. 37-40.

81) Nylund-Oja, "Finnish Emigration and Immigration," p. 214; Ylänkö, *La Finlande, pays d'accueil*, pp. 7, 144; Jouni Korkiasaari and Ismo Söderling, "Finland: From a Country of Emigration into a Country of Immigration," in *A Changing Pattern of Migration in Finland and Its Surroundings*, ed. Ismo Söderling (Helsinki, 1998), pp. 7-28(14).

82) Nylund-Oja, "Finnish Emigration and Immigration," pp. 202-3.

83) Outi Laati, "Immigrants in Finland: Finnish-to-be or Foreigners Forever? Conceptions of Nation-State Debate on Immigration Policy," in *A Changing Pattern of Migration in Finland* ed. Söderling, pp. 29-49(31); Stenbäck, "Finlands flyktningpolitik," pp. 489-90.

84) Ylänkö, *La Finlande, pays d'accueil*, p. 6.

85) M Jaakkola, *Suomalaisten suhtautuminen ulkomaalaisin ja ulkomaalais-politiikkaan* (Helsinki, 1989); M Jaakkola, *Suomalaisten kiristyvät ulko-maalaisasenteet* (Helsinki, 1995); both cited in Korkiasaari and Söderling, "Finland," pp. 23-4.

86) Ylänkö, *La Finlande, pays d'accueil*, pp. 6, 215; Korkiasaari and Söderling, "Finland," p. 21.

87) Ylänkö, *La Finlande, pays d'accueil*, pp. 139, 150

88) Ylänkö, *La Finlande, pays d'accueil*, p. 158.

89) Cited in Laati, "Immigrants in Finland," p. 45.

90) Ylänkö, *La Finlande, pays d'accueil*, p. 194.

91) Pred, *Even in Sweden*, pp. 203-23.

92) Nielsen, *Er danskerne fremmedfjenske?*

1) Jan Hecker-Stampehl, "Finland och förhandlingarna om Nordek 1968-1970: En fallstudie i det nordiska samarbetets begränsningar och Finlands ställning I Norden," *Historisk Tidskrift för Finland*, III(2005), pp. 358-90(365).

2) Anssi Paasi, *Territories, Boundaries and Consciousness: The Changing Geographies of the Finnish-Russian Border*(Chichester, 1996), p. 12.

3) Harald Gustafsson, "Om Nordens historia," *Scandia*, 67(2001), pp. 187-92(189).

4) Norbert Götz, "Norden: Structures That Do Not Make a Region," *European Review of History*, X(2003), pp. 323-41(324).

5) E. J. Hobsbawm, *Age of Extremes: The Short Twentieth Century, 1914-1991*(London, 1995).

6) Reinhart Koselleck, *The Practice of Conceptual History: Timing History, Spacing Concepts*, translated Todd Samuel Presner et al.(Stanford, CA, 2002), pp. 84-99.

7) Olof Petersson, *The Government and Politics of the Nordic Countries*, trans. Frank Gabriel Perry(Stockholm, 1994), pp. 28-9.

8) E.g. Dag Thorkildsen, "Religious Identity and Nordic Identity," in *The Cultural Construction of Norden*, ed. Øystein Sørensen and Bo Stråth(Oslo, 1997), pp. 138-60.

9) Hans Mouritzen, "The Nordic Model as a Foreign Policy Instrument: Its Rise and Fall," *Journal of Peace Research*, 31, I(1995), pp. 9-21(11).

10) Hanne Sanders, *Nyfiken på Danmark—klokare på Sverige*(Göteborg, 2006).

11) Francis Sejersted, *Socialdemokratins tidsålder. Sverige och Norge under 1900-talet*(Nora, 2005).

12) Max Engman, "Är Finland ett nordiskt land?," *Den Jyske Historiker*, LXVIX-LXX(1994), pp. 62-78(72).

13) Götz, "Norden: Structures That Do Not Make a Region," p. 340.

14) Mikko Lagerspetz, "How Many Nordic Countries? Possibilities and Limits of Geopolitical Identity Construction," *Co-operation and Conflict*, 38, I(2003), pp. 49-61(54-5); Jan Hecker-Stampehl, "Finland och förhandlingarna om Norden 1968-1970: En fallstudie i det nordiska samarbetets begränsningar och Finlands ställning i Norden," *Historisk Tidskrift för Finland*,(2005), pp. 358-90(365); Jukka Nevakivi, "Kekkonen, the Soviet Union and Scandinavia: Aspects of Policy in the Years 1948-1965," *Scandinavian Journal of History*, XXII, 2(1997), pp. 65-81.

15) Marko Lehti, "Possessing a Baltic Europe: Retold National Narratives in the European North," in *Post-Cold War Identity Politics: Northern and Baltic Experiences*, ed., Marko Lehti and David J Smith(London, 2003), pp. 11-49(13); Paasi, *Territories, Boundaries and Consciousness*, p. 6.

16) International Herald Tribune, 24 February 1992; cited in Mouritzen, "The Nordic Model as a Foreign Policy Instrument," p. 14.

17) Jan-Otto Andersson, Pekka Kosonen and Juhana Vartianen, *The Finnish Model of Economic and Social Policy: From Emulation to Crash*(Åbo, 1993); Terje Tvedt, *Utviklingshjelp, utenrikspolitikk og makt. Den norske modellen*(Oslo, 2003), cited in Øystein Østerud, "Introduction: The Peculiarities of Norway," *West European Politics*, XXVIII, 4(2005), pp. 705-20(713-4).

18) Marko Lehti and David J. Smith, "Introduction: Other Europes," in *Post-Cold War Identity Politics*, pp. 1-10(4); Lehti, "Possessing a Baltic Europe."

19) Samuel P. Huntington, *The Clash of Civilisations and the Remaking of World Order*(London, 2002, first edn 1996), p. 125.

20) Lehti, "Possessing a Baltic Europe," p. 14.

21) David Kirby, *Northern Europe in the early modern period: The Baltic World 1492-1772*(London, 1990), David Kirby, *The Baltic World: Europe's Northern Periphery in an Age of Change*(London, 1995), Matti Klinge, *The Baltic World, translated Timothy Binham*(Helsinki, 1995), Gerner, Kristian and Klas-Göran Karlsson with Anders Hammarlund, *Nordens Medelhav: Östersjöområdet som historia, myt och projekt*(Stockholm, 2002) 같은 책이 있다. 이 가운데 마지막 책의 제목은 페르낭 브로델(Fernand Braudel)의 유명한 지중해 역사를 참고했다.

22) Lehti, "Possessing a Baltic Europe," p. 22.

23) Marju Lauristin, "Contexts of Transition," in *Return to the Western World: Cultural and Political Perspectives on the Estonian Post-Communist Transition*, eds., Marju Lauristin and Peeter Vilhalemm(Tartu, 1997), pp. 26-40(26-7).

24) Helmut Piirimäe, "Historical Heritage: The Relations Between Estonia and Her Nordic Neighbours," in *Return to the Western World*, ed. Lauristin and Vilhalemm, pp. 43-72.

25) 마우노 코이비스토(Mauno Koivisto) 핀란드 대통령이 상트페테르부르크 지역의 잉그리안 사람들에게 귀환한 이주민의 지위를 부여하기로 결정한 것은 이를 보여 주는 중요한 사례이다.

26) Peeter Vihalemm, "Changing National Spaces in the Baltic Area," in *Return*

to the Western World, ed. Lauristin and Vihalemm, pp. 129-62.

27) Lehti, "Possessing a Baltic Europe," p. 41

28) Vihalemm, "Changing National Spaces in the Baltic Area," pp. 160-2.

29) Consultative Steering Group, *Shaping Scotland's Parliament*(Edinburgh: Scottish Office, 1999); cited in David Arter, *Democracy in Scandinavia: Consensual, Majoritarian or Mixed?*(Manchester, 2006), p. 2. See also David Arter, *The Scottish Parliament: A Scandinavian-Style Assembly?*(London, 2004).

30) Alex Neil MSP, "100 Years of Norwegian Independence: A Study and Comparison with Scotland," SNP press release, 8 June 2005: www.snp.org/pressreleases/2005/snp_press_release. Accessed 29 October 2007.

31) Scottish National Party website, http://www.snp.org/independence/benefits. Accessed 5 November 2007.

32) Petersson, *The Government and Politics*, pp. 28-9.

33) Lise Lyck, "The Faroe Islands: The Birth of a New Microstate," in *The Nordic Peace*, ed. Clive Archer and Pertti Joeniemi(Aldershot, 2003), pp. 66-80.

34) Lise Lyck, "Greenland and the Challenges for the Danish Realm," in *The Nordic Peace*, ed. Archer and Joeniemi, pp. 81-87; Greenland Home Rule(official site of Greenland's home rule government): http://www.nanoq.gl/English.aspx, accessed 5 November 2007.

35) Pirjo Jukarainen, "Norden is Dead - Long Live the Eastwards Faced Euro-North. Geopolitical Re-Making of Norden in a Nordic Journal," *Co-operation and Conflict*, XXXIV, 4(1999), pp. 355-82.

36) The Norwegian Barents Secretariat: http://www.barents.no/index.php?cat =41098, accessed 5 November 2007.

37) Lagerspetz, "How Many Nordic Countries?"

38) Stefan Troebst, "Nordosteuropa: Geschichtsregion mit Zukunft," *Scandia*, LXV(1999), pp. 153-68; Ralph Tuchtenhagen, "The Best(and the Worst) of Several Worlds: The Shifting Historiographical Concept of Northeastern Europe," *European Review of History*, X(2003), pp. 361-74.

39) David Kirby, *The Baltic World: Europe's Northern Periphery in an Age of Change*(London, 1995); Matti Klinge, *The Baltic World*, translated Timothy Binham(Helsinki, 1994); Nina Witoszek and Lars Trägårdh, *Culture and Crisis: The Case of Germany and Sweden*(Oxford, 2002); Maria Ågren and Amy Louise Erickson, *The Marital Economy in Scandinavia and Britain, 1400-1900*(Aldershot, 2005).

40) Robert Taylor, "Sweden's New Social Democratic Model: Proof That a Better World Is Possible," (London, 2005), p. 10.
www.compassonline.org.uk/publications/compass_sweden.pdf.

한국어판에 덧붙이는 글

1) For a summary of the 2008 Icelandic economic crisis, see "The Cracks in the Crust," *The Economist*, 11 December 2008.
2) See Andrew Newby, " 'In Building a Nation few better examples can be found' :NordenandtheScottishParliament," *Scandinavian Journal of History*, 2009. See for example, Gillian Tett, "Insight: US is ready for Swedish lesson on banks" , *Financial Times* online edition, 12 March 2009.
http://www.ft.com/cms/s/0/80fea292-0f2f-11de-ba10-0000779fd2ac.html. Accessed 30 March 2009.

| 참고문헌 |

역사 ────────────────────────────────

Benum, Edgeir, *Overflod og fremtidsfrykt*, vol. XII of Aschehougs Norges Historie, ed. Knut Helle(Oslo, 1996)

Einhorn, Eric S. and John Logue, *Modern Welfare States: Scandinavian Politics and Policy in the Global Age*(second edn, Westport, CA, 2003)

Elvander, Nils, *Skandinavisk arbetarrörelse*(Stockholm, 1980)

Engman, Max, "Är Finland ett nordiskt land?," *Den jyske Historiker*, LXIX-LXX(1994), pp. 62-78

Eriksen, Trong Berg, Andreas Hompland and Eivind Tjønneland, *Et lite land I verden*(Oslo, 2003)

Gerner, Kristian and Klas-Göran Karlsson with Anders Hammarlund, *Nordens Medelhav: Östersjöområdet som historia, myt och projekt*(Stockholm, 2002)

Gustafsson, Harald, *Nordens historia. En europeisk region under 1200 år*(Lund, 1997)

Götz, Norbert, "Norden: Structures That Do Not Make a Region," *European Review of History*, X(2003), pp. 323-41

Jespersen, Knud J. V., *A History of Denmark*, translated Ivan Hill(Basingstoke, 2004)

Jussila, Osmo, Seppo Hentilä and Jukka Nevikivi, *From Grand Duchy to a Modern State: A Political History of Finland since 1809*, trans. David and Eva-Kaisa Arter(London, 1999)

Kaarsted, Tage, *Krise og krig 1925-1950*, vol. XIII of *Gyldendal og Politikens Danmarkshistorie*(Copenhagen, 1991)

Karlsson, Gunnar, *Iceland's 1100 Years: The History of a Marginal Society* (London, 1999)

Kirby, David, *A Concise History of Finland*(Cambridge, 2006)

_____. *The Baltic World 1772-1993: Europe's Northern Periphery in an Age of Change*(London, 1995)

Lange, Even, *Samling om felles mål*, vol. XI of *Aschehougs Norges historie*, ed. Knut Helle(Oslo 2005, first published 1996)

Lavery, Jason, *The History of Finland*(Westport, CA, 2006)

Musiał, Kazimierz, *Roots of the Scandinavian Model: Images of Progress in the Era of Modernisation*(Baden-Baden, 2002)

Pedersen, Ole Karup, *Danmark og verden 1970-1990*, vol. XV of *Gyldendal og Politikens Danmarkshistorie*(Copenhagen, 1991)

Sejersted, Francis, *Socialdemokratins tidsålder. Sverige och Norge under 1900-talet*, translated Lars Andersson and Per Lennart Månsson(Nora, 2005)

Sørensen, Øystein and Bo Stråth, ed. *The Cultural Construction of Norden*(Oslo, 1997)

Stråth, Bo, "The Swedish Demarcation to Europe," in *The Meaning of Europe: Variety and Contention within and among Nations*, ed. Mikael af Malmborg and Bo Stråth(Oxford, 2002), pp. 125-47

정치학

Arter, David, *Democracy in Scandinavia: Consensual, Majoritarian or Mixed?* (Manchester, 2006)

_____. *Scandinavian Politics Today*(Manchester, 1999)

Bergqvist, Christina, ed., *Equal Democracies? Gender and Politics in the Nordic Countries*(Oslo, 2000)

Castles, Francis G., *The Social Democratic Image of Society: A Study of the Achievements and Origins of Scandinavian Social Democracy in Comparative Perspective*(London, 1978)

Elder, Neil, Alastair H. Thomas and David Arter, *The Consensual Democracies? The Government and Politics of the Scandinavian States*(Oxford, 1982)

Esping-Andersen, Gøsta, *Politics Against Markets: The Social Democratic Road to Power*(Princeton, NJ, 1985)

Esaiasson, Peter and Knut Heidar, ed., *Beyond Westminster and Congress: The Nordic experience*(Columbus, OH, 2000)

Hadenius, Stig, Hans Wieslander and Björn Molin, Sverige efter 1900. *En modern politisk historia*(Stockholm, third edn 1969; first edn 1967)

Heclo, Hugh and Henrik Madsen, *Policy and Politics in Sweden: Principled Pragmatism*(Philadelphia, PA, 1987)

Heidar, Knut, "Norwegian Parties and the Party System: Steadfast and Changing,"
   West European Politics, XXVIII, 4(2005), pp. 804-33

_____, ed. *Nordic Politics: Comparative Perspectives*(Oslo, 2004)

Lewin, Leif, *Ideology and Strategy: A Century of Swedish Politics*, translated Victor
   Kayfetz(Cambridge, 1988)

Linderborg, Åsa, *Socialdemokraterna skriver historia. Historieskrivning som ideol-
   ogisk maktresurs 1892-2000*(Stockholm, 2001)

Martin Lipset, Seymour and Stein Rokkan, "Cleavage Structures, Party Systems and
   Voter Alignments: An Introduction," in *Party Systems and Voter Alignments:
   Cross-National Perspectives*, ed. Seymour Martin Lipset and Stein Rokkan(New
   York, 1967), pp. 1-64

Matthews, Donald R. and Henry Valen, *Parliamentary Representation: The Case of
   the Norwegian Storting*(Columbus, OH, 1999)

Misgeld, Klaus, Karl Molin and Klas Åmark, eds, *Creating Social Democracy: A
   Century of the Social Democratic Labor Party in Sweden*, trans. Jan
   Teeland(University Park, PA, 1992)

Petersson, Olof, *The Government and Politics of the Nordic Countries*, trans.
   Frank Gabriel Perry(Stockholm, 1994)

Raaum, Nina C., "Gender Equality and Political Representation: A Nordic
   Comparison," *West European Politics*, XXVIII, 4(2005), pp. 872-897

Shaffer, William R., Politics, *Parties and Parliaments: Political Change in Norway*
   (Columbus, OH, 1998)

Tilton, Timothy, *The Political Theory of Swedish Social Democracy: Through the
   Welfare State to Socialism*(Oxford, 1990)

Østerud, Øystein, "Introduction: The Peculiarities of Norway," *West European
   Politics*, XXVIII, 4(2005), pp. 705-20

경제학

Andersen, Palle Schelde and Johnny Åkerholm, "Scandinavia" in *The European
   Economy: Growth and Crisis*, ed. Andrea Boltho(Oxford, 1982), pp. 610-44

Andersson, Jenny, *Mellan tillväxt och trygghet. Idéer om produktiv socialpolitik i
   socialdemokratisk socialpolitisk ideologi under efterkrigstiden*(Uppsala, 2003)

Christoffersen, Henrik, *Danmarks Økonomiske historie efter 1960*(Gylling, 1999)

Daveri, Francesco and Olmo Silva, "Not Only Nokia: What Finland Tells Us About
   New Economy Growth," *Economic Policy*, XIX, 38(2004), pp. 117-63

Eklund, Klas, "Gösta Rehn and the Swedish Model: Did We Follow the Rehn-

Meidner Model Too Little Rather Than Too Much?," in *Gösta Rehn, the Swedish Model and Labour Market Policies: International and National Perspectives*, ed. Henry Milner and Eskil Wadensjö (Aldershot, 2001)

Hjerppe, Riitta, *The Finnish Economy 1860-1985: Growth and Structural Change* (Helsinki, 1989)

Hodne, Fritz, *The Norwegian Economy 1920-1980* (London, 1983)

Johansen, Hans Christian, *The Danish Economy in the Twentieth Century* (London, 1987)

Kalela, Jorma et al., ed., *Down from the Heavens, Up from the Ashes: The Finnish Economic Crisis of the 1990s in the Light of Economic and Social Research* (Helsinki, 2001)

Lundberg, Erik, "The Rise and Fall of the Swedish Economic Model," in *Europe's Economy in Crisis*, ed. Ralf Dahrendorf (London, 1982)

Magnusson, Lars, *An Economic History of Sweden* (London, 2000)

Ojala, Jari et al., eds, *The Road to Prosperity: An Economic History of Finland* (Helsinki, 2006)

Ornston, Darius, "Reorganising Adjustment: Finland"s Emergence as a High Technology Leader," *West European Politics*, XXIX, 4 (2006), pp. 784-801

Schön, Lennart, *En modern svensk ekonomisk historia. Tillväxt och omvandling under två sekel* (Stockholm, 2000)

Thullberg, Per and Kjell Östberg, ed., *Den svenska modellen* (Lund, 1994)

Whyman, Philip, *Sweden and the "Third Way": A Macroeconomic Evaluation* (Aldershot, 2003)

복지국가

Baldwin, Peter, "The Scandinavian Origins of the Social Interpretation of the Welfare State," *Comparative Studies in Society and History*, XXXI (1989), pp. 3-24

Berggren, Henrik and Lars Trägårdh, *Är svensken människa? Gemenskap och oberoende i det moderna Sverige* (Stockholm, 2006)

Bjørnson, Øyvind, "The Social Democrats and the Norwegian Welfare State: Some Perspectives," *Scandinavian Journal of History*, XXVI, 3 (2001), pp. 197-223

Bjørnson, Øyvind and Inger Elisabeth Haavet, *Langsomt ble landet et velferdssamfunn. Trygdens historie 1894-1994* (Oslo, 1994)

Broberg, Gunnar and Nils Roll-Hansen, ed., *Eugenics and the Welfare State: Sterilization Policy in Denmark, Sweden, Norway, and Finland* (East Lansing,

MI, 1995)

Esping-Andersen, Gøsta, *The Three Worlds of Welfare Capitalism*(Cambridge, 1990)

Finn Christiansen, Niels et al., ed., *The Nordic Model of Welfare: A Historical Reappraisal*(Copenhagen, 2006)

_____, and Klaus Petersen, "The Dynamics of Social Solidarity: The Danish Welfare System, 1900-2000," *Scandinavian Journal of History*, XXVI, 3(2001), pp. 177-96

Gould, Arthur, *Developments in Swedish Social Policy: Resisting Dionysus* (Basingstoke, 2001)

Hirdman, Yvonne, *Att lägga livet till rätta. Studier i svensk folkhemspolitik* (Stockholm, 1989)

Jonsson, Gudmundur, "The Icelandic Welfare State in the Twentieth Century," *Scandinavian Journal of History*, XXVI, 3(2001), pp. 249-67

Kautto, Mikko et al., ed., *Nordic Welfare States in the European Context*(London, 2001)

Kettunen, Pauli, "The Nordic Welfare State in Finland," *Scandinavian Journal of History*, XXVI, 3(2001), pp. 225-47

Kolstrup, Søren, "Forskning i velfærdsstatens rødder: Forskningsstrategier, resultater, huller," *Historisk Tidskrift*(Denmark), LXXXXIV(1994), pp. 315-36

Korpi, Walter and Joakim Palme, "The Paradox of Redistribution and Strategies of Equality: Welfare State Institutions, Inequality and Poverty in the Western Countries," *American Sociological Review*, LXIII, 5(1998), pp. 661-87

Kosonen, Pekka, "The Finnish Model and the Welfare State in Crisis," in *The Nordic Welfare State as a Myth and as Reality*, ed. Pekka Kosonen(Helsinki, 1993), pp. 45-66

Kuhnle, Stein, "The Scandinavian Welfare State in the 1990s: Challenged But Still Viable," *West European Politics*, XXIII, 2(2000), pp. 209-28

Lundberg, Urban and Klas Åmark, "Social Rights and Social Security: The Swedish Welfare State, 1900-2000," *Scandinavian Journal of History*, XXVI, 3(2001), pp. 157-76

Petersen, Klaus, ed., *13 historier om den danske velfærdsstat*(Odense, 2003)

Runcis, Maija, *Steriliseringar i folkhemmet*(Stockholm, 1998)

Seip, Anne-Lise, *Veien til velferdsstaten: Norsk sosialpolitikk 1920-1975*(Oslo, 1994)

Timonen, Virpi, *Restructuring the Welfare State: Globalization and Social Policy Reform in Finland and Sweden*(Cheltenham, 2003) af Malmborg, Mikael, *Neutrality and State-Building in Sweden*(Basingstoke, 2001)

Agius, Christine, *The Social Construction of Swedish Neutrality: Challenges to Swedish Identity and Sovereignty*(Manchester, 2006)

Andrén, Nils, "Nordic Integration," *Co-operation and Conflict*, II(1967), pp. 1-25

Archer, Clive and Pertti Joenniemi, ed. *The Nordic Peace*(Aldershot, 2003)

Guðmundsson, Gułmundur J., "The Cod and the Cold War," *Scandinavian Journal of History*, XXXI, 2(2006), pp. 97-118

Hanhimäki, Jussi M., *Scandinavia and the United States: An Insecure Friendship*(New York, 1997)

Hansen, Lene and Ole Wæver, ed. *European Integration and National Identity: The Challenge of the Nordic States*(London, 2002)

Haskel, Barbara G., *The Scandinavian Option: Opportunities and Opportunity Costs in Post-War Scandinavian Foreign Policies*(Oslo, 1976)

Ingebritsen, Christine, *The Nordic States and European Unity*(Ithaca, 1998), pp. 96-7

____, "Norm Entrepreneurs: Scandinavia"s Role in World Politics," *Co-operation and Conflict*, XXXVII, 1(2002), pp. 11-23

Lawler, Peter, "Janus-Faced Solidarity: Danish Internationalism Reconsidered," *Co-operation and Conflict*, XXXXII(2007), pp. 101-26

Miles, Lee, *Fusing with Europe? Sweden in the European Union*(Aldershot, 2005)

Miljan, Toivo, *The Reluctant Europeans: The Attitudes of the Nordic Countries Towards European Integration*(London, 1977)

Mouritzen, Hans, "The Nordic Model as a Foreign Policy Instrument: Its Rise and Fall," *Journal of Peace Research*, XXXII, 1(1995), pp. 9-21

Nevakivi, Jukka, "Kekkonen, the Soviet Union and Scandinavia: Aspects of Policy in the Years 1948-1965," *Scandinavian Journal of History*, XXII, 2(1997), pp. 65-81

Thorhallsson, Baldur, ed., *Iceland and European Integration*(London, 2004)

Turner, Barry with Gunilla Nordquist, *The Other European Community: Integration and Co-operation in Nordic Europe*(London, 1982)

Wæver, Ole, "Norden Rearticulated," in *Nordic Security in the 1990s: Options in the Changing Europe*, ed. Jan Øberg(London, 1992), pp. 135-64

Hedetoft, Ulf, Bo Petersson and Lina Sturfelt, ed. *Bortom stereotyperna? Invandrare och integration i Danmark och Sverige*(Lund, 2006)

Nielsen, Hans Jørgen, *Er danskerne fremmedfjendske? Udlandets syn på debatten om indvandrere 2000-2002*(Århus, 2004)

Pentikäinen, Juha and Marja Hiltunen, ed., *Cultural Minorities in Finland: An Overview Towards Cultural Policy*(Helsinki, 1995)

Pred, Allan, *Even in Sweden: Racisms, Racialized Spaces, and the Popular Geographical Imagination*(Berkeley, CA, 2000)

Runblom, Harald, "Immigration to Scandinavia after World War II," in *Ethnicity and Nation Building in the Nordic World*, ed. Sven Tägil(London, 1995), pp. 282-324

Sillanpää, Lenard, "A Comparative Analysis of Indigenous Rights in Fenno-Scandia," *Scandinavian Political Studies*, XX(1997), pp. 197-271

Söderling, Ismo, ed., *A Changing Pattern of Migration in Finland and Its Surroundings*(Helsinki, 1998)

Vessenden, Kåre, *Innvandrere i Norge. Hvem er de, hva gjør de og hvordan lever de?*(Oslo, 1997)

Wren, Karen, "Cultural Racism: Something Rotten in the State of Denmark?," *Social and Cultural Geography*, II, 2(2001), pp. 141-62

Ylänkö, Maaria, *La Finlande, pays d'accueil. Approche historique et anthropoligique. Le cas des immigrés d'Afrique noire*(Helsinki, 2002)